学校教員の現代的課題

教師力・学校力・実践力

立田慶裕
今西幸蔵 編著

法律文化社

はじめに

　今日，学校の現場や教育施策など，私たちが教育について話し合うとき，いつも話題にのぼるのは学校教員の問題です。「教育は人なり」と言われるように，教育の実践にあたって，教員は，卓越した専門性や優れた人格をもって，子どもたちを適切に指導し，優れた教育成果を導くことが期待されています。教員は日々，研究と修養を積んでその力量を高め，豊かな教育実践に取り組むことが理想の姿として求められているのです。

　しかし，他方で，学校を取り巻く社会的環境は日々刻々と変化しています。地域に密着した学校現場は，急激な社会変化の波を直接に受けます。産業の高度化や経済の景気，不景気の波が学校卒業後の子どもたちの進路を変化させ，環境問題や貧困問題，ITや携帯電話の利用が児童・生徒の生活を変え，過疎化や少子化の進行は学校を廃校に導くなど，これまでに考えられなかったような未曾有の課題が加速度的に出現し，現場の教員を悩ませる「現代的な課題」がさらに増えつつあります。グローバル化の進展は，小学校への外国人子弟の通学から大学の研究の国際競争にいたるまで，日本の教育に大きな変革を求めるようになってきました。

　こうした多様な教育課題については，その解決を政府や自治体が取り組んでいく必要があるでしょう。しかし，学校をめぐる問題は多様であり，画一的な方策があるとは限りません。また，それぞれの課題が必ずしも解決されるとは限りません。世界や時代の底流に問題の根っこが潜み続ける可能性もあります。そうした時代において，地域ごと，学校ごとに問題の解決を図るためには，まず学校教員自身が優れた資質や技能，知識，問題解決能力を備え，日々学んでいく姿勢をもつ必要があります。

　たとえば従来なら，教員のみが学校経営に携わり，教員だけの砦だった学校にも，地域住民が積極的にその運営や指導に参加するようになり，児童・生徒の安全や健康といった視点から，あるいは生涯学習政策の視点から，そして家

庭や地域との一層の協力関係を基礎とした学校経営が必要とされる時代になってきました。家庭や地域の教育力の低下を学校が支える一方で，学校を地域が支援する仕組みが生まれつつあります。また，ITなどのテクノロジーやコミュニケーション，カウンセリング理論の進歩を踏まえて，教員には，意識の変革だけでなく実践的，実際的な能力向上や，さらに深く広い人間的資質，情動的な力も求められるようになってきました。

日本では教員免許が終身制になって100年以上経過しましたが，その間，学校教育行政においては，臨時教育審議会答申や教育職員養成審議会，中央教育審議会が論議を重ね，初任者研修や10年経験者研修などの教員研修制度のあり方が，教員評価制度のあり方とともに次第に重要な課題として現出してきました。同時に，国際社会でも，各国での教育の重要性が高まるにつれ，教育における教員の重要性もまた高まり，「教員問題」自体が重要な教育課題としてとらえられています。教員の問題は，日本だけでなく，国際社会においても共通の重要な課題として，論議が進められるようになってきたのです。

2006（平成18）年7月には，中央教育審議会答申「今後の教員養成・免許制度の在り方」が示され，教育職員免許法が改正されて，2009（平成21）年4月から教員免許更新制度が実施されることとなりました。しかし，その後の政権交代により，現行の教員免許更新制度がどのような形になるかは現段階では不明です。

しかし，加速度的に社会が複雑化し，知識や技能が高度化するなかで，どのような教育制度やシステムをとるかに関わりなく，教員自身がその知識や技能を向上させる必要性が増し，教員の研修機会の拡充と内容の充実が，学校教育のためには不可欠な時代となりつつあることは間違いないでしょう。

本書は，教員が単なる知識習得型の学習に終わることがないよう，演習問題を解きながら学べるように工夫しました。また，学校現場にとって今何が最も重要か，どんな内容が現代の学校教育では新たに求められているか，教員自身に自らの職務について改めて考えてもらうにはどうすればいいか。新任教員にも現職教員にも必要な知識を提供し，大学での教職課程だけでは学びきれない内容を加味するという視点に立ち，教育行政，教育制度や教育心理，キャリア

教育や生涯学習の専門的研究者が，できる限り最新の情報やデータに基づいて各章を執筆しました。その点で，これまでの教職課程の教科書よりも一層高度で専門的な内容となっているかもしれません。ですが他方で，教育をめぐる多くの新たな見識や視点が本書に含まれることになりました。その点，教員の研修だけではなく，従来の教職課程をさらに発展させた高度な教材として十分に活用されることを期待しております。

本書は，4部から成り立っています。まず第Ⅰ部では，改めて教員という仕事，教職について考え直し，どのような教師像が現代において求められるかを考えます。

第Ⅱ部では，子どもたちの変化をよりよく理解するために，発達に関する最新の研究成果や，キャリア教育や心の問題など生活の変化を踏まえた課題を取り上げました。

第Ⅲ部では，近年の教育政策の動向についての理解を深めるため，法令改正，国の審議会の状況や学習指導要領改訂等の動向を詳しく見ていきます。

最後に第Ⅳ部では，学校をめぐる組織や地域との関係に焦点をあて，地域との連携協力や学校の危機管理上の課題を考えることとしました。

本書の内容だけで，学校教員が直面する現代的課題をすべて網羅しているとはいえないかもしれませんし，今後はさらにもっと大きな課題も現れるかもしれません。本書の内容について，読者の皆さんのさらなるご意見やご指導をお待ちしています。

最後になりましたが，本書の刊行にあたり，帝塚山学院大学の奥田晃子氏と法律文化社の田靡純子氏には大変なお世話になりました。教員の現代的課題という困難なテーマに応えてそれぞれの章を担当してくださった執筆者の方々にも，ここに改めて感謝の気持ちを表します。

2010年3月

立田慶裕
今西幸蔵

学校教員の現代的課題
目　次

はじめに

第Ⅰ部　教職とは何か

第1章　学校をめぐる状況変化……………………………………2

1　近年の学校をめぐる状況変化　2

教育の動向　　知識基盤社会の教育　　生涯学習時代の学校
生きる力とキー・コンピテンシー

2　根拠に基づく教育と学習―客観的資料の適切な利用　11

知識を活用する力の必要性　　根拠に基づく教育　　客観的資料の収集　　物語る力に基づく対話型学習

第2章　子ども観・教育観……………………………………18

1　子ども観　18

子ども概念と子どもの現状　　子ども観の重要性　　教育政策からみる子ども観　　教師の実践からみる子ども観　　家庭との連携や生涯学習の観点

2　教育観，教師観の構築　29

日常教育用語・概念の再検討　　経験の理論化　　教育事象の統合的把握　　学校・家庭・社会の連携　　教師生活の自覚と誇り

第3章　求められる教師像……………………………………40

1　国際教員調査にみる教師像　40

国際教員調査にみる教師像　　教員の教育実践の国際調査
教員同士の協力　　教員の自己効力感　　最後に

2　教師に必要とされる研修と服務　48

第Ⅱ部　子どもを理解する

第4章　心の科学からみる子どもの発達 …………………… 58

1　メタ認知と心の理論の獲得　58

　　メタ認知について　　「内なる目」としてのメタ認知の芽生え
　　メタ認知を育む方法　　社会的場面でのメタ認知　　「心の理論」獲得以前にあるもの

2　特別支援教育に関する新たな課題　66

　　はじめに　　特別支援教育の対象　　不適応行動と認知特性
　　対応の実際　　おわりに

第5章　変化する子どもの生活と課題 …………………… 76

1　居場所づくりを意識した集団形成　76

　　集団形成が求められる背景　　子どもの集団形成による体験の意義　　子どもの体験の効果　　国の教育政策の動向　　子どもの居場所づくりの先導的事例　　子どもの居場所づくりと集団形成上の課題

2　社会的・経済的環境の変化に応じたキャリア教育の視点　85

　　産業構造の変化と雇用形態の変容　　これからのキャリア教育
　　生きるために働くこと

3　生活習慣の変化を踏まえた生徒指導　93

　　生徒指導の基本理解　　児童・生徒の生活習慣の変化とその理解
　　これからの生徒指導

4　学級づくりと学級担任の役割　101

　　学級における児童生徒理解と学習集団の形成　　学級における担任の役割

5　学校教育におけるカウンセリング・マインド　109

　　学校教育現場におけるカウンセリング・マインド　　教育・指導とカウンセリング　　学校教育現場におけるカウンセリングをどう位置づけるか　　教員一人ひとりに期待されるカウンセリング・マインド

第Ⅲ部　教育政策を知る

第6章　法令改正と政策の動向 …………………………… 120

1　教育基本法の改正　120
　　改正の経緯　　改正の主な内容

2　教育三法の改正　122
　　改正の経緯　　学校教育法の改正　　地方教育行政の組織及び運営に関する法律の改正　　教育職員免許法の改正

3　国の審議会の動向　128

第7章　学習指導要領改訂等の動向 ……………………… 130

1　総則の趣旨の理解　130
　　学習指導要領改訂の経緯と考え方　　各学習指導要領と総則の要点

2　新しい学力観のもとでの総合的な学習の時間の充実　146
　　限られた時数のなかでの一層の充実　　人間力やキー・コンピテンシーとの関連　　各学校における学力観の共通理解　　総合的な学習の前提条件としての「探究」　　充実化のための具体的な手だて　　充実化のための「探究」的な研修の工夫

第Ⅳ部　学校における連携と協力

第8章　問題に対する組織的対応の必要性 ……………… 162

1　学校組織の一員としてのマネジメント・マインドの形成　162
　　学校組織の特徴と課題　　学校経営論による学校づくり

2　保護者・地域社会との連携　166
　　学校教育と社会教育の協働化　　社会教育と連携したコミュニティ形成　　学校支援地域本部事業

3　その他近年の状況を踏まえた内容　172
　　学校評議員制度　　コミュニティ・スクール（学校運営協議会制度）　　学校評価　　学校選択制

4　対人関係・日常的コミュニケーションの重要性　176
　　はじめに　　学校組織の従来型二重構造とての改革　　学校組

　　　　織とコミュニケーション　　　日常のコミュニケーションと葛藤　　　
　　　　教師の職務遂行能力の開発・改善とモチベーション　　　組織内コ
　　　　ミュニケーションとミドル・アップダウン・マネジメント　　　お
　　　　わりに

第9章　学校における危機管理 …………………………………… 185
　1　学校における危機管理の重要性の高まり　185
　2　学校における安全管理体制の充実と危機管理システムの確立　186
　　　　教職員による危機意識の共有と緊急時における実践的訓練　　　児
　　　　童・生徒に対する安全教育　　　危機管理マニュアルの作成　　　
　　　　校内体制の確立　　　学校と警察・消防等の連携体制の強化
　3　児童・生徒を守る学校の安全管理システムの構築　190
　　　　安全管理面からの施設（建築物）・設備の整備　　　学校警備員等
　　　　の配置による外来者の出入りのチェック等の安全管理　　　教職員
　　　　等による日常的な安全管理の取り組み
　4　保護者や地域住民と一体となった子どもを守る取り組み　193
　　　　開かれた学校づくり　　　地域における教育コミュニティづくり　
　　　　学校保健委員会の設置促進と活性化
　5　危機的状況の発生後における対応　195
　　　　報道等に対する適切な対応　　　心のケアのための支援体制の確立　
　　　　これからの学校経営における危機管理

引用・参考文献　199

資料：教育基本法・学校教育法（抄）　205

事項索引　215

第Ⅰ部

教職とは何か

第1章
学校をめぐる状況変化

1　近年の学校をめぐる状況変化

(1) 教育の動向

　本章では，近年の学校をめぐる大きな状況変化と行政や研究活動において強調されている根拠に基づく戦略と研究に注目し，教育実践においても根拠に基づく教育と学習の重要性が増しつつあることを述べる。

　学校をめぐる大きな状況変化は，日本だけではなく世界中で起こりつつある。そこで，世界中で生じている教育をめぐる多くの現象を概観した後，教育にとって特に重要な変化として知識基盤社会の意義を考える。さらに，寿命の伸長や産業の高度化に伴う生涯学習時代の到来が学校の重要性をさらに高めていること，そして知識の高度化，情報技術の発展や国際化がもたらした教育内容の重要な変化のなかで生み出された共通の国際標準であるキー・コンピテンシーという概念を説明する。最後に，その概念に基づいた国際的な教育や学習の高度化のなかで求められる教師の専門性と人間力のありようを考えていくことにしたい。

1）教育をめぐる世界のトレンド

　OECD（経済協力開発機構）教育革新研究センターの『教育のトレンド』は，世界の動向（トレンド）が教育を形作る一方で，教育のトレンドもまた世界を形作るという現象を多くの統計調査の結果から示そうとした報告書である。そこでは，人口，環境や農業，技術，医療など多様な分野の報告に基づき，OECDが長年にわたって蓄積してきた信頼度の高い統計を分析し，特に教育に影響を及ぼす領域から9つのトレンドを選択している。

図表1-1　教育と世界の潮流

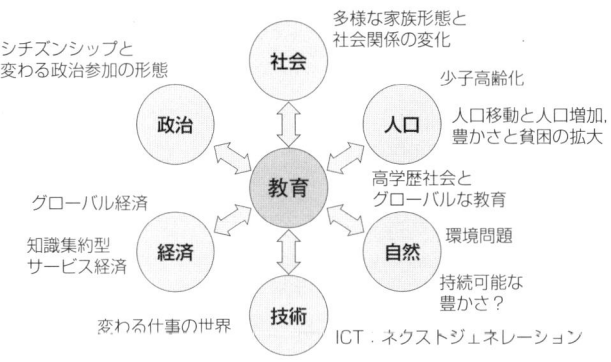

出所：[OECD 2009]

　第1は、少子高齢化の世界的進行である。多数のOECD諸国で高齢化が進む一方で、子どもの数の減少が起きている状況は、年齢構成の大きな変化をもたらしている。その結果、生徒数の減少や学校閉鎖、労働力人口の減少に伴う税収入の減少といった課題と、長寿化に伴う学習期間の延長や福祉コストの増大という問題が表れている。他方で、教育水準の上昇は母親になる年齢の高齢化や出生率の減少をもたらす可能性がある。

　第2のトレンドは、世界全体での人口増加と格差の拡大である。日本を含む先進地域では人口増加が停滞する状況だが、開発途上国ではなお人口増加が続いており、それがすべての人に教育をという目標達成を困難にしている。また、途上国から先進国への人口流入、先進国・途上国を問わずに進む大都市への人口集中は地方の過疎化と都市問題を生んでおり、学校にも影響を及ぼしている。地域間格差や教育機会の格差は人々の暮らしの格差を生み、それはそのまま日常の教育活動に反映されていく。一方、「教育は豊かさを生み出す原因でもあり、また豊かさの恩恵も受けている。知識や専門性を高めることが経済発展をもたらし、教員や施設に使う資源を豊かにし、その豊かさが貧しい国との格差をさらに広げていく」[OECD 2009：27]。

　第3は、グローバル経済、知識集約型のサービス経済といった新しい経済の

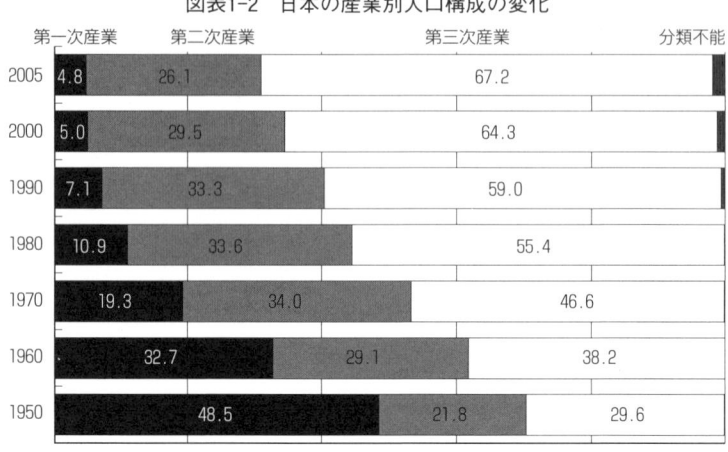

図表1-2 日本の産業別人口構成の変化

出所：国勢調査　15歳以上人口構成比（＊2000年より分類が若干変化）

発展である。経済のグローバル化は労働市場の国際化を伴い，日本への外国人流入がさらに進む。学校教育ではそうした状況に応じたカリキュラムや内容を提供することが求められる。

　図表1-2は日本における産業別の人口構成の変化を示したものだが，20世紀半ばの1950年代には，日本の労働人口のうち農林漁業など第一次産業に従事する人々が5割弱を占めていた。また，サービス業などの第三次産業人口は3割弱であった。ところが，21世紀にはその数値が逆転し，第三次産業人口が7割弱に伸びる一方で，第一次産業人口は5％を切る状況となっている。こうした産業人口の大きな変化は世界でもみられ，OECD加盟国に占める第一次産業人口もまた1割を切る一方，第三次産業人口が7割を超える状況となっている。

　こうしたサービス産業のなかでも20世紀後半に増加したのが情報通信産業やハイテク産業，教育サービスなどの知識集約産業に従事する人々である。このような仕事や職業の世界の大きな変容が第4のトレンドである。仕事や職業の世界の変化は，教育にも大きく影響する。特に知識や技術が急速に進歩する世界では，特定の仕事が長期にわたって存在するとは限らず，仕事の内容や必要とされる知識・技能も急速に変化するため，不安定な雇用状況が生まれる一方，

継続的な学習の機会として生涯学習の機会は世界全体で求められるようになってきている。また、青年や成人も特定の仕事に囚われない価値観が主流となり、状況に応じて学習し、変化に適応する姿勢が働く人々に求められるようになってきている。

当然、新しい情報や知識・技術が進歩する世界では、教育投資の拡大が求められ、一国だけではなく、グローバルな教育戦略を国、地域、企業、個人がもつ必要が出てきている。これは第5のトレンドとして、学習社会の拡大ということができる。

さらに、第6のトレンドが、20世紀後半に急速に進歩したICT（情報通信技術）、インターネット・コミュニケーション技術である。ICTは21世紀に入ってからも進歩を続けており、マクロな世界、ミクロな世界、医療、流通などに、「ネクスト・ジェネレーション」（デジタル革命、www）と呼ばれる変化をもたらしており、教育の世界への影響も大きい。

第7の変化は、封建社会、中央集権社会などから、市民が参加する社会への移行である。市民の政治参加の形態として、「シティズンシップ（市民性）」が重視され、そこでは政治に関する学習も非常に重要になってきた。

第8の変化として、社会の基本単位である家族をはじめ、人間関係や価値観の変容があげられる。かつての大家族制度から核家族へ、そして現在では、家族自体が崩壊する現象が各国で問題となっている。日本でも次第にひとり親が増加する一方、青少年の社会化の遅れや引きこもりなど社会関係の減少が教育課題となってきている。

こうした社会の変化に加えて、地球規模での課題となっているのが地球の温暖化現象であり、それは第9の変化として、持続可能な社会への転換が各国、各地域で目標とされるようになっている。これは、環境教育の問題というだけではなく、豊かな社会と貧しい社会の格差問題、教育格差の問題を含むものとして考えていく必要があるだろう。

2）教育の国際的な評価調査の展開

グローバル化が進むなかで、経済社会において多様な国際標準が設定される

ようになりつつあるが，教育の世界でもこうした国際的な評価が展開され始めている。特に近年，日本の生徒の学力低下が問題視されているが，その背景には国際規模で行われている教育評価調査，PISA（Programme for International Student Assessment：OECD生徒の到達度調査）やTIMSS（Trends in International Mathematics and Science Study：国際数学・理科教育動向調査）に日本が参加し，日本の生徒の学習水準が国際的に評価されるという状況もある。

さらに，2010年以降には，PIAAC（the Program for the International Assessment of Adult Competencies：国際成人力調査）やAHELO（Assessment of Higher Education Learning Outcome：高等教育の学習成果の評価）にも日本が参加する予定であり，高校生，大学生，成人といった対象の学力や能力が国際的な視点から評価される状況となってきた。前者では，リテラシーやニューメラシー，ICTを用いた問題解決力が問われ，後者では，汎用技能，専門的知識などがテストされる。

こうした教育の国際評価が行われるようになってきた理由としては，教育政策そのものが科学的な根拠に基づいて行われる必要が生まれてきたからである。この動向，根拠に基づく研究と政策（Evidenced based research and policy）については，第2節で詳述する。

（2）知識基盤社会の教育

教育をめぐる多くのトレンドのなかでも，数々の答申で取り上げられているのが，「知識基盤社会」である。知識基盤社会とは，社会の多様な部門で種々の知識が重要な価値をもつようになる社会といえ，教育面では，既存の知識や技術を受動的に学ぶだけでなく，新たな知識を能動的に創る学習が求められる社会ということができる。20世紀後半に進んだ知識技術の進歩が教育の世界を大きく変えようとしている。

特に，経済社会でも1970年代以降，企業の経営において，知識経営，ナレッジ・マネジメントの重要性が強調された。ナレッジ・マネジメント（knowledge management）とは，多様な社会機関から個人にいたるまで，「いかに知を創るかという仕組み」といえる。知識の価値を重視した経営の中で，知識の生産か

ら，知識の普及，知識の活用を行い，企業や行政，地域，学校などの組織がその知的財産を開発し，新たな価値を創造していくプロセスである。そこでは，知的財産から多様な価値（発想，権力，政策，技術，資源，資本，商品，信念，鍵，学習力，生きる力等）が生み出される。

　この社会の特徴として，たとえば，創意工夫（tinkering，学習のヒント），知の共有化（暗黙知→形式知），学習する組織（システム思考，自己実現，メンタルモデル，共有ビジョン，チーム学習），ベストプラクティス（best or good practice）など多くの制度的工夫が生み出されるようになってきた。

　基本的な知識や技能の習得の重要さはいうまでもないが，情報や知識を受動的に学ぶだけではなく，創造的に生み出すような学習が求められ始めている。同時に，そうした学習が学校時代で終わるのではなく，生涯にわたって行えるような学習法のスキルの習得も学校の重要な役割となってきている。

（3）生涯学習時代の学校

　2008（平成20）年の中央教育審議会答申「新しい時代を切り拓く生涯学習の振興方策について」では，こうした教育の新たな変化について，次のような提言を行っている。それは，教育が生涯学習の振興への要請に応えられる「総合的な知が求められる時代—社会の変化による要請」であるとしている。

　「社会の変化に対応していくためには，自ら課題を見つけ考える力，柔軟な思考力，身に付けた知識や技能を活用して複雑な課題を解決する力及び他者との関係を築く力に加え，豊かな人間性等を含む総合的な『知』が必要となる。また，その他，自立した個人やコミュニティ（地域社会）の形成への要請，持続可能な社会の構築への要請等を踏まえ，生涯学習振興の必要性が高まっている。」

　そして，「社会の変化や要請に対応するために必要な力」として，「国民が生涯にわたって各個人のニーズに応じて学習を継続することができる環境を整備し，国民一人一人がこのような社会を生き抜いていくための総合的な力を身に付けることを支援する」のが教育の役割であるという。

　答申では，まず「次代を担う子どもたちに必要な生きる力」として，「子ど

もたちに必要とされる『生きる力』は学校教育のみならず，実社会における多様な体験等と相まって伸長していくもの。子どもたちが学校の内外で，その発達段階に応じて『生きる力』を育むことができるような環境づくりが求められている」。

また，「成人に必要な変化の激しい時代を生き抜くために必要な力」として，「成人についても，変化の激しい社会を，自立した一人の人間として力強く生きていくための総合的な力を身に付けることができるよう，生涯にわたって学習を継続でき，その成果を適切に生かせる環境づくりが求められている」。

そのために，めざすべき施策の方向性は，「国民一人一人の生涯を通じた学習の支援」（国民の「学ぶ意欲」を支える）と「社会全体の教育力の向上」（学校・家庭・地域が連携するための仕組みづくり）である。

答申では，この生きる力や総合的な力を，「単なる知識や技能だけではなく，技能や態度を含む様々な心理的・社会的なリソースを活用して，特定の文脈の中で複雑な課題に対応することができる力」としているが，これをOECDの「主要能力（キー・コンピテンシー）」と関係づけている。

（4）生きる力とキー・コンピテンシー

つまり，生きる力は，OECDが知識基盤社会に必要な能力として定義した「キー・コンピテンシー」を先取りした考え方であるという。しかし，OECDのキー・コンピテンシーとは何であろうか。

20世紀後半の急激な産業変化に対応して，国際機関であるOECDは，1990年代に脳科学の研究など知識の高度化に対応する研究を進めると同時に，各国の教育政策に寄与しようと新たな国際的教育調査の実施や教育研究の展開を試みた。その1つの事業が，各国の教育政策における知の共有化を図ろうとした「コンピテンシーの定義と選択」（Definition and Selection of Competencies 通称デセコ，1999～2002年）プロジェクトである。この事業は，20世紀後半に企業社会で注目された新たな能力概念「コンピテンシー」について，教育と産業社会を結ぶ重要なコンピテンシーが何かを探ろうとし，各国の教育で重視されるコンピテンシーを調査することから始まった。

デセコの目的は，グローバル世界の中で国際的に共通する鍵となる力（キー・コンピテンシー）を確定し，評価と指標の枠組みの開発を行うことにあった。そのために12カ国にわたる政策担当者と多彩な学問領域の専門家との協働により，各国間の協議過程（CCP）と2回の国際シンポジウムから各国に共通する最も重要なコンピテンシーの理論と概念が検討され，その定義と選択が行われた。その報告書によれば，コンピテンシーとは「学習への意欲や関心から行動や行為に至るまでの広く深い能力，人間の根源的な特性」である。ただコンピテンシーは，特定の職業の行動分析を通じて抽出される行動特性でもあり，職業や能力の数だけその定義がある。

　一方，このプロジェクトで定義されたキー・コンピテンシーは，各国の討議から抽出された特に重要なコンピテンシーであり，部分的なコンピテンスではなく，理性と感情が生命上関連しあっているホリスティックな（総合的な）概念とされる。コンピテンシーの定義と選択にあたっては，人生の成功や幸福をもたらすという個人の視点と，持続可能な発展と，社会的まとまりや公正と人権をもたらすという社会的視点がとられた。そこで，キー・コンピテンシーの定義は，「人が特定の状況の中で（技能や態度を含む）心理社会的な資源を引き出し，動員して，より複雑な需要に応じる能力」とされる。

　こうして，デセコでは，重要な3つのキー・コンピテンシーが選択された（図表1-3）。1つは自律的に活動する力であり，ここには，①大きな展望のなかで活動する，②人生計画や個人的活動を設計し実行する，③自らの権利，利害，限界やニーズを表明する力がある。もう1つは社会的に異質な集団で交流する力であり，①他者と良好な関係を作る，②協力する，③争いを処理し，解決する力が含まれる。最後の1つは相互作用的に道具を活用する力であり，①言語，記号，テキストを相互作用的に用いる力，②知識や情報を相互作用的に用いる力，③技術を相互作用的に用いる力が含まれる。

　この3つはそれぞれが他のものの基礎となり，深い関連をもち，共通の核心的力として「考える力（reflectiveness）」がある。いわば，3つのコンピテンシーは，個人の形成（自律的な活動力），自らが関わる社会の形成（人間関係力），その2つの形成を支える道具を相互作用的に用いる力（道具活用力）から成り立つ。

図表1-3　3つのキー・コンピテンシー

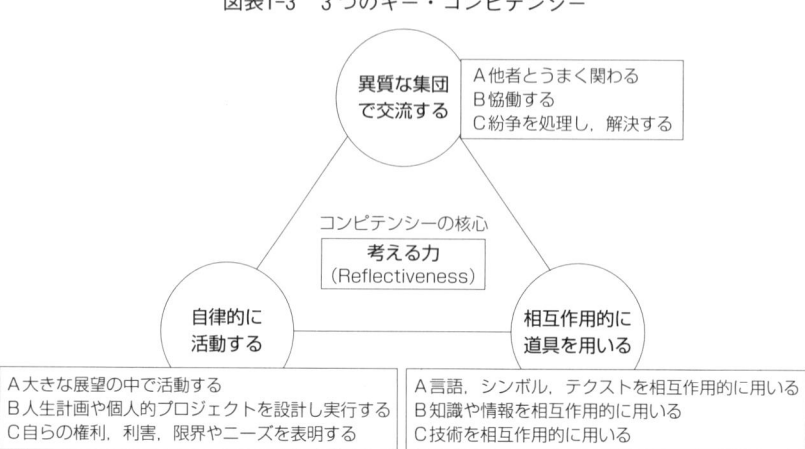

このうち，言語，シンボル，テクストを相互作用的に用いる力，知識や情報を相互作用的に用いる力，技術を相互作用的に用いる力は，それぞれPISAにおいて，読解力，数学力，科学的思考力，ICT能力としての測定が行われている。

一方，日本の「生きる力」は，「基礎・基本を確実に身に付け，いかに社会が変化しようと，自ら課題を見つけ，自ら学び，自ら考え，主体的に判断し，行動し，よりよく問題を解決する資質や能力」，「自らを律しつつ，他人とともに協調し，他人を思いやる心や感動する心などの豊かな人間性」，「たくましく生きるための健康や体力」などである。ここには，キー・コンピテンシーで提出された自律性や人間関係力が含まれているが，キー・コンピテンシーの道具を相互作用的に扱う力は含まれていず，むしろ基礎，基本を重視し，人間性の形成に目標をおいた日本の文化的特性が活かされているとみられる。

今後の教育においては，前節で述べたような教育のトレンドを踏まえながら，いずれの力をも形成していくことが，児童や生徒の発達にとっては必要となってくるだろう。また，教師の人間力の形成においても，このキー・コンピテンシーを1つの枠組みとすることが必要だろう。その点については，次節において述べることにしたい。

2 根拠に基づく教育と学習—客観的資料の適切な利用

　新しい学習指導要領の大きな変更点は，記憶した知識の量や理解の深さからだけで学力を評価するのではなく，知識や情報をどれだけうまく活用できるかという評価が加わっている点である。知識基盤社会といわれる現代産業社会の性質を教員が理解していれば，こうした活用型の学力がますますその重要性を高めていることがわかる。活用型学力の教育にあたっては，知識や技能の根拠を明確に示し，根拠に基づく教育を行っていく必要がある。「根拠に基づく」とは，授業において，できる限り客観的な資料を，教科内容に即して適切に利用していくことである。

(1) 知識を活用する力の必要性

　筆者を含めて1950年代や60年代に生まれ育った世代にとって，20世紀後半の社会は工業社会の発展上にあり，知識は研究機関や大学が生み出すものという前提があった。そして，定型化した知識をどれだけ記憶しているか，正しい1つの答えを選択し，考えればいい時代であった。

　しかし，後半四半世紀の80年代から90年代において，高度な情報技術の進展から知識基盤社会が出現し，産業構造もまた知識集約型の産業が大勢を占める社会になって21世紀を迎えた。こうした社会では，知識の生産が研究部門だけではなく，実践的な現場や企業，地域社会でも行われるようになってきた。そのプロセスである知識の生産から普及，活用がメディア技術の発展を伴ってきわめて急速に行われている。問題に対する答えは複雑化し，その答えも1つが正しいという社会ではなくなってきたのである。

　OECDの『学習社会のナレッジ・マネジメント』と題した報告書によれば，こうした知識社会においては，学校もまた知識生産の場となり，普及や活用が頻繁に生じる場になりつつあるという。ところが，そうした変化に対応できていないのが教育の社会であり，また教育学であることをこの報告書は指摘している。知識基盤社会の中で，学校や家庭，地域社会でも知識のマネジメントが

重要な課題となってきている。特に、教師自身が自らの知識を運営、高度化し、生徒以上に知識を活用できる知識とスキル、態度が求められるようになってきているのである。

そのためにも、教師は、教科にかかわらず、まず、科学的なリテラシーをもつ必要が生まれている。科学的リテラシーといえば、算数や理科、物理や生物教科の担当教員だけが必要なものと考えてしまうが、知識を科学的に扱い、科学的な思考をするという点では、すべての教科に役立つ力である。決して、科学的リテラシーは生徒だけに求められるものではなく、教師が1人の市民として、そして教科や専門的知識を扱う教育の職業的専門家としてその力が求められているのである。

このリテラシーは、PISA2006年で中心となった枠組みである。そこでは、科学的リテラシーを次のように定義している。科学的リテラシーとは、「疑問を認識し、新しい知識を獲得し、科学的な事象を説明し、科学が関連する諸問題について証拠に基づいた結論を導き出すための科学的知識とその活用、及び科学の特徴的な諸側面を人間の知識と探求の一形態として理解すること、及び科学と技術（テクノロジー）が我々の物質的、知的、文化的環境をいかに形作っているかを認識すること、並びに思慮深い一市民として、科学的な考えを持ち、科学が関連する諸問題に、自ら進んで関わること」である［OECD 2007：9］。

この科学的リテラシーの定義とその評価の中心には、科学および科学的探究を特徴づけるコンピテンシーがある。このコンピテンシーを発揮する能力として、「科学的知識、すなわち、自然界に関する知識と科学自体に関する知識、及び科学の諸問題に対する態度」［OECD 2007：38］が求められる。ここで、コンピテンシーとは、「人間の根源的な特性で、環境との相互作用に応じる力」であり、「知識・技能・動機・態度を含む内外の資源を活用できる力」のことを意味する［ライチェンほか 2006］。

このリテラシーがなぜ市民にも必要とされるのかについては次のように述べられている。「一般の市民は通常、科学に関する主要な理論や潜在的な発展についての価値判断を求められることはない。しかしながら、広告における事実、法的問題における証拠、健康に関する情報、地域の環境や天然資源に関する疑

問点を基盤として意思決定することを求められる。教養ある市民は，科学者が答えられる種類の疑問及び科学に基づく技術によって解決できる種類の問題と，このような方法では答えることのできないものとを区別できなければならない」[OECD 2007：17]。

実際，市民としてのリテラシーとして，健康，天然資源，環境，災害，科学とテクノロジーのフロンティアが知

図表1-4　科学的コンピテンシー

```
3　科学的証拠の活用
  (Using Scientific Evidence)
```

```
2　科学的な現象の説明
  (Explaining Phenomena Scientifically)
```

```
1　科学的問題の認識
  (Identifying Scientific Issues)
```

（PISA2006の枠組みから）

識の内容として提示されている。そして，このリテラシーには，1）科学的な疑問を認識する，2）現象を科学的に説明する，3）科学的な証拠を用いる，という3つの段階がある。各段階では，次のような力が求められる。

1）科学的な疑問を認識する
　　・科学的に調査可能な疑問を認識する
　　・科学的情報を検索するキーワードを特定する
　　・科学的な調査についてその重要な特徴を識別する
2）現象を科学的に説明する
　　・与えられた状況で科学の知識を適用する
　　・現象を科学的に記述し解釈し，変化を予測する
　　・適切な記述，説明，予測を認識する
3）科学的な証拠を用いる
　　・科学的証拠を解釈し，結論を導き，伝達する
　　・結論の背景にある仮定や証拠，推論を特定する
　　・科学やテクノロジーの発展の社会的意味を考える

人文学や芸術の領域を教える教師にとっては，こうした科学的思考よりは，直感的な知識や技芸の方が重要という考え方もあるかもしれない。しかし，高校生レベルでこれだけの水準が求められ，市民としての教養として科学的なリテラシーが必要とされるなら，そうした分野の教師にも必要なリテラシーとい

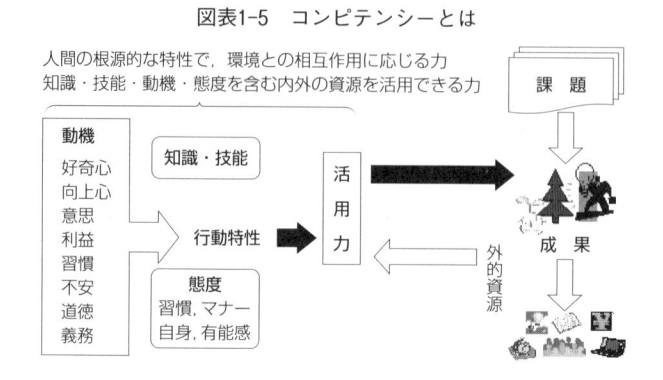

図表1-5　コンピテンシーとは

人間の根源的な特性で、環境との相互作用に応じる力
知識・技能・動機・態度を含む内外の資源を活用できる力

動機
好奇心
向上心
意思
利益
習慣
不安
道徳
義務

知識・技能
→ 行動特性 → 活用力 → 成果
態度
習慣、マナー
自身、有能感

課題
外的資源

える。また，社会科学や自然科学を教える教師にとっては，きわめて基本的なリテラシーともいえるだろう。

特に最後の科学的な証拠については，市民としてだけではなく，行政職や管理職，ビジネスパーソン，医者や弁護士，政治家などあらゆる職業人に，「実証的な根拠に基づき考え説明する力」が求められるようになってきた。

（2）根拠に基づく教育

知識のマネジメントが開発された背景には，医学において進展した知識管理や科学技術の発展があった。特に医学の世界では，直感的な技能だけには頼らず，科学的な根拠に基づく理論や技術の発展が重視され，国際的に実証的な根拠に基づく医療が進められている。そして，政治や経済，教育の世界でも，実証的な根拠（エビデンス）に基づく実践や政策が求められ始めている。

エビデンスに基づいた実践・政策への動きが求められる理由として，岩崎久美子は次の点をあげている。「第一に，透明性ある政府，情報公開といった世の中の動きに対し，政策決定者が政策の妥当性を根拠あるデータで国民に説明する道義的義務とそれに対する社会認識が高くなってきていること，第二に，昨今の財政状況から，実証性のない社会・経済的施策が結果として経費の無駄に帰結するというアカウンタビリティに応じた政策効率性の問題が生じてきていること，第三に，省庁や地方公共団体の組織文化の中での長年の経験や蓄積

に基づき行われてきた従来の政策立案に対し，知識伝達やコミュニケーションスタイルの変化，政策決定システムの透明性志向により，政策立案の根拠としてデータに基づく意思決定・判断の明断さが望まれてきていること」［岩崎 2009］。

　特に，科学的手法による根拠の明示は，単なる恣意的な意見に基づく政策（opinion-based policy）よりも，妥当性や信頼性が高いことは確かであろう。

　これを学校にあてはめれば，透明性ある学級経営・学校経営やカリキュラムの妥当性・適切性の説明責任（アカウンタビリティ）の義務，効果的な学習や教育技術の向上，経験的な立案や教授法だけではなく，データに基づく教育的な意思決定や判断にとって，実証的な根拠が重要になってきたといえるだろう。実証的な根拠としては，統計的なデータだけではなく，史実や実験結果，データに基づく理論もまた考えていく必要がある。こうした実証的な根拠としての知識や情報をどう整理し，活用するかということを考えていくことが教師自身の知識のマネジメントとなる。

　ここで重要な点は，コンピテンシーとしての他のリテラシーの活用である。PISA型学力といわれるリテラシーには，科学的なリテラシーだけではなく，数学力（ニューメラシー）や問題解決力，そして同じリテラシーとしての読解力でも，文章リテラシーと図表のリテラシーがある。

　これらの構造をみると，そこには，再現，関連づけ，熟考というレベルがあったり，原因や効果，問題と解決，比較と対照，分類と例，全体と部分といった知識構造がみられる。また，数学的な概念にも，空間と形，変化と関係，量，不確実性といったものがある。これらは，それぞれの学問分野における知識の構成と関係しているが，いろいろな教科の教材作成においても参考となる考え方である。教師がまず自分自身で教育のための知識を創造するには，こうした知識・情報を組み合わせて相互作用的に活用することが科学的に考えるということだろう。

　たとえば，知識のマネジメントには，①知識の創造，②確証性の確保，③多様なコードとの照合，④知識の普及，⑤個人や組織での採用，⑥実践，⑦定着化の7つの面がある。

教師自身が自分の知識のマネジメントを行いながら，知識や技能の更新をしていく際には，知識や技能を個人的な知識ベースとして記録できるようなノートやパソコンを媒体として利用していきたい。多様な言葉やイメージを蓄積し，体系的に整理していくことができれば，自分自身の知識ベースを作り上げていくことができる。さらに，そのベースを基礎として，実証的な確証の材料を収集し，言語や体系的な理論，ルール，法則との照合を行ったり，本や教材で人に伝えたり，実際にその知識・技能を日常的に採用したり実践したり，学校や家庭でその知識・技能の定着化・制度化を図ること，こうした日常的な活動を行っていくことが根拠に基づく教育を行うことにつながる。

(3) 客観的資料の収集

その際に，授業に必要な客観的資料として，教科にもよるが，①さまざまな統計資料，②歴史的事実，③実験や調査の結果の3つが基本的な資料となる。

多様な統計資料は，国際機関や行政，あるいはテーマに関連した民間企業が継続した調査報告を行っているものを利用したり，縦断的な統計だけではなく，時にはいろいろなテーマにわたる横断的な統計報告も利用できる。また，国語や社会などの人文・社会科学系で歴史が活用できることはいうまでもないが，自然科学系の学習でも著名な理論家や科学者の伝記，実験史などが利用できる。また，現代の日本，世界の科学者の多様な実験，調査に基づく学説も現代的なトピックとして生徒たちの関心を集めることができる。こうした資料を活用することは，授業で学ぶ知識や技能の科学性や信憑性，妥当性を高めることにつながる。

(4) 物語る力に基づく対話型学習

一方，実証的な根拠に基づくデータを示すだけでは，多くの人の理解を得ることはむずかしい。それが生徒であれ，他の人であれ，人間を相手に説明するときには，個人的経験を加えて物語ることにより，感情的な共感性や親近感を生み，わかりやすい話にしていくことも重要である。

そのためには，身近な個人的な経験を話して共感性や親近感を育んだり，い

ろいろな現実に生きている人々の体験を話してもらったりすることも大きな教育的効果をもたらす。

こうした学習法は，物語り学習（Narative learning）と呼ばれ，根拠に基づく教育を補うものとして，注目されている。たとえば，医学の分野でも，患者に対しては根拠に基づく科学的なデータを示して医学的な対処をする一方で，患者との対話を通じて患者の心の「治療」を進めることが求められる。

教育の現場でも，生徒との対話を中心とした物語に基づく教育（Narative based education）が，根拠に基づく教育とともに重要である。そこでは，教師だけが物語るのではなく，生徒自身がそれぞれに自分の経験や学習について話す機会を与えられ，話すことを通じて自分の人生や学習内容の理解を深めることができる。小学校では発表の機会が多いが，小学校だけではなく，中学校や高校でも生徒が語る表現の機会を提供し，根拠に基づきながらも，生徒自身が物語ることを通じて，知識を体系化しながら自分の身につけていくことが重要なのである。

科学的根拠に基づく客観的で量的な資料と同時に，事例研究や身近な経験などの質的資料を常に収集し，教科の内容に応じて適切に利用していきたい。

演習問題
1 今後の社会で，児童や生徒が社会に出て生きていくうえで必要とされる力にはどのようなものがあると考えますか。また，その力は，学校と家庭のどちらで学ぶべき力と考えますか。学校と家庭で特に身につける必要があるとあなたが考える重要な力をそれぞれ3つあげ，その理由を述べなさい。
2 根拠に基づく教育を行ううえでは，いつもどんな本からご自身が興味を得ているかを児童・生徒に説明していくことが求められます。これまであなた自身が読んだ教科に関する本のなかで，児童や生徒に読んでほしいという本の書名を3つあげ，その執筆者名と内容を簡単に説明しなさい。

第2章
子ども観・教育観

1　子ども観

(1) 子ども概念と子どもの現状
1)「子ども」とは

　子どもは自分の出生，親，身体，性を選べない。現在，「子どもがわからない」だけではなく「子どもが怖い」とまで言われることもあり，「子ども」という言葉は，日常の場面で多様に何気なく使われている。「子ども」という用語に揺らぎがみられることも事実であり，そのことが子どもの教育にも揺らぎを生じさせざるをえない。改めて「子ども」を定義する。「子ども」という言葉の意味は一般に親に対する子どもと，大人に対する子どもの2つの概念（意味）に大きく分けられよう。ここでは，後者の大人に対するものとしての子どもを扱う。類似の言葉に児童があるが，教育・学校に関わる学校教育法では，小学生を「児童」，中学生を「生徒」と規定している。福祉に関わる児童福祉法では18歳未満を児童と明記している。子どもに関する世界の基本的な法律である「児童の権利に関する条約（以下，子どもの権利条約）」では第1条で「18歳未満のすべての者をいう」とある。ここでは，「子ども」の定義として18歳未満とするが，小中学生の時期を中心として扱うこととする。「子ども」に対しては，社会福祉学，医学，心理学，社会学など，いろいろな迫り方があろうが，その中でも，教育に関わる子どものイメージや価値観である「子ども観」について考える。

2) 子どもの現状

　日本子どもを守る会編『子ども白書2009』（草土文化，2009年7頁）では，子

どもの現状のなかで「子どもの貧困」の問題を大きく取り上げている。貧困・格差社会の背景のなか，生活だけではなく子どものよりよい成長・発達に関わる心身への悪影響を重要視し，低年齢からの受験競争と塾・おけいこごと，そしてメディアなどから，子ども生活からゆとり・遊び・多様な人間関係が奪われているととらえる。その結果，不登校・いじめが引き続き多数存在し，子どもの暴力の増大やうつ病，自殺が生じていると述べる。確かに，各種調査から日本の子どもの「孤独感」，「自尊感情の低さ」，「幸せ感の希薄」が報告されており，多少の強弱はあるにせよ，私自身が行った世界各国での現地調査からも日本の子どもの活力・「生きる力」のなさを感じる。そういった日本の子どもの課題を解決し，社会や教育現場での子どもの幸せの実現という観点からも改めて子ども観を問い直すことが必要である。情報化社会の進展・肥大化のなか，不幸な親殺しなど世間に印象づけるための事件報道などにより，今の子どもは怖い・わからないと伝えられ，子どもに対する管理の必要性がいわれる。確かに，子どもに対する抑圧や危険排除も必要な部分はあろう。しかし，子どもたちに対する，社会からの無神経な言葉や批判にうなずく前に，子どもを単に教育の対象としてではなく，情報社会を受容している「今を生きる」存在として子どもの実態・真実をとらえることが不可欠である。

　たとえば，子ども時代を象徴する「遊び」の実態はどうであろうか。平日平均4時間といわれ世界で最もメディア接触時間が長いなか，遊びは異年齢から同年齢へ，集団から個人へ，外遊びから室内へ，直接・自然体験からバーチャルへと変容している。そのことが，子どもの存在の背景となっているということを，子どもの生活全体から考えていく視点が必要であろう。学校だけでなく，家庭でも，メディアや塾・習い事，そして通信教材などによって，今の子どもは知識による価値観や感性を詰め込まれることと対極に，心情による価値観や感性を喪失していっている。

　遊びは人間の文化である。ホイジンガは『ホモ・ルーデンス』（高橋英夫訳，中公文庫）で，「すべての遊びは，まず第一に，何にもまして1つの自由な行動である。命令されてする遊び，そんなものはもう遊びではない」と述べている。子どもにとっては，けんかもまた，重要なコミュニケーション手段だが，暴力

を忌避するあまり，それを放置する心理的ゆとりが大人の中になくなってきている。良い悪いは別にして，子どもも大人もゆとりのなさによって，父親の存在が希薄化し，人間の「草食動物化」が進行し，性に対する意欲が減退しているのではないかと危惧される。言葉で民主的に解決する能力の育成の方向が基本であることはいうまでもないが，けんかや幼い子どもの暴力は，遊びの気分の延長線上にあり，それを止めることは，遊びや冒険心の衰退につながりかねないともいえる。テレビの怪獣ものやゲームの格闘・暴力ソフトは，大人の心配と反対に子どもたちにとっては昔の日本社会にあった子どもの自治組織である子ども組の危ない遊びに代わる暴力の抑制ソフトとして働いているのではと考えられる。ただし，暴力を模倣し，暴力性の資質強化になる可能性を考えておくことは必要である。また，コミック（マンガ）の中には内面描写が深遠で内的必然性を納得させるコンテンツ（内容）を含んだものもあるが，表層的で安直なコンテンツも多く，バーチャルリアリティーにのめり込む一方で，リアリティーを希薄化させている事実も把握しておく必要があろう。

　テレクラや援助交際も，メディアがあおる「モノ」文化・消費社会の少女たちの欲望を餌食にする大人たちの意識の裏返しである。大人が創る子ども観ではなく，子ども観に映し出された大人観こそ問題にされるべきなのである。しかし，その大人観の背景となっている社会に対する教育の影響力は，子どものよりよい成長・発達にとってあまりに脆弱であることは否めない真実である。テレクラや援助交際だけではなく，いじめや暴力に吸引される子どもたちの心象こそ，深刻に考えられるべきであり，その心象に影響を与えている情報社会に対して教師は発言力をつける必要がある。子ども観に反映された大人観の構造をこそ問題とされなくてはならない。

（2）子ども観の重要性

1）子ども観の変遷

　日本には子どもを宝とする思想や子どもをあたたかく見守る風土があったとされる。しかしその一方で，近代以前では，旧来の村落共同体の中，社会生産性との関係から乳児を殺す「間引き」など，子どもの生き死には親に任され，1人の人間として尊重されることはむずかしく，大人の所有物，家制度の付属物としてとらえられることもあった。基本的な考え方として，「一人前」，「半人前」という言葉にもあるように，労働的な価値によって子どもは測られ，個人的価値の低い者としてみられていたといえよう。

　「子どもの発見」で知られるジャン−ジャック・ルソー（1712-88）は，子どもには子ども独自の価値があることを示した。それまでのヨーロッパにおける「子どもは放っておくと悪い方向へ向かう存在であり（性悪説），不完全で未成熟な小さな大人に過ぎない」という基本的な考えを覆した。フランスのフィリップ・アリエスは『〈子供〉の誕生』（杉山光信・杉山恵美子訳，みすず書房，1980年）で，子どもは昔から存在したものではなく，中世には存在せず，近世になって生じたと論じた。家庭においても社会においても子どもは身体的に大人とみなされると，すぐに大人扱いにされ，今のようなある程度長期の子ども期は存在しなかったというのである。中世の乳児死亡率は4分の1から半分といわれ，7歳までの子どもに関しては生きることもむずかしく期待されにくく，それゆえに神聖化されることもあった。子どもは大人と同様に扱われ，村落共同体の一員として労働，そして現在ではタブーとされる性に関しても共有していたといわれる。西欧においても子どもは可愛がられたという文献もあるが，日本は西欧とは異なる独自の子ども観をもっていたようである。中世などの絵巻物などにも大人と区分された子どもの姿が示されたり，今でも七五三の伝統お祝い行事などが残っているように子ども期を重視し，「7歳までは神のうち」と伝統文化ではいわれ，地域でも子どもの自治集団である子ども組が存在していた。その後，わが国でも教育制度の導入，義務教育によって地域から子どもは年齢別に取り出され，子ども観が成立したといえる。

　18世紀は「啓蒙期」「教育の世紀」と称され，子どもに対する関心も高まった。

西欧では医学的な見地からも従来行われていた赤ん坊を身動きできない形で育てるスウォッドリングという方法が改善された。工業化が進むなか，「労働者」が登場し，職住分離，性別役割分担が取り入れられ，子どもは家庭で母親が養育することが多くなってきた。また国策として，大人の視点から子どもの管理・保護がなされ，健全な成長・発達が望まれた。子どもとの区別のために，大人は現在・成熟・労働・自由・責任・義務を負う存在として生まれた。逆に言えば，大人は大人の自由・責任として，性的な事項などを子どもに知らせなくなったのである。このことは，人生の発達段階として子どもから大人に向かい，教育は子ども期に集中して行うという前提が成り立ったといえる。

しかし，大人と子どもの情報格差を創り出した，主として文字活字文化による近代の状況は崩壊してきている。アメリカのポストマンは『子どもはもういない』（1982年）で誰でもみることのできるテレビの普及によって「秘密」が各家庭になくなり，大人と子どもの境界が消滅したと述べている。インターネットはさらに進み，誰もが世界に情報を瞬時に発信できる状況を創り出した。さらに，生涯学習時代になり，教育は子どもだけが享受する時代ではなくなった。学習という視点に象徴されるように学習期間は長期化し，子どもの期間は延長したといわれるが，一方で生物学，福祉学，法学，そして教育学など分野によって子どもの定義や子ども観は区切られるだけでなく，ケータイ（携帯電話）など，大人よりも子どもの方が長けている年代の逆転事象もみられ始めたのである。

2）子どもの人権関連の宣言や条約

第一次世界大戦後の「ジュネーブ宣言」では，戦争で子どもが多く殺されたことを受け，子どもにとって平和こそ最重要であることが示された。1950年の「世界人権宣言」ではあらゆる人が安心して生活できるために人権および自由の尊重が確認された。そして，子どもも1人の人間として，親とは独立した存在，子ども固有の権利があることが認められた。1955年の「児童権利宣言」では，子どもを権利主体ととらえ，子どもの人権保障のために社会全体が保護すべき対象として子どもが規定された。1989年の「子どもの権利条約」では「児童権利宣言」をさらに進展させ，子どもは「保護や管理される存在」ではなく，大

人と同様「権利主体」であることが明示され，宣言ではなく，法的拘束力をもつ条約となった。人的資源として子どもをとらえたり，保護する対象としてとらえているが，現在の子どものとらえ方の大きな側面は子どもを主体としてみるということである。ただし，社会・大人からの側から消費者として子どもをみる，という留意が必要である。逆に子どもに対しては，メディアを通じての大人社会からの危険性が増したのである。そうしたなか，世界の教育者の間では，生涯学習の観点からも自ら学び育つ主体としての子どもや市民としての権利を有し，自治・参画の当事者としての子ども観が主流となってきている。

　子ども観にはいろいろな側面があり，子ども観を一律に定義することはむずかしい。そうしたなか，北欧などではノルウェーで最初に始まった子どもの参画を保障する「子どもオンブッド」の活動などもみられるようになっている。

3）子ども観の2つの立場

　子ども観には大きく分けると2つの立場があると考えられる。1つは「保護・準備として」子ども期をとらえる立場である。激しい競争の時代にあっては「質の高い労働力」が必要であり，そのために「早くから社会に入るための準備」を子ども期にしておかなくてはならない。「未来への準備，社会への準備」をさせるのが子ども期の何より重要な目的である。社会の効率性を重視し，子どもを未熟で保護する存在としてとらえる立場である。労働のためだけではなく，大人が子ども用と考え，先取りして押しつけ教えるという立場でもある。大人になるための基礎・基本を学ぶ，シティズンシップの段階的獲得という視点も併せ持つ。

　他方，もう1つは「自立した市民として」子ども期をとらえる立場である。「子どもそれ自体が重要な意味をもつ人生の最初の段階」とみる立場である。子どもたちは，この社会のなかで，今をともに生きる1人の市民である。子どもたちの生活と学習に対する投資は，未来の見返りをあてこんでのものではない。今，ここに生きている子どもたちそのものが大事だと考える。子どもの権利条約の宣言・採択がきっかけとなって広がったものともいえる。

　子ども観は時代によって変化し，子どもの権利に関する事項も変遷し，進展

してきている。子どもの自由を認めると同時に親の指示・指導を認める内容に子どもの権利条約もなっていることに気づく。子ども期を大人への準備をする期間ととらえ子どもを保護する立場，子ども期を独自のものととらえ子どもの自由を尊重する立場は，必ずしも対立し相反するものではない。子どものよりよい成長・発達を図るということでは，どちらの立場も共通の目的を有している。

　教師には，子どもの未来と同時に，子どもの現在の幸福のために，最善の努力をする責任がある。情報肥大化のなか，たとえば，子どもとのよりよい関係づくりが求められているインターネットやケータイの現実は双方の立場から子どもとの関係を新しく構築していく必要を迫っている。しかし，留意しておくべきことはここで論議している子ども観は，大人のみた子ども，大人が子どもについて語る子ども観であり，大人や教師があるべき子ども（児童・生徒）をつくりあげ，それにむりやり子どもを合わせてしまう問題もはらんでいるということである。

（3）教育政策からみる子ども観

　子ども観の変遷や子どもの権利に関する内容は子どもが本当に大切にされているかどうか，教育観を築く基礎・基本となる。第15期からの中央教育審議会では「生きる力」が中心的な重要用語として示された。子ども観を反映して作成されているといえよう。その答申で示されている子どもに求められる能力の1つめは「自分で課題を見つけ，自ら考え，自ら問題を解決していく資質や能力」である。「指示待ち人間」という言葉が子どもに対して言われることがある。言われたことはできる，それなりの適応能力はあるが，自分で創造し工夫する能力が子どもに乏しいというとらえ方である。自らが社会を創るという社会力をもった子どもにということであろう。2つめは「理性的なものや判断力や合理的な精神だけでなく，美しいものや自然に感動するといった感性」である。知識だけではなく，感性を子ども期にはしっかりと身につけることが必要であり，そのためには直接体験が不可欠といえよう。最後の3つめは「健康や体力」である。心身の健康，そして学ぶ力の基礎ともいえる体力が低下しているとい

う実態をもとに，心身ともに健康な子どもの育成を図るという考えである。

　1957（昭和33）年に法令根拠のあるものとして定められた小中学校の学習指導要領は1967年，1976年，1989年，1998年、2008年と改訂された。学習指導要領は小中学校における教育の目標・内容を規定している。その中で示された現在の教育政策につながる子ども観と関わる内容では，1989年の改革が大きい転換と考えられる。強調された内容としては「自己選択・自己決定」「興味・関心・意欲」「自主性」「個性」「創造性」「思考の多様性」「体験」「表現力」「よさ」「認め励まし」「支援」がある。子どもたちの荒れの原因は，これらの事項の過度の強調にあったともいわれる。画一的教育を廃し，個性化を図るというのが大きな流れであり，その中で示されたのが「ゆとり教育」であり，自らの問題発見解決を学ぶ「総合的な学習の時間」の創設であった。今の子どもは忙しいという前提から，子どものゆとりを取り戻そうという方向が示され，実際に学校での授業時間数は削減された。しかし，読書や家庭学習の時間は相変わらず貧弱であり，テレビ・ゲーム・ケータイなど電子映像メディア総接触時間は平日平均4時間と世界で最長といわれている。

　教育政策は世界の中の子ども観や子どもの権利の動きと連動しているともとらえられる。しかし，欧米の多くの国においては子どもの参画や子どもの意見表明には，必ず子どもの年齢や発達段階に合った大人の適切な支援がみられる。子どもには興味・関心や自主性を重要視すると同時に，自己責任や義務，そしてやるべきことはやらなくてはいけないという自己制御能力が不可欠なのである。個性や創造性と同時に，他人を思いやったり，多様な人間と共生していくことが求められ，人とともに生き社会に貢献することが必要である。

　個性化に対しては個別の子どもが自分自身で学習目標を立て，実施し，そして評価し，次の活動へとつなげていくという自己決定的な学習力育成の方向性が不可欠である。体験，思考の多様性と同時に，体験や思考を振り返り，気づき，共有し，次へと改善する整理・集約・学び・研究が不可欠である。表現力やよさを認めることと同時に，まず人の話を五感すべてを使って聴く「傾聴」，自分自身を反省し，よりよいものへと変えていこうとする向上心も求められる。認め励まし，支援することと同時に，叱り，指導し，研鑽していくことも重要

であり，放任することと見守り，子どもの可塑性に応じながら，信頼関係を築き上げることが教育には不可欠である。子ども問題の背景にある子どもの生活全体を把握したうえで，日常的な教育活動において，一貫した子ども観，教育観で個々の子どもと集団の子どもを相乗的に変化させるように教育していく必要がある。

現在はPISAという国際学力テストの結果などから，改めて「学力低下」が問題視され，学力向上が叫ばれ，学校での授業時間が増加し，全国学力テストなどから子どもに対する競争的な学びが導入されてきている。しかし，学力向上には子どもの未来と同時に，今のあり方を問い直す子ども観を基本とした教師自身の自己理解や省察が重要となる。

（4）教師の実践からみる子ども観

これまで子ども観を理論的にみてきたが，ここでは教育活動を通して具体的に子ども観を考える。

1）小学校の事例

A教諭は教師となって25年あまりのベテランである。自分自身の子ども観，教育観を子どもにぶつけてきたという。子どもとぶつかりながらも，その都度話し合い，何度も自分の子ども観や教育観を説明しながら，お互いに納得いくまで時間をかけた。流され，自分を失いかけている子どもたちに「チャンス」「チャレンジ」「チェンジ」という3つの合い言葉を提示した。子どもには学び成長するチャンス（機会）があり，それを保障するのが教師であり，絶対に見捨てないという教育観で実践している。子どもは自分で目標を決め，自分で決定しながら参画していく存在であるというチャレンジ（挑戦）の精神は，自信を子どもがもつことの大切さも含んでいる。そして，目標を達成することによって自分がチェンジ（変化）したという成就感を得るが，その際，変化の結果ではなく過程をより重視するというのが子どもの今を大切にするということにつながっている。

子どもにいつも紹介する言葉は，詩人でもある相田みつをさんの「夢はでっ

かく，根は深く」という言葉だ。まず、未来の子どものためには夢や目標が大切であるが、夢を安直に追うだけでは、夢の実現は困難であり，実現のための今の学びが十分に必要とされるのが人間というとらえ方である。大人社会からの情報にだまされず，自分の言葉で考え，知識だけではなく知恵を身につけることを子どもに求め続けることの重要性が示されている［小川ほか 2008］。

2）中学校の事例

「ムカツク」「キレル」と安易に言葉に出す子どもたち、その中でB教諭は中学校で荒れていたC君と立ち向かった。両親がいないうえに，経済的にも厳しい家庭環境にあって、暴行・恐喝・喫煙などを繰り返していた彼を合唱という学習活動に引き入れたのである。合唱のクラスでの活動では，B先生は生徒の自由・自己選択だけではなく，責任と厳しさを求め，生徒参画のなかでの放任ではない指導・支援を的確に行った。そのときのB先生が子どもから学んだことは「どこまでもどこまでも人間としての可能性を信じ切ること」「子どもの苦悩に共感しながら，自立した生き方を目指す要求を正しくていねいに出すこと」「ひとりひとりを主人公として仲間と結びながら感動のドラマを創り出す学級づくり・学校づくりをみんなで推進すること」であった。子ども一人ひとりの変化が学級の変化につながり、逆に集団の変化が個人の変化をもたらすという過程の重要性が示された。

個人も集団も人間としての成長の可能性を必ず秘めているという子ども観に基づいた一貫した教育観の中で、自己変革と生きがいづくりの過程として教師自ら人生を位置づけることは，幸せであると同時に困難を伴うことに留意することも必要である。その際、B先生は子どものこころを探ると同時に，自分（教師）自身の心の動きを常に反省的に探ることを日常化させている［井上ほか 2002］。

（5）家庭との連携や生涯学習の観点

1）保護者の子ども観と教師の子ども観の違い

「教師―子ども（児童・生徒）」関係は「親―子」関係をモデルとし，感情が

基本とされることがある。しかし，親以外の他者としての重要な立場にある教師の役割は，多元的な視点や多様な出会い，そしてある一定の期間で終わる関係である。教師が子どもに対する接し方や教育のあり方について，保護者と意見が対立し，苦労した場合，教師の「子ども観」が改めて問われる。いうまでもなく，一般的には保護者は自分の子ども観で，ついつい自分の子どものみを中心に考える。しかし，教師は教育の専門家という立場から子ども観をもち，クラス全体や長期的展望をもって子どもをとらえる。特に今後は，学校と家庭の連携が強く求められており，教師には家庭教育の支援までが課題として示されてきている。親と教師は双方共に子どものよりよい成長・発達を願うことには違いはなく，相互理解と信頼関係を深めながら長期的展望や多面的な思考で子どもをとらえていくことが求められる。

2）生涯学習の観点

　教育に関わって，これからの子どもを考える場合に，生涯学習の観点は不可欠である。生涯学習の観点の1つは，子どもの学習を時代的な背景，社会の変化，そして子どもの生涯全体，人生から考えるという視点である。2つめは，子どもというのは学校だけの教育によってのみ学んだり変容したりするのではない。子どもは，家庭，地域でも学ぶだけでなく，テレビ，インターネットなどのメディア，そして生活上の困難，健康上の課題からも，多様に学び変容を余儀なくされるのである。社会が子どもを育てる視点，家庭・地域と学校の連携，そして，福祉・医療・環境・生活等の期間・分野との連携が子どもの教育には重要であるという基本的な子どもに対する感性や思考が求められる。

　ルソーの性善説だけではなく，性悪説も現在でも根強いが，大人と同様であり，子どもには良い面も悪い面もある。特に家庭が厳しい状況にある場合，悪い面を指導し改善する大人が不可欠であり，子どもと大人がコミュニケーションをとることの前提として，子どもに傾聴する大人の存在が社会全体のシステムとして求められよう。社会そのものの重圧感を和らげ，弱者に対する制度的な暴力の排除を行うことによって，多少なりとも対抗暴力としての子どもの不幸な事件の暴発を防ぐことは可能となると考えられる。

ケータイ・インターネットによるいじめ・裏サイトによる誹謗中傷などコミュニケーションのあり方の変化に早急に対応する必要があり，大人は子どもの実態を努力すれば把握できるという従来の子ども観を転換させる必要が出てきている。学校や行政のネット監視，通報窓口など対症療法的な施策は，子どもには抑圧的に作用する場合もある。問題は陰湿ないじめが起こる学校現場，家庭，その背景にある社会のありようにある。いじめを起こさせない日常的な人間関係を築いていくことが根本である。

先入観なく子どもをよくみることで，早期改善を講ずることが緊要である。たとえば，いじめ自殺報道を興味本位で放送すると必ず，後追い自殺が生じるが，いじめ・自殺に関する過剰な問題視をメディアが増殖し，拡大していくことに対応していくことが求められる。ただし，問題が生じてからのカウンセリングなどの対症療法的な方策だけではなく，子どもを取り囲む社会全体の問題との関連性を体系的に探り出し，相対化することによって教育的・予防的にも子どもに働きかけることが必要となろう。

演習問題
1　子ども観の変遷について300字以内でまとめなさい。
2　今後の子ども支援のあり方について生涯学習の観点から300字以内でまとめなさい。

2　教育観，教師観の構築

教員免許更新制度に基づく講習は，大学の教育課程授業や初任者研修とは異なり，講習を受ける側の教員に分厚い実践の累積がある点に特色をもつ。受講者は講習を機に自己の実践や経験を今日の教育状況や社会的要請と照らし合わせ，改めて現代社会に即応した教育観や教師像を構築することが期待されている。本節は教師が日常の実践で得た経験を再整理し，理論づけることと関わって，その方法の糸口を例示することで，教師自身による教育観や教師観の再構築に資することをめざした。

論点として①日常教育用語・概念の再検討，②経験の理論化，③教育事象の統合的把握，④学校・家庭・社会の連携，⑤教師生活の自覚と誇りの5点を掲

げた。各論点は，学校外から教師に向かう迫り方ではなく，日常の職場実践から，今日的課題に応える内的な開発方法を志向している。少数の限られた例示を足がかりにして，教員自身の手で，教育観や教師観が再構築されることを切に願う次第である。

（1）日常教育用語・概念の再検討

　教師が何気なく使用する日常の教育用語も，ふと立ち止まって再検討を加えると，そこから意外な揺らぎと問題点が出現する。ここでは2例を示したい。
① 「学力」
　今日の教育に欠かせないキーワード「学力」の意味を検討してみると，今さらながらそのあいまいさに驚かされるであろう。試みに『新教育学事典』［細谷 1990］を見ると，学力観に関する諸説が解説されたうえ，学力は教育研究者間でいまだに合意が成立していない通俗語であり，中には定義しても意味がないとする考え方のあることも紹介されている。そうはいってもこの語を使わないわけにはいかない現実もあり，『新学校用語辞典』［牧 1993］は，比較的多くの人々に受け入れられている学力観として「学校という場における教授＝学習活動によって形成される能力」とする見方を掲げているが，これとても学校現場からは次々と疑問が湧き上がってくる——教授＝学習活動の成果を学力と呼ぶなら教科以外の道徳や特別活動のような領域で育まれる力も学力か，課外活動の部活動はどうか等々。かつて安倍内閣時代に道徳の教科化が検討されたとき，某新聞社が社説で「道徳の教科への格上げ」という表現で論評したが，教科が格上，領域は格下という位置づけは，教育法規とは無縁の根拠のない思い入れである旨読者から指摘を受けていた。その背後に学力を形成する教科は上で，その他の力の涵養に関わる活動は下とする学校教育観が社会一般に普及していたことを思わせる。学力の概念を広義または狭義でとらえるにせよ，専門職としての教師は，今日の学校教育全体が培う力は何か，子どもにどのような能力や資質をつけさせて社会に送り出さねばならないかという大目標に再度注目したうえで，学力の概念に関する共通理解を，学校単位や研究会単位で共有しあえるよう努めるべきではないだろうか。学力の概念をあいまいなまま放置

して使用しているうちに，この国ではその意味をいつの間にか特定の教科（それも受験がらみの教科）の知識や技能に収斂させてしまう傾向があるだけに，教師側の見解の共有をぜひとも望んでおきたい。

図表2-1　個と集団の基本的関係概念図

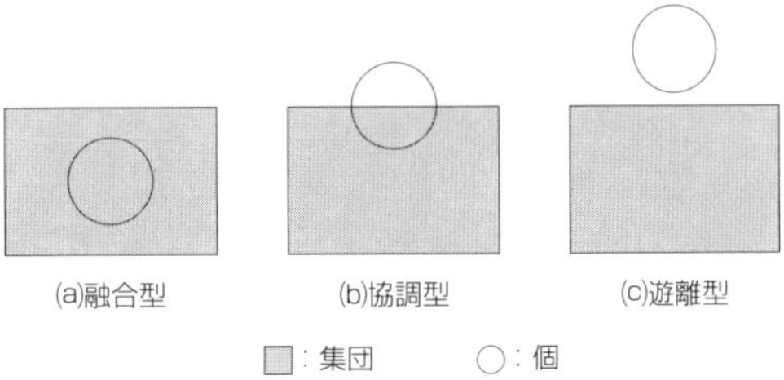

(a)融合型　　(b)協調型　　(c)遊離型

■：集団　　○：個

② 「仲良し」「まとまり」

　学校で毎日のように用いられるこの言葉を，今改めて検討してみよう。学校教育において個と集団は相互発達の関係にあり，教師は双方の指導に力を注がねばならない。図表2-1は個と集団のあり方の基礎的モデルを示したものであるが，(a)は個が独自性を抑えて全面的に周囲に合わせている状態（融合型）を，(b)は個がその個性を保ちながらも集団と協調している状態（協調型）を，(c)は個が集団から孤立した状態（遊離型）を表している。学校教育で(b)型をめざす集団指導が望ましいことは一目瞭然であるが，問題は(a)型にある。全会一致を快挙と感じるような「人並み」を好むこの国の性向は学校にも及び，(a)型と(b)型の違いに気づかないまま「仲良し」「まとまり」と称している指導がまま見られるのである。帰国子女が海外で身につけた個性発揮の体験を隠さなければ生きていけなくなったり，なにかと目立つ子がいじめられたりするような同化圧力の強い集団の中で，児童生徒が自己発達を遂げることは容易ではない。とりわけ日本の学校に多い班という小集団では，相互監視の目が働きやすいだけに，もしその集団が(a)型と化した場合は，個に働く集団圧力は強大となる。

　問題をさらに複雑にさせているのは，近年の学校に顕著となってきた子どもの自己概念の脆弱化である。個を鍛える指導を工夫する一方で，好ましい集団形成の指導を展開させることが，今日の学校に求められている。「仲良し」「まとまり」の概念の再検討は新しい指導の第1歩となるであろう。

図表2-2　自主性と指導性の量的関係図

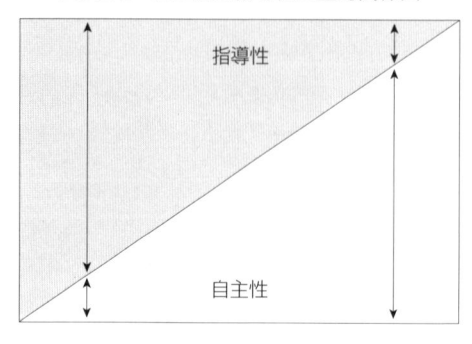

（指導性／自主性）

（2）経験の理論化

　子どもの自主性の伸長に見合って教師側の指導を控えねばならないと思う一方で，放置しておいてもよいのかという懸念も湧いてくる，自主性と指導性の関係をどうとらえたらよいかという質問を受けたことがある。日常の教育の営みに意味を見出そうと努める教師からの好質問といえよう。子どもの自主・自律・自治等に関わる能力の発達につれて，教師が指導を少しずつ減らし，自発的活動に委ねればよいとする考え方は，**図表2-2**に見るように一見理にかなっているかに見えるが，これをもって自主性育成の指導原理とするわけにはいかない。

　たとえば，運動選手育成の事例を見ればよい。選手の技能向上につれてコーチは指導を控え，オリンピック級の選手になればほとんど指導・助言を与えないだろうか。現実は逆に選手の技能レベルが向上するほど，コーチ側もいっそう高水準のコーチを施しているではないか。自主性と指導性の関係においても，一方が伸長すれば他方が縮小する量的把握ではなく，自主性が伸長すればさらに一段階高度な自主的活動をめざしていっそう高水準の指導がなされるべきであり，両者の関係は量ではなく質としてとらえられねばならない。

　もう1例を示そう。「競争の教育に反対」という声を聞くことが時々あるが，学校教育で競争を頭から否定すると，スポーツという文化は成立しなくなり，運動会も開催できない。競争と競争主義とを区別して，競争原理を導入すべきでないところに競争を入れたり，過度の勝利主義に陥ったりする場合を競争主義として排するなら，大方の合意が得られよう。このように日常の実践の理論整理に努めると，無用な混乱を避けられるだけでなく，指導の道筋がすっきりと見えてくる場合が多い。現場の先生自身の教育観はこうした小さな努力の積み上げの総和として構築されていくのではないだろうか。

（3）教育事象の統合的把握

　英国では小学校6年生を終えて中学校に進むと7年生，8年生と呼び，18年生まで数える。こうした学年呼称の背後には，子どもの発達と教育を十数年という長期間の枠で把握しようとする教育観が横たわっているようである。一般に欧米の学校は，小学校から大学までを貫いて共通した教授＝学習方法――というよりは学校文化をもっており，その典型をコミュニケーション能力の育成にみることができる。米国のやり方を箇条書きでのぞいてみよう。

① 　show and tell：幼児が愛好物を見せながらそれについて語らせる教育方法で，文字教育開始以前の段階から人前で話す（public speaking）力を鍛える。

② 　topic：小学校に入ると，授業初めなどで"what's new today？（今日の話題は何？）"と尋ね，子どもの話に沿って why, what, when, where, who, how の6Wで問いかけて話を膨らませる。子どもは話題をいくつか常に用意するようになる。

③ 　opinion：ハイスクール時代になると，自身の意見をもつよう求める。topic や opinion を有すると，これを介して成人を含む他者と渡り合えるようになる。

④ 　fact：スピーチやレポートで意見（opinion）と事実（fact）の違いを明確にさせる。この原則は大学時代の論文にも通用する。

⑤ 　debate：価値観が二分されるようなテーマを二手に分かれて，ゲーム感覚で討論させる。各論点の明確化や，説得性のある話し方の練磨の他に，反対の立場からも問題を見る目を育てるねらいがあり，市民的資質形成に寄与する。

⑥ 　presentation：資料の提示や効果的話法を駆使した発表が求められる。極めつけは，発表内容を寸劇（skit）仕立てにして，簡単な衣装や音響効果なども入れながら行う presentation で，発表側にも聞き手側にも大人気である。

⑦ 　idea：新しい企画や問題解決のため，第1段階で成員ができるだけ多くの思いつき（idea）や意見を出し，第2段階で出された着想や意見を各人が自由につなげて全体としてのまとまりを見つけ出す。このとき，着想や意見と

人格がひとまず切り離されることが原則になっている。

コミュニケーション技能の体得が好ましい人間関係づくりに役立つことはいうまでもないが，着想，話題，意見を鍛えることは，子どもの自己概念を豊かにさせ，独立的な人格形成に大きく貢献する。脆弱化した個の練磨と，社会性の育成が課題視されている今日の教育で，コミュニケーション教育の果たす役割は実に大きい。ましてや初等教育段階から英語学習を導入させるのであれば，子どもが日頃から着想，話題，意見を保有し，それを公的な場で明確な日本語で表明できる力を並行して体得させておかないと，外国語での会話にひ弱さを伴うであろう。

文部科学省も学習指導要領の改訂ごとにコミュニケーション能力の強化を求めているが，学校現場では指導要領に示された教科や領域ごとの改訂部分のみに関心と取り組みが集中し，教科・領域を横断し，学年・校種を縦断してこの能力を培う長期的，統合的構想は，いまだに形成されていない。このため人前で話すときは，居合わせた人々に聞こえるだけの声を出し，明瞭な日本語で，聞き手の方を見ながら話すという初等教育の初歩的段階の技能さえ体得できていない大学生が出現したりする。7年生，8年生という学年呼称に改めずとも，少なくとも小・中・高12年間の学校教育を貫いて子どもの自我を鍛え，社会性を身につけさせる教育観とその方法を組織的に教師間で共有しない限り，この国のコミュニケーション教育や個と集団の育成強化に関わる教育の本格的な発展は困難であろう。「負け組」とか「ワーキングプア」といった言葉が現実と化した今日の競争社会に，自己表明さえ明確にできないような若者を世に送り出すようでは，学校教育の根幹が問われるのではないか。教育における統合的把握の大切さの一例として例示する次第である。

(4) 学校・家庭・社会の連携

今日の学校は，学校だけでは解決できない問題をいくつも抱え込んでいる。前節で触れた子どもの自己概念や社会性の脆弱化も，家庭教育の弱まりや地域における伝統的な集団遊びの衰退に起因するところが大きく，学校内だけで解決できるような課題ではない。したがって学校は，①学校が主体的に取り組む

課題，②学校が地域や家庭と協力して取り組む課題，③地域や家庭が主体的に取り組む課題を仕分けしたうえ，まず自ら果たすべき①の課題に率先して取り組み，そのあとで地域や家庭に②，③の課題についてその協力や立ち上がりを求めていくのが穏当な順序であろう。典型的な現代の②の課題の一例として，「ケータイ」問題を検討してみたい。

　子どものケータイ利用がもつ問題点は多岐にわたる。
・親は電話を与えたつもりでも，子どもは主にネット通信として用いている。
・子どもの発達を無視して情報が出現し，時に子どもは危険にさらされる。
・裏サイトの匿名性を利用して，新たないじめが出現している。
・機器操作の上で，親や教師よりも子どもの方に先知性，先行性が見られる。
・子どもの判断力の発達速度よりも，機器の発達速度の方が速い傾向をもつ。
・脆弱化した自我をケータイ交流で支え合う事例も多く，通信断絶による自己概念の揺らぎを防ぐため，関係性を常に確かめる不安の心理が見られる。

　こうした問題に対処するため，文部科学省は2009年1月に小中学校で携帯電話の学校持ち込み禁止について通知を出しているが，子どもの学外におけるケータイ利用に問題は残る。

　一方，改めてケータイの機能を眺めると，電話，記録，インターネット，Eメール，カメラ，テレビ，予約，支払い，安全確認，音楽，ゲームなど刮目すべき便宜性を数える。読書機能まで持ち合わせてケータイ作家が出現したともいう，まさに文明の利器というべきではないか。優越性が問題性を上回るこの機器を，否定的な方向で取り扱うだけでは無理があり，最終的には好ましい利用方法に係わる能力の育成をめざすこととなるであろう。問題解決への糸口は，学校，家庭，PTAのほかに，地域のメーカー，プロバイダーなど業者や行政と子ども本人を加えて，問題点を共有し，正しい知識や電子機器に関わる倫理性を培うところにある。大きな問題の解決には大きな組織を要する。しかし最初にイニシアティヴをとるのは学校であろうと私は期待している。

(5) 教師生活の自覚と誇り

　かつて寺子屋に学んでいた庶民の子弟は，寺子，筆子などと呼ばれていたが，

全国諸所に若干の筆子塚を残している。これは地域の筆子が、寺子屋での学習と師の人徳を懐かしみ、建立した記念碑である。時は移っても、学校や教師と保護者や子どものよき関係は保ち続けたいものである。

　教師が社会的信頼を得る最も基本的な条件が、その任務の中核に位置づけられている子どもの学習や生活に関わる指導に対する熱意の高さと技量の大きさに集中することは言うまでもない。そのうえ今日の学校は、教師個人の努力だけでは解決できない課題や、集団解決型の問題が多いため、教師は個人研鑽と集団による協働で腕を磨き、成果を上げなければならない。

　教師が自身のあるべき教師像を再構築しようとするときの足がかりとして、(a)指導スタイルの自己点検、(b)社会的信頼を受けない教師像、(c)教育愛の3点の考察を提起しておきたい。

(a)　指導スタイルの自己点検

　一般に大学などの教職課程授業や、自らの社会体験、教育書や研修等々で学んだ成果が教師の指導スタイルを形成しているが、その骨格な部分は児童・生徒として自身が受けた学校教育にあると考えられる。この国の教育は、大規模学級における多分に教師主導的な一斉指導によって成果を高める指導スタイルに長けている傾向をもっているが、その反面、問答法を駆使して子どもの着想や意見を掘り起こしたり、学習内容を子ども自身の経験と照らし合わせて納得させたり、試行錯誤を許して問題と取り組ませるような学習指導のスタイルを苦手とするきらいがあり、この傾向は中等教育以降にますます顕著となっていく。このため第二次世界大戦以降、「問題解決学習」とか「生きて働く力」とか近年では「PISA型学力」とかの呼称で、後者型の指導力の強化が叫ばれるものの、多くの教師が自ら受けた学校時代の指導スタイルを繰り返し再生産するため、なかなか改まらないのである。

　背後には、①旧制中学校や高等女学校の指導スタイルが、現中学校や高校に受け継がれている、②教師にとって生徒時代に覚えのある指導方法で臨む方が容易である、③教師中心の一斉学習の方が受験指導に効果的であり、生徒にも保護者にも好評である、④思考や話し合いを多用する指導スタイルの推進が提案されると、常に学力低下論が世論に登場して行く手をさえぎる、といった事

情が考えられる。教科ばかりではなく領域活動になると，教科書がないだけにこの傾向はいっそう顕著となる。たとえば，学級・ホームルーム活動などの時間を迎えるにあたって，学級担任は子どもによる自主的な運営を助けるため，予め子ども側の係と打ち合わせ会をもち，その時間の展開について相談し合ったうえで，子ども自身が係を割り振り，準備物を整え，司会などを工夫して当日の活動に臨むのであるが，こうした事前指導が近年少なくなり，担任主導の差配で当該時間をこなす形が多く見受けられる。これでは学習指導要領が望む自主的，自発的能力の育成は形骸化するであろう。伝統的な指導スタイルの利点を継承しながらも，自ら経験しなかった指導のあり方について自発的，開発的に臨むような教師の自己改革が今日求められている。

(b) 社会的信頼を受けない教師像

逆転的発想下に社会的信頼を受けない教師像を点検することも，教師のあり方を考える1つの方法であろう。当然ながら教師不信の筆頭としてあげられる事例は，指導に適切性を欠く教師であり，不祥事に関わる教師がこれにつぐ。指導が不適切な教員の認定数は，2008年度で306名であり，そのうち研修後の現場復帰者が78名，依願退職者が40名，研修継続者が55名と報告されている。

教師の不祥事では，08年度に懲戒，訓告，諭旨免職を受けた事例の上位3つを事由別に取り出すと，交通事故が2502名，体罰が376名，わいせつ行為が176名である。参考までに同年度の分限処分者をみると，全体数が8800名で，そのうちの約97.5%が病気休職者となっている。こうした統計から逆に浮上する社会的信頼を受ける教師の条件は，適切な指導力，遵法感覚，健康の自己管理である。よく言われるカウンセリング・マインドだけでなく，リーガル・マインドと自己ケアの習慣を身につけることも，現在の教師像に求められている。

(c) 教育愛

広辞苑によると，教育愛とは「教育者の被教育者に対する愛」とあって，児童・生徒への愛を意味している。この定義に従うなら，教師以外の人が「あの先生は教育愛に満ちている」と評するのは可としても，教師自身はこれを前面に押し出さない方がよい。野球が好きで球団に入った選手が，自分がいかに野球好きであるかを述べても，評価にはつながらない。彼が評価されるのは，試

合における美技にある。ところが，教師の中には，子どもが好きだ，可愛いと口にしてはばからない先生が案外多い。

　卓越した国語教師として知られた大村はまは，それを「先生バカ」と呼び，長所とともにその危うさを指摘している。先生，先生と子どもに慕われて幸福感に浸っているうちに，自己の危うさにも気づかない教師になってしまうことに警鐘を鳴らしているのである。先生，先生とまとわりつくのは束の間で，子どもは日に日に成長し，やがて学校を離れて社会で独立人として生きていくこととなる。その十数年という長い先を見通して，後で泣かなくてもすむような力を現時点でしっかりと子どもの身につけさせるのが教師の仕事であり，そのための研究や，実践の日々は厳しい，苦しいものであるという。子どもの独立後の社会が世界的な競争原理に染められて一段と厳しさが増している今日の時点で，大村の好著『教えるということ』（ちくま学芸文庫）を読むと，ほとんどの教師は胸に突き刺さる思いをもつであろう。一読をお勧めしたい。

　広辞苑とは別に教育愛を教育という営為に対する愛と解すると，どのような教師観が開けてくるだろうか。字義上は教育を他動詞読みして「教え育てる」と理解するのが本義であるが，実践上は自動詞読みした「教わり育つ」子ども側にも思いを致さないと，教育の営為は成立しない。今日の授業観が教授＝学習過程として把握されていることは周知のとおりであるが，生徒指導においても「教わり育つ」子どもの側の自主性とうまく噛み合わさることで，効果的な指導・助言が展開される。

　さらにもう一歩踏み込んだ考察を試みると，「教わり育つ」要因は子どもの側だけでなく，「教え育てる」教師の側にも欠かすことのできない機能なのである。中国の古典『論語』に「後生畏る可し」というよく知られた言葉があるが，漢語で先生は先輩を，後生は後輩たる青少年を意味する。今は未成熟の域にあっても，将来の豊かな可能性を秘めた青少年に「敬畏」の念をもって対せよという解釈が定説であるが，「畏る」を「畏怖」ととらえると，後生の成長には怖るべきものがあると読めてくる。師をも凌駕するまでの教え子の成長を喜びとしながらも，先生たる者はたやすく後生に追い越されてはなるまいと自己研鑽に励む「教わり育つ」教師像がここに浮上してくる。豊かな実践に立脚

して教育観，教師観の再構築を試みられる先生方が描き出す教職の喜びと誇りはどのようなものであろうか。

演習問題
1 教育実践を踏まえて，今日の教育観・教師観を教師自身の手で再構築するうえで，どのような取り組みの糸口が例示されているか簡潔に記しなさい。
2 第2章第2節の例示を参考に，あなた自身の教育観・教師観を構築するための現実的な取り組みの方向や方法を述べなさい。

【推薦図書】
大村はま［2008］『教えるということ』ちくま学芸文庫
小川哲哉・勝山吉章・井上豊久編［2010］『現代教育の諸相』青簡社
南里悦司・上野景三・井上豊久・緒方泉編［2010］『子どもの生活体験をデザインする』光生館

第3章
求められる教師像

1　国際教員調査にみる教師像

(1) 国際教員調査にみる教師像

　本書では，ここまで大学卒業後の教員が学校教育活動を行う一方で，変化してきた教育の状況を中心に述べてきた。しかし，教育をめぐる変化は，国内だけではなく，国際社会のなかでも教育の重要性が高まるにつれ，世界各国がそれぞれに新たな教員政策を展開し，国際機関もまた教員の現代的な課題に対応した調査研究を行っている。そうした調査研究の動向のなかでも，知識基盤社会への移行のなかでの教育，特に教育における教員の重要な役割に注目して，教員に関する調査研究を進めてきたのがOECD（経済協力開発機構）である。

　OECDには，教員の教育力の向上という政策がある。そのために，これまでいくつかの研究報告がなされてきた。2002年の教育政策分析では，教員不足の根拠を検証し，その克服のための政策的検討が行われた。そこでは，次のような教員をめぐる政策的課題が提出されている［OECD 2006］。

① 　OECD加盟国の半数では，15歳の生徒の大多数が通学している学校の校長は，教員不足／資質不足によって多少なりとも学習が妨げられていると考えている。
② 　現在多くの国々で，必要な教員数を満たすことが困難な状況にある。
③ 　教員の減少率は，国によって大幅に異なっている。定年退職で教師をやめる者が大多数を占める国もあれば，ごくわずかという国もある。
④ 　教職の高齢化が進んでいる。数カ国のOECD加盟国では50歳以上の教員数が40％を占めている。
⑤ 　ほぼすべての国々では，1990年代末には教員の賃金が1人あたりの国民所

得に比較して減少した。

　また，こうした教員研究を広い範囲でまとめたものとして，2005年には，『教員の重要性』レポートが刊行され，各国の教員研修政策の重要性が提唱された。そこでは，教員が自発的な学習者であることが期待されているが，その教員の教育活動に影響する諸要因，そして教員の能力向上の重要性が指摘されている。

> 教員は，自発的な学習者であることを期待され，生涯を通して学び続ける能力と動機を持ち続けることを期待される将来の社会や経済環境に生徒を準備させる能力がなければならない。[OECD 2005：107]

> 効果的な研修は継続的なもので，訓練，実践とフィードバックを含み，適切な時間とフォローアップを提供するものでなければならない。成功するプログラムとは，教員が自分の生徒を教える際に用いる活動に似た活動に教員を参加させ，教員の学習コミュニティの開発を奨励するようなプログラムである。重要な戦略の一つは，教員が自分の専門知識や経験をより体系的に共有する方法を見出すことである。研究と実践とのつながりを強化したり，学校が学習組織として発展することを奨励するなど，職業全体に渡り累積的な知識を構築するための方法に対して関心が高まっている。[OECD 2005：150]

　また，このレポートでは，優れた教師の条件が何かについての先行研究の分析やそのための条件づくりの必要性が述べられている。たとえば，ニュージーランドのハッチー（Hattie）教授の研究では，50万件以上の教育研究のメタ分析から，成績向上をもたらす30の要因を抽出した。その結果，最大の要因は，教師と生徒のフィードバックである。生徒の個人的知能が2位，そして3位に教師側の要因として指導の質があがる。この結果から，生徒との対話の重要性，直接的な指示や修正的指示が成績を向上させることがわかる。また親の学習への関わりや宿題も重要な要素である。考察から彼はさらに優れた熟練教員の5つの資質をあげている。

　第1は，教科についての「専門性」である。学問上の問題をその本質から説明でき，1つのトピックについて，多様な方法で，重要なポイントを示し，多くの情報を提供できて教えられる。いつも仕事に問題解決的姿勢で取り組む。状況に応じて即興的な解決策を提示し，重要な決定事項は何なのか最善の判断

を下せる。

　第2に、生徒との「対話」を中心に学習指導する。最適な学習環境を教室に作り出し、複眼的に教室を観察できる。また状況を把握しながら、適切な行動をとる。

　第3に、生徒に応じて「適切な指示」が与えられること。医者が患者ごとに対応するように、それぞれの生徒の抱える問題や学習進度をよく見て役立つヒントを与える。学習の困難さを考え戦略を立てながら進んでいく。指導の実践や学習技能では、努力せずにできる「自動的な」方法をもっている。それは教師自身の作業記憶やコツのようなものである。

　第4に、「情熱」がある。これは、教師が生徒へいつも高い敬意を払うとともに、教師自身も教育・学習に大きな情熱をもつことである。

　第5は、生徒の成績を向上させる「教育力」である。生徒に深く関わりながら、興味や自律心を育み、マスタリー学習（完全習得学習）を行わせ、有能感や自尊心を高める。生徒に適した挑戦的課題を提供し、生徒の成績の向上に効果的な影響をもたらす。

　この研究で彼は、熟練教師と単なる経験を積んだ教師とを比較し、その差が、挑戦的課題の提示、わかりやすい説明、生徒の観察と対話の3つの次元に表れるという。経験にかかわらず、この3つの次元での能力が高いほど熟練度は大きい。生徒の観察や対話を通じて、いつ挑戦的な課題やわかりやすい説明を行うか、適切に状況を判断して適切な指示を行うのが熟練教師の力である。ここで注意すべきは、生徒のコンピテンシー（生徒の自律的な力、人と対話する力や言葉の力）に応じて、教師もその力を発揮する必要があるという点である。

　こうした教員の重要性の報告は、さらに、教員がどのような教育実践を行い、その状況がどのようなもので、教員の教育力をあげる必要条件が何かについての国際調査へとつながっている。

（2）教員の教育実践の国際調査

　「教員・教授・学習に関する調査」（TALIS：Teaching and Learning International Survey）は、学校内の学習環境と教員の労働条件に焦点をあてた初めての国際

調査である。調査は，OECD加盟の23カ国が参加し，前期中等教育の教員とその教員の勤務する学校の学校長が対象となっている。この調査に参加する学校と教員は各国で無作為に選ばれた。この調査のねらいは，教員の職能開発，教員評価とその結果通知，学校の指導体制など，学校での教育と学習の質に影響を及ぼすと考えられる要因の分析にある。本節では，この国際調査の項目を検討して，今後の教員研修を考えるうえでの重要な指標とすることにしたい。

1）教員の方針

　TALIS（Teaching and Learning International Survey；OECDの教育と学習国際調査）では，学習指導法に関する教員の方針として，「直接伝達的な学習指導法」と「構成主義的な学習指導法」の2つの指標を取り上げている。この2つの指標は，下記の質問項目で構成されているが，それぞれの方針における教員の役割として次のような差異が考えられている。

　直接伝達的な方針における教員の役割は，「明晰で系統だった方法で知識を伝達し，正しい解答について説明し，生徒に明瞭で解決可能な課題を与え，落ち着いて学習に集中できる学級環境を確保することである」[OECD 2009：450]。

　一方，構成主義的な方針とは，「知識の獲得過程において，生徒は受動的な知識の受け手としてではなく，能動的な参加者であるという点を重視する。この方針の教員は，生徒の質問を促すことに力を入れ，生徒が自ら問題の解答を得る機会を与えようとし，授業の中で生徒が積極的な役割を果たすことを認める。構成主義的な教育観では，特定の知識の獲得よりも，思考や推論の過程の発達に重きが置かれている」[同上]。

【直接伝達的な学習指導法】
・有能な教員，よい教員は，正しい問題解決法を示す。
・授業は，明確な正解のある問題や，ほとんどの生徒がすぐに理解できる考えを中心にしたものであるべきである。
・生徒がどれだけ学習するかは，生徒がもつ背景知識に左右される。事実を教えることが必要不可欠なのはそのためである。

・効果的に学習するのには，通常，教室が静かでなければならない。

【構成主義的な学習指導法】
・教員としての役割は，生徒が自発的な質問をするよう促すことである。
・生徒は，自身で問題解決法を見つけだすことで，最もよく学習する。
・教員が解決法を教える前に，生徒は実際的な問題の解決法を自力で考えることを認められるべきである。
・思考および推論の過程は，特定のカリキュラム内容よりも重要である。

　この2つの指導法は，一方が優れているというよりも，内容に応じて使い分けることが考えられている。ただし，学習指導法においては，生徒の自発的な発問力，問題の発見力と解決力，思考と推論のプロセス重視という内容については，生徒全員がその力を発揮できるような工夫をすることが教師に求められている。この点については，総合学習や形成的アセスメントの多様な試みで，多くの成果が生まれている。

　調査の結果では，イタリアを除くすべての国で，直接伝達主義よりも構成主義が支持されている。「ほとんどの国では，教員は，自分たちの職務が事実を提示し，生徒に練習の機会を与えることではなく，生徒が能動的に知識を構築するのを支援することだと考えているのである」［OECD 2009：451］。

2）教育実践

　ただし，方針が支持されているからといって，必ずしもそれが実際に行われているとは限らない。実際，ほとんどの国の学級内の学習活動では，生徒本位の学習活動よりも構造化された学習を行うことに重点をおいている。この授業実践に関連する3つの指標の構成は，次のようになっている。

① 構造化された教育実践
・学習目標をはっきり説明する
・生徒が行った宿題を，生徒とともに点検する
・授業開始時に，前回の授業内容を簡単にまとめて示す
・生徒の練習帳を点検する
・生徒に質問をして，生徒が授業内容を確認しているかどうか確認する

② 生徒本位の教育実践
・生徒は小グループで学習し，問題や課題を共同で解決する
・学習が困難な生徒や進歩の早い生徒に対し，他とは異なる課題を与える
・学級活動や討論のテーマについて，生徒に提案や計画の手助けをするよう求める
・生徒は，能力別のグループで学習する
③ 高度な活動
・生徒は，完成するのに1週間以上かかる課題学習に取り組む
・生徒は，誰かに使われることになる品物を作る
・生徒に，自分の考えや推論についてある程度の長さで説明する小論文を書かせる
・生徒は，自身の意見とは異なる場合もある特定の方針を，主張しあう討論の場をもつ

　また，すべての国で，高度な活動が行われる頻度は，生徒本位の教育実践よりも低い比率となっている。生徒本位の教育実践も多くみられるため，各地域の教員は，平均すると，生徒の課題学習や討論，創作といった高度な課題を課すよりは，生徒による授業内容の共同決定を認め，能力別グループ編成を採用し，個々の生徒に適した課題を課す傾向にある。調査結果からは，すべての国で，生徒本位の教育実践と高度な活動の利用がさらに促進されることが望ましいとしている。

（3）教員同士の協力

　「教育の質を向上し，学校を発展させるには，資源や個々の教員の方策の調整を進めるために，教員が共通の目標を持って，協力し合うことが求められる」[OECD 2009：454]。TALISでは，教員同士の協力関係への参加度を評価するために次の2つの指標が用いられ，それぞれ次のような項目からなっている。
① 学習指導のための情報交換および調整
・指導用教材（たとえば，教科書や練習帳）の選択について，話し合って決定する

・教材を同僚教員と交換する
・自分が教えている年齢層に関するグループ会議に出席する
・生徒の進歩を評価する共通の評価基準を作る
・特定の生徒の学習の進歩に関する話し合いに参加する
② 専門的協力
・同じ授業をチームを組んでともに指導する
・専門的学習活動に参加する（たとえば，チームでの評価活動）
・他の教員の授業を参観し，フィードバックを行う
・学級や年齢層を越えた共同活動に参加する（たとえば，課題学習）
・担当している教科を超えて，宿題について話し合いと調整を行う

　教師の仕事としては，近年，単に教えるという行動や教育実践だけではなく，チームでの協力や学校改善活動への参加など，学校レベルでの専門的活動への参加も望まれ，そうした活動への参加が，学校の雰囲気を形成し，直接的間接的に生徒の学習に影響を及ぼす。教育の質を向上し，学校を発展させるうえで，教員が共通の目標をもって協力し合うことが重要である。教員同士の協力が進めば，情報交換だけでなく，社会的精神的な支援を得ることもできる。さらに，実践的な助言を得られると同時に，教員としてのプロ意識や自己効力感も高まる。

　両方の形態はともに重要だが，調査の結果では，前者の実践が多く，後者の実践はまだ各国で行われることは比較的まれだという報告がされている。ただ，その結果は国によるばらつきが大きい。スロバキアやトルコ，ポーランドでは専門的協力が多いのに対し，スペインやベルギーでは情報交換や調整が中心であり，専門的協力は少ない。

（4）教員の自己効力感

　さらに，学級環境や規律，課業時間に関する質問に加えて，教員については，その職務に関する教員の態度として，自己効力感と職務満足感の項目が設けられている。生徒の自己効力感も重要であるが，生徒を指導する教師自身にも自己効力感は大切である。その項目は次の4つからなっている。

① 自分は，生徒の生活にかなりの教育上の変化をもたらしていると思う
② 懸命に努力すれば，対応が最も困難で意欲に欠ける生徒でも進歩させることができる
③ 自分が受け持っている生徒と良好な関係にある
④ どうすれば生徒に自分のいうことを理解させられるか，その方法はいつも心得ている

　こうした自己効力感は，しかし，教師自身の教員としての力量にも関わるものである。そして，その力量は，必ずしも暗黙知として身につけているものだけではなく，いろいろな学習用の教材や指導資料として共有されていてもいいだろう。そうした教材や指導資料をどれだけ知っており，また活用できるかもまた，教師の自己効力感に影響する。

　ただ，この項目に関しては，国ごとというよりも，学校レベル，個人レベルでのばらつきが大きくなる。ばらつきが個人レベルで最大となり，各国間の差異というよりは，同じ学校内でも教員間に差異があるとみられている。この結果は，自己効力感や職務満足感が教員の人格や経験，能力，態度に左右され，教員同志の影響が大きいことを示している。つまり，学校や教育制度レベルでの政策よりは個人に対する介入の方が効果的である可能性を示している。

(5) 最後に

　このような国際調査の枠組みは，教員に関する各国の専門家や国際機関の専門家が協力して作成するが，各国で共通の課題として取り上げられているテーマでもある。その意味では，この調査の項目それぞれについて，専門的資質を向上していくうえでのヒントが隠されているといえよう。

　たとえば，協働の力について考えると，これは教師のキー・コンピテンシーの1つであり，自律性を基礎としながら，学校組織を発展させていく力ともなる。「学校づくりの根幹は，まとまりのある教職員集団をいかにつくりあげるかという点にある」［志水 2009：72］。その出発点は，「子どもたちのためにできることは何でもやろう」という教職員の思いの共有にある。そして，このエンジンは「チーム力を引き出すリーダーシップ」，「信頼感にもとづくチームワー

ク」,「学びあい育ちあう同僚性」から構成されている。校長と教頭,そして学年担任のようなミドルリーダーのリーダーシップが重要な鍵を握り,教員だけではなく職員も一丸となっていること,同僚性が高い学校では相互支援の形ができて豊かな成長の機会がある,という。

　教職員集団というエンジンによって,学校は大きく動く。この集団の協働性について,葛上秀文は,教師文化の特徴や若手教師の増大傾向を踏まえ,教師個人々の専門性の向上も必要であるとしながら,協働的な教師文化の構築がそれ以上に重要であるという。「教師それぞれが,周りの教師に遠慮して発言を控えるのでなく,学年で揃えるという目標に向けて,相互に本音をぶつける中で,協働的な関係が構築されていくのである」[葛上 2009：173]。

　協働力を向上していくためには,協働の仕方をいかに学ぶかということが重要となってくる。そのためには,協働性の内実を考えていく必要があるだろう。

　タムらは,協働性を導くために5つのスキルを紹介している[タム 2005]。第1のスキルは,コラボレーション(協働)の意思,つまり自分の防衛的姿勢の反省である。防衛的になるほど,人は柔軟性を失い,硬直化する。第2のスキルは,真実を語り,聞く力である。人間関係の信頼は,どれくらいの真実が語られるかで決まってくる。第3のスキルは,自分で選択を行い,その結果に責任をもつことである。口で言うだけではなく,選択と行動が求められる。第4のスキルは,自分と他者についての気づきを高めることである。人との関係の中で自分の行動をどう理解するかという点である。第5のスキルは,問題解決と交渉の力である。

　このようなスキルをさらに向上させていくことが,教師の指導の専門性をさらに高めていくこととなる。国際調査で取り上げられている項目には,こうしたスキル向上へのヒントも隠されているといってよかろう。

2　教師に必要とされる研修と服務

　教育公務員として法律で規定されている服務については,教員をめざす者の意欲的な研究にまかせ,ここでは自らの資質を磨いていくにはどうしたらいい

のか，どんな事柄を拠りどころにしたらいいのかを述べる。このことが広い意味で，教師の服務に通じる。

公教育，私教育を問わず教師のあり方は，国民の教育，明日を担う子どもたちの教育に資するところにある。教育基本法にもあるとおりである。では，教育に最大限に資するために，自らをどのようにして高めていったらよいのか。その拠りどころとして求められるのが自らの「情熱」と「哲学」である。そのことが基本である。およそ世のどんな仕事に就いたとしても情熱なき者は沈み，哲学なき者はうろたえて自分が自分でなくなり成果が上がらない。教師においてはなおさらである。

次に，情熱と哲学をもちつつ教師が日常の教育活動を進めていくときに力となるものが，「教養」と「良識」である。教養なき者は授業の進め方につまづき，良識なき者は子どもや保護者の信頼が得られない。

(a) 「情熱」とは

子どもの成長を喜べる熱い思いである。自分の働きかけが子どもの成長に寄与していることを嬉しいと思える，尽くす心である。

およそ人の成長というものは，自分自身のことを考えてもわかるように，単純に右肩上がりでない。1歩進んでは2歩下がり，2歩進んでは1歩下がる。自分では工夫したはずの指導でも子どもが結果を出してくれない，もうこれは相手が悪いからだ，仕方がないなどと考えると教師の仕事はできない。人はスパイラルに伸びていくものなので，教師は悪戦苦闘する能力をもたなくてはならない。それを支えるのが「情熱」である。子どもたちへ大事なもの（知恵・愛）を引き継いでいこう，自分が役に立つことを嬉しいと思えなくてはならない。

(b) 「哲学」とは

自分の中に芯をもつことである。人はスパイラルに伸びていくものだという洞察があれば，教育活動に決して諦めは生まれない。

反復練習がやがて質的な変化をもたらす量質転化のことを認識しておれば，指導する姿勢に中途半端な現象は生まれない。

ちょっと経験を積んだ者が右と言えば，そうかと思い，また別の者が左と言えば左を向く。そのようなことでは子どもの教育には携われない。目明のこと

であるが，現実にはそんな教師もいるので，子どもを伸ばせないで自尊感情を育めない。人を観察し，物事を洞察し，様々な人生の随筆を読み，自分の中に芯を持たねばならない。教師は親に代わる覚悟をもたねばならない。

(c) 「教養」とは

　知識を豊富にもつことであり，それを相手にうまく伝える能力である。むずかしいことをむずかしいまま伝えるのは教師の教養ではない。むずかしいことでもいかに易しく伝えることができるか，そこを工夫しなければならない。教材研究という仕事が大切であるゆえんである。

　もう1つは感性である。人権感覚であり，個々の子どもを大切に思う感覚である。こんな教師の例がある。

　担任した子どもたちを前にして，「先生はみんなが大切です，みんなが困ったらいつでも助けてあげます，だから困ったことがあったら相談にきなさい」と宣言した。子どもたちはいい先生に受け持ってもらったと喜んでいたある日，授業の内容が理解できなくて休み時間に質問に行った子がいた。しかし，先生は「今忙しくて教えられないから後でね」と言ったきり日が過ぎてもその子に対応しなかった。確かに事務が多忙だという言い訳はあったのだが，子どもたちは教師の詭弁を見抜いてしまい，信頼しなくなり学級が崩れていった。

　個々の子どもを大切にするということは，ひとりひとりを救うことであり，まさに人権尊重の感性である。

(d) 「良識」とは

　教師の常識は世間の非常識といわれ，揶揄されて久しい。それだけ教師の世界が狭く自分本位に陥ってしまいやすいが，そのことは教養の豊かさと大いに関係する。ここでは良識ということを「協調性」「同僚と連携する力」と置き換えて述べておきたい。

　教育は組織による営みである。1人の教師の力だけでは効果が限られている。教師個々人が協調性を発揮して連携しながら教育活動を進めていくことにより，大きな成果が上がる。義務教育の小学校でいえば6年間で子どもを伸ばし育てるのであり，中学校では3年間という期間を意識し連携しなければならない。また，近年は小中連携が主張され，9年間で子どもを育てるという意識が

生まれつつある。
　全国の教師の中には，カリスマ教師が時々存在するのも事実であるが，本当に力のある教師ならば勤務する学校の教育活動にいい影響を与え，連携し協調していくのが当然であるが，そうでなければただの自己顕示欲の強い教師であり，相当の反省を求められなければならない。
　協働文化を創っていこうとするのが教師の良識である。

　さて，教師に必要な研修の視点として「情熱」と「哲学」，「教養」と「良識」について提示してきたが，不断の勉強努力のなかでそれらが獲得されなければならない。そして不断の努力を支える重要な意識態度として「気付き」と「振り返り」の2点をあげておきたい。
　「気付き」と「振り返り」がなければ，教師の力は向上しないし，謙虚になれない，重要な意識と態度である。
　教員採用試験に合格して公立学校の教員となった者が，不断の勉強努力をおろそかにして「気付き」と「振り返り」を怠り，いわゆる指導力不足教員に陥る場合，どうなるか。すぐに免職（分限免職）にはならないが，資質指導力向上研修を経てその教員の再生の可否が諮（はか）られることになる。最近ではどの教育委員会においても，資質指導力向上研修のシステムが研究され，実践に移されつつある。そこでの重要なポイントは「気付き」と「振り返り」である。
　神戸市教育委員会における教員の資質指導力向上研修の概要を紹介する（参考「指導力に課題を有する教員への対応について」『指導力向上システムの概要』2009年3月）。
　神戸市教育委員会では，教員として職務の遂行に著しく支障をきたしている教員，いわゆる指導力不足教員を次のように定義している。
　幼児児童生徒への指導が著しく適切さを欠いており，その状態が一定期間継続している教員や，教員としての資質に問題があり，その状態が一定期間継続している教員で，研修等の措置が必要な者。具体的な内容としては，
① 指導力が著しく適切さを欠いている教員
　指導力が著しく適切さを欠いている教員とは，学習指導・生徒指導等が適切

に行えず,教員として日々の教育活動に著しく支障をきたしている者である。

また,指導が著しく適切さを欠く状態は一定期間継続することを要する。

学級崩壊を起こしても,次年度には立ち直るケースも多く,単にある年度に学級経営が十分できなかっただけでは指導力不足といえない場合がある。一時的に指導力不足に陥った場合には,学校園・教育委員会が連携し支援していく。

② 資質に問題がある教員

資質に問題がある教員とは,教員として不適切な言動を繰り返したり,著しく協調性を欠くなど,学校園の運営に大きな障害となっている者をいう。

資質に問題がある状態については,当該教員の具体的な言動から客観的に把握する。

③ 研修等の措置が必要な者

研修等の措置が必要な者とは,上記①②に該当する教員であって,単に学校園内での措置だけでなく,専門的な研修機関での研修が必要であると考えられる教員である。

指導向上支援システムへの手続きは**図表3-1**のような段階を踏む。

①校園長による現状の把握　②個別指導　③教育委員会の支援(指導・助言)　④事案の観察と記録　⑤校園長からの報告と当該教員の意見書提出の付与　⑥教育委員会での精査・支援(指導・助言)　⑦指導力向上審査委員会へ諮問　⑧審査委員会(1次審査)　⑨研修の決定→研修の実施(専門機関研修,通所研修,校内研修)　⑩研修結果の報告　⑪審査委員会へ諮問　⑫審査委員会(2次審査)　⑬決定(職場復帰,再研修,退職勧奨,職種変更,分限処分)

教員として,自ら立ち直っていくことを第一義としてシステムが構築されている。研修プログラムの例(**図表3-2**)を見ても「気付き」と「振り返り」がいかに重要な意識態度であるか明らかであろう。

第3章 求められる教師像 53

図表3-1 システムフロー図

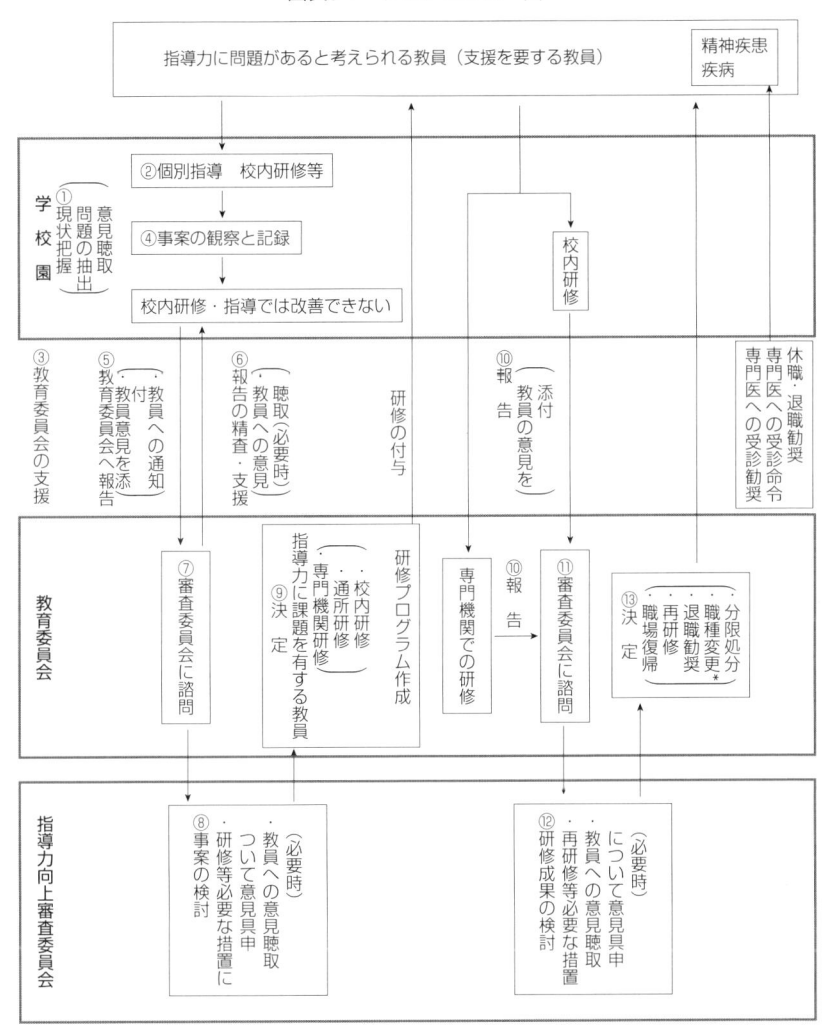

```
                    ┌─────────────────────────────────────┐  ┌──────┐
                    │ 指導力に問題があると考えられる教員    │  │精神疾患│
                    │ （支援を要する教員）                  │  │疾病  │
                    └─────────────────────────────────────┘  └──────┘
```

【学校園】
① 現状把握（問題の抽出・意見聴取）
② 個別指導　校内研修等
④ 事案の観察と記録
　校内研修・指導では改善できない
　校内研修

【教育委員会】
③ 教育委員会の支援
⑤ 教員への通知（教育委員会意見を添付・報告）
⑥ 聴取（必要時）・教員の意見・報告の精査・支援
⑩ 報告（教員の意見を添付）
⑦ 審査委員会に諮問
　研修プログラム作成（校内研修・専門機関研修・通所研修）
⑨ 決定（指導力に課題を有する教員）
　専門機関での研修
⑩ 報告
⑪ 審査委員会に諮問
⑬ 決定（職種変更＊・退職勧奨・再研修・職場復帰・分限処分）
　休職・退職勧奨・専門医への受診命令・専門医への受診勧奨

【指導力向上審査委員会】
⑧ （必要時）教員への意見聴取・研修等必要な措置について事案の検討
⑫ （必要時）教員への意見聴取・研修等必要な措置について再研修成果の検討

＊職種変更について
　政令指定都市以外の県費負担職員については，「地方教育行政の組織および運営に関する法律」の一部が改正され，県費負担職員を免職し，県の他の職へ任用することができるようになった。なお，政令指定都市では，免職しないでも他の職への任用が法律的には可能である。ただし，職員は，職種ごとに適正を判定して採用されているのであり，他の職へ変更するためには，その職に見合う能力実証等が必要である。

図表3-2 研修プログラム案

(1) 指導力に課題を有する教員の長期研修の流れ

【相談】

Ⅰ 自らを振り返って（問題の把握）
　①「自らの教育実践」と「指定研修」
　②「不足しているもの？」（問題の分析）
　　○個々の性格・行動特徴　　○教職歴の振り返り
　　○努力と挫折　　　　　　　○子どもや保護者の願い…
　③「～としての自分」
　　○教職員　○家族　○地域　○社会人…
　④社会の変化と教育の現状
　⑤その他

【支援】

Ⅱ 新たな意欲をもって（問題解決意欲）
　①改善したい内容と見通し
　②「研修目標」の設定
　③研修プログラムの検討
　　○学習指導関係　○学級経営関係　○生徒指導関係　○事務処理関係
　④研修方法の検討
　　○講話　○自学　○体験　○実践　○事例研究　等
　⑤その他

【指導】

Ⅲ ステップアップをめざして（研修の実施）
　①週間研修計画案の立案（担当者等の調整と連携）
　②《1日の研修の流れ》
　　○研修予定・方法・指導者等の確認
　　○研修素材・教科・資格等の確認
　　○研修成果の報告
　　○その他
　③研修内容の見直し等
　④その他

【評価】

Ⅳ 研修を振り返って（研修成果の確認）
　①研修成果のまとめと確認
　　○研修成果物の整理　○作文　○感想文…
　②自己評価
　③今後の「自分」を見つめて
　　○話し合い　○決意
　④その他

(2) 個別研修内容（ユニット方式）

Aユニット：教える力を耕す（学習指導力）

1. 学習集団作りを考える。
2. 教科等の指導内容・指導目標を確認する。
   ・学習指導要領
   ・教育課程編成 etc.
3. 授業計画の基礎・基本を学ぶ。
   ・教材研究
   ・指導案・指導略案作成
   ・学習方法の開発 etc.
4. 「特別活動」「道徳」「総合的な学習の時間」の取り扱いを考える。
5. 指導技術の向上を図る。
6. 研修授業等の実施。
7. その他

Bユニット：子どもと向き合う（生徒指導力）

1. 自己認識を促進する。
2. 社会の変化・教育環境の変化・子どもの変化等を考える。
3. 生徒指導上の問題の発生とその対応を，事例を基に考えまとめる。
4. 教育相談，カウンセリングの理論と技術を学ぶ。
5. 保護者等外部との対応についてまとめる。
6. 対応能力向上のため，社会体験研修等に取り組む。
7. その他

Cユニット：人間関係を耕す（人間関係調整力）

1. 自己認識を促進する。
2. 「人間関係の軋轢」について考える。
3. 場面を想定し，ロールプレーイングを試みることで，説明責任や方法を学ぶ。
4. 教育相談，カウンセリングの理論と技術を学ぶ。
5. さまざまな学校・施設・民間企業で人間関係の促進に必要な技術や態度等を学ぶ。
6. 心理規制等についてまとめる。
7. その他

Dユニット：教員のあり方を考える（使命感・自立心）

1. 教育公務員の不祥事について，事例から学ぶ。
2. 教育公務員の義務について理解し，自分の考えをまとめる。
3. 教育公務員に対するさまざまな法令について調べまとめる。
4. 日常的な学校生活と教育法規の関連について考える。
5. 社会や保護者の公務員に対する期待について考える。
6. 教職員の組織的活動。
7. その他

Eユニット：人権感覚を磨く（人権感覚）

1. 様々な人権問題について，その歴史的背景や日常生活での問題等を学ぶ。
2. 人権課題に対する諸指針について知り，まとめる。
3. 人権学習の研修講座等に参加する。
4. 人権感覚の深化に努める。
5. 人間尊重を基盤とした教育活動の実践を考える。
6. その他

Fユニット：教育課題を学ぶ（教育課題）

1. 社会の変化と学校教育について考える。
2. どのような教育改革が進められているか調べる。
3. 「特色のある神戸の教育推進」について，その内容と具体的実践の方向性をまとめる。
4. 変化に対応する教職員の資質向上を図る。
5. 教育改革における個々の役割を考える。
6. ライフステージに応じた研修に取り組む。
7. その他

プログラムの編成例　ユニットA（一部）→ ユニットC → ユニットD → ユニットF

演習問題

1 教師として自信を喪失すること，自己効力感を失うことは，長い教育生活のなかでよく起こると考えられます。そこで，普段の教育活動のなかで，教育者としての自信を回復して継続していく方法が重要となります。こうした自己効力感を向上させる工夫を2つ以上述べなさい。

2 教育の質を向上させるためには，学校内で他の教員との協働的な関係が重要となります。あなた自身が学校内で他の教員と協働していくうえで重要と考える具体的な行動を3つ以上述べなさい。

第Ⅱ部

子どもを理解する

第4章
心の科学からみる子どもの発達

1 メタ認知と心の理論の獲得

　人間には，自分の思考（認知）活動そのものを対象として認知する心の活動がある。たとえば，今やっている学習よりも別の学習の方がむずかしいことに気づいたり，ある事実を受け入れる前には，しっかりと点検しておかないとと考えたりする。あることを聞いて，忘れてしまいそうだから，それを書きとめておこうと思ったりする。このように自らの思考や行動をモニターしコントロールすることをメタ認知と呼ぶが，この自己制御の働きが活性化されることで，私たちの学習や問題解決のプロセスは主体的で積極的なものになる。

　またメタ認知の働きは，このような学習，問題解決場面だけではなく，社会的場面や集団過程においても不可欠である。たとえば，自分自身の内面のみならず，相手の心の状態，そのまわりにいる人の気持ちや反応，場の暗黙のルールなどのいろいろな側面に注意を払い，他者との関係や自分の言動を制御していかねばならないからである。学校や家庭での教育実践の大きな目的の1つは，このような自己制御の力を育てることにあるが，本節では，まず学びにおける自己制御として，メタ認知の問題を取り上げてみたい。

（1）メタ認知について

　メタ認知には，メタ認知知識とメタ認知過程という2つの側面がある。メタ認知知識とは，人の認知活動についての知識や方略，信念のことであり，たとえば，このような時にはこうするのがよいとわかっていることである。一方，メタ認知過程とは，認知過程をモニターし，ガイドするオンラインでの制御過程のことである。つまり，何が問題であるかを認識して，問題に取り組むため

第4章　心の科学からみる子どもの発達　59

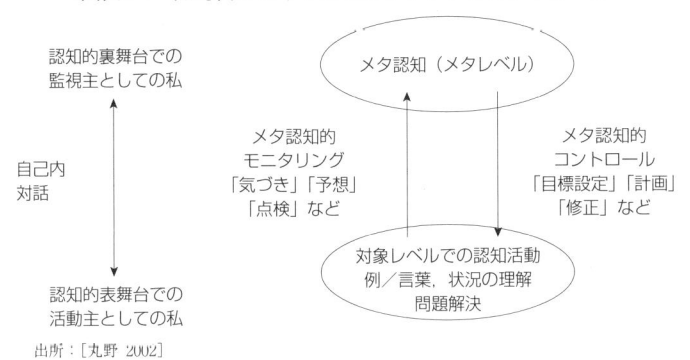

図表4-1　知的営みの中でのモニタリングとコントロール

```
認知的裏舞台での                    メタ認知（メタレベル）
監視主としての私
    ↕         メタ認知的              メタ認知的
   自己内     モニタリング            コントロール
   対話      「気づき」「予想」         「目標設定」「計画」
            「点検」など              「修正」など
    ↕
認知的表舞台での                  対象レベルでの認知活動
活動主としての私                  例／言葉，状況の理解
                                    問題解決
```
出所：[丸野 2002]

に適切な解決方略をプランニングする。パフォーマンスを予測したり，方向づける。オンゴーイングの認知活動をモニターし，評価し，調整するのである。

　図表4-1にあるように，メタ認知過程ではモニタリングとコントロールという働きが中心にある。前者のモニタリングは，メタレベルで意図したものと対象レベルに示される実際の結果とのズレをチェックして，「わからない」「この問題なら解けそうだ」「この表現でよいのだろうか」「納得がいくのか」といった問題解決場面での行動や思考（対象レベル）についての気づき，感覚，予測，点検，評価である。またコントロールは，解決場面でとるべき行動や思考をメタレベルで制御して，「自分なりに納得できるものにしよう」「わかるものから手をつけよう」「これまでとは違うやり方でやってみよう」といったように，対象レベルでの認知の目標設定，計画，修正などを行うことである。

　自分が考えや行動を絶えずオンラインでモニタリングしながら，そのときの状態に応じて，やり方を変化させているのである。それは対象レベルでの"活動主としての私"とメタレベルでの"監視主としての私"とが絶えず自己内対話を繰り返しながら知的営みを行っていることになる（図表4-1）。この内的思考過程のなかでさまざまな機能をうまく操っているのがメタ認知であり，それは人間がまさに「内なる目」をもっているからこそできることである。

(2)「内なる目」としてのメタ認知の芽生え

　小学校中学年あたりになると，子どもは自分の思考過程を意識化したり，プランをたてたりすることができるようになる。メタ認知に関わる大きな発達変化であり，長島瑞穂らは，「9歳の壁」として，その転換期で子どもが獲得するのは，「具体的事物，事象に関連しながら，しかも具体物からは直接的には導かれない，より高いレベルでの一般化，概念化された思考」，言い換えれば具体的事象の概念化であるという［長島・寺田 1977］。自らの思考過程をモニターして，最適な方略を探索することや，目的に応じた効率的なプランをたてることができるようになる。知能検査課題でいえば，鈴木ビネー検査の図形記憶課題（複雑な図形を一般化，法則化して記憶すること）や，「球探し」課題（草の生えた広い運動場を連想させて，そこに落としたボールを探す方法を考える課題：計画性をもった探し方を行うこと）を通過することができるのである。

　またこのころになると，親しい人との間で状況を共有しながら用いていた言葉（一次的言葉）に加えて，一般他者に向けて特定の文脈を離れて用いられる二次的言葉が獲得される［岡本 1985］。それによって，上位概念―下位概念という階層性をもつ知識構造が形成されたり，語彙の本質的特徴をとらえた判断ができたりする。二次的言葉の獲得過程は内言の成立と密接に関連する。二次的言葉は，不特定の一般他者に向けての言語活動であり，自分との内なる対話と表裏をなしている。二次的言葉の伝達形式は一方向的であり，相手からの直接的なフィードバックが得られないため，子どもは自らのなかに聞き手を想定し，その聞き手の立場から自己の発話行為を計画し調整しながら，話の文脈を構成しなければならない。一次的言葉での話し相手が自分のなかに取り入れられるとともに，それが自己を分化させ，そこに自分のなかで話し合うもう1人の自分を形成していく［岡本 1995］。以上のように，思考過程が意識化され，プランニングやモニタリングが行われるようになるという変化には言葉の面での内言の成立が関与しているようで，学校や家庭での大人からの方向づけが重要になってくる。

(3) メタ認知を育む方法

メタ認知能力を養う方法については，これまでさまざまな領域で数多く提案されているが，たとえば，三宮真智子は学習力を高めるメタ認知を促すための方法として PIFS (practical intelligence for school) プロジェクト，文章を読んで理解することの指導法である相互教授法，メタ認知的手がかりを与え，実践させる方法などをあげている［三宮 2008］。まとめると以下のような事柄が指摘されている。

①学ぶことが何を意味するのかを明らかにする。②問題解決に有効なメタ認知的方略，手がかりの呈示。③ふり返りと修正，そのためのワークシートや特定の質問の用意。④教えあうという生徒同士の共同学習。⑤文脈化と脱文脈化を経験させる。⑥考えの異なる他者と討論する。⑦教師自身が教え方についての自らのメタ認知を高める。

教師は学ぶことが何を意味するのかを明らかにするとともに，討論，課題，テストにおいて，省察（振り返り）と修正に時間を費やすことで，これらの活動のための構造を獲得させる。また文章理解においては，有効なメタ認知的方略を教師がモデルとして示すことが大切で，具体的には，「文章の内容を要約する」「主人公，取り組んでいる問題，問題解決の方法などを質問する」「学習した内容を他者にわかりやすく説明する」「今後の結果を予測する」といった方略を実践する。生徒たちには，交代でそれらのメタ認知的方略を練習する機会を与え，その方略を用いたことがどうであったかを話し合わせたり，小グループ単位で文章を読み，リーダーとなる生徒が文章の内容について質問し，その質問に答える形でグループメンバーが討論するのである。

このような共同学習のプロセスを通して，読解に対するメタ認知的モニタリングが促進され，内容についての質問・要約・明確化・予想といった読解方略を児童・生徒が自ら獲得していく。**図表4-2**は数学の文章題を解く際に与えたメタ認知的手がかりであるが，課題解決の方略を知っているにもかかわらず，自発的に使おうとしない場合には，このようなメタ認知的手がかりを教師が与えることも大切である。

さらに抽象的な知識を与えられただけでは，その知識を具体的な場面に応用

図表4-2　数学の文章題を解く際に与えたメタ認知的手がかり

1) あなたが知る必要のあることを、あなた自身の言葉で言ってみなさい。
2) 問題を解くために必要な数字はどれですか？
3) この問題を解くために、あなたがとらなければならない活動ステップはどのようなものですか？
4) 各ステップの後、問題解決においてさらに前進しているかを考えなさい。
5) あなたの結果をチェックしなさい。
6) 問いについての結論を引き出すことができますか？

出所：[三宮 2008]

して役立てるという学習の転移は起こりにくいので、知識を具体的な状況・文脈と結びつけるという文脈化のプロセスと、事象の表面的な特徴に惑わされず本質的な構造を理解させる脱文脈化のプロセスを経験させることも大切である。

その他、自分の意見を他者の視点から再検討することは容易ではないので、考えの異なる他者との討論を経験することが効果をもつ。最後にメタ認知を育む学習支援法の前提となるものは、教え方に対する教師のメタ認知である。教師は授業に際して、必ずしも自分自身の教え方についてのメタ認知を働かせているとは限らない。教員養成の教育において学んだ、教え方についての知識がしばしば不活性なままであり、これらを教師が実際使っていないことが多い。教師が自分自身の教え方に対してメタ認知を十分に働かせることが鍵となる。

（4）社会的場面でのメタ認知

1）状況，関係に開かれたメタ認知

社会生活を営むためには、自分自身の思考過程のみならず、他者、相手が何を考え、何を望んでいるのか、その意図を理解して、今どのような行動をとるべきかについて適切に状況判断しなければならない。集団場面では、場の展開を読み取ったり、他者の思考状態を省察したり、個人を超えたその場の全体の状況を俯瞰的にながめ方向づけるといったメタ認知も必要になる。教室場面での生徒同士の会話や討論をとってみても、場の空気を読むとか、他者の心的状態を的確に把握し理解することが重要になってくる。

特に児童期後期から青年期は，親への依存から仲間との相互依存の関係へと比重が移る時期である。当然，学校でのクラスや仲間との関係のなかに自分の居場所を見出せるかどうかは，自己意識の高揚とともに，彼らの適応を左右する大きな要因となってくる。自分の言動が他者にどのように映るか，他者からどのように評価されるかなど，状況のなかに埋め込まれている他者や自分の関係性を考えつつ，行動する力は大切で，人を気遣い，むやみに傷つけず，関係を維持していくうえで必要な力といえる。

2）メタ認知としての「心の理論」の獲得

「心の理論」とは，他者の考えていること，感情などを推し量る認知能力のことをさし，おおむね4歳頃に獲得され，発達する。相手に何かを頼むにせよ，今相手がどのように思っているか，その内容を知らなければ，相手を操作することはできないのであり，社会的場面でのやりとりにおいて，「心の理論」の獲得は必須のものであろう。このように現実場面で，相手の心，思惑を理解できるようになるということは，一方で自分自身のもつ信念が他者や以前の自分に対しては，必ずしも通用できないことを理解することでもあり，心の理論の獲得は，自分の信念に対する限定的かつ客観的な見方ができることを意味している。さらに，ある人に関する過去の言動から形成されたメタ認知的知識に基づいて，その人の考えていることを推測する「メタ認知的制御」といったメタ認知活動へと発達していく。幼児期から児童期にかけて，この認知能力の発達は次のような誤信念課題の通過をとおして把握される。

第一次誤信念課題である「マクシとチョコレート課題」[Wimmer & Perner 1983]では，ある人物がある場所にしまった物を，その人物の不在中に移動させたとき，戻ってきた人物がどの場所を探すかを尋ねるのであるが，実際に今ある場所ではなく自分が元にしまった場所を探すということを4歳頃から推測できるようになる。つまり，「AさんはXというものがYという場所にあると誤って信じている」ということが理解できている。次に，6〜7歳になると，第二次の誤信念課題で「AさんはXというものがYという場所にあると思っていると，Bさんは誤って信じている」という関係が理解できる。「Sさんは，

私がSさんに好意をもっていると誤って信じている」という関係が理解できるようになるのである。さらに9〜11歳では，事実認識と当事者の感情という両方の理解を要求する軽率課題，社会的適切性課題［Stone, et al. 1998］といわれる第三次誤信念課題で，「秘密にしておかなくてはならない，または人を傷つけることになるから言ってははいけないようなことを意図せずに言ってしまう」という状況を理解することができるようになる。

3）自閉症と心の理論

バロン＝コーエンらを中心とするロンドン大学MRCグループの研究では［Barron-Cohen, et al. 1985］，自閉症児の言葉の発達の遅れには個人差が大きいが，言葉の発達がかなり進んだ子どもでも，自分の気持ちを伝えたり，まわりの人の気持ちを理解することが大変苦手であるとしている。このような「人の心の理解」の欠如こそが，自閉症という障害の根幹をなす特徴であると考えるのである。健常児では4歳頃から解決可能となる先の誤信念課題に自閉症の子どもたちがなかなか通過できないことが明らかにされており，**図表4-3**の4コマの絵を正しく配列し直す課題において，物理的因果事象（物につまずいて，ひざをけがする絵）や登場人物の願望を示す事象（アイスクリームを横取りされる絵）は理解できるが，登場人物の誤った信念に関する事象（そこにあると思っていた人形が知らない間になくなった絵）は理解困難であることが示されている。

（5）「心の理論」獲得以前にあるもの

生後2〜3週の新生児は，自分の顔や表情がどのようになっているかを知らない（まだ自己認識が芽生えていない）にもかかわらず，大人の表情（例：「舌出し」「口開け」など）をまねるという。ここには他者の行為をまねて，他者の振る舞いを自らの振る舞いとして取り込もうとする働きがあり，他者との間の関係作りの始まりをみることができる。9カ月位になると，他者の視線の動きをとらえ，他者の見ているものを見ようとする。さらに視線の共有だけでなく，見ている人の表情と見ている対象とを交互に見返して，同じものを見ていることを確かめたりする。これはいわゆる共同注意と呼ばれる現象であり，そこには他

図表4-3　絵画配列課題

機械的課題（ころぶ）

行動的課題（アイス）

意図的課題（熊人形）

出所：[子安 2000]

者と「意図」を共有したい心が現れているという。このように目に見えない他者の意図や心を，幼児がどうして読めるのかについて乳幼児研究から注目されているのは，ミラーニューロンの存在である[Rizzolatti et al. 2001]。ミラーニューロンとは，他者の行為を観察すると，観察者の脳の中に，あたかもその行為を自分が行っているかのように知覚し，脳内にその表象（記憶痕跡）をつくる前運動ニューロンである。このニューロンの活性化によって，他者の表情の模倣だけでなく，他者の行動の背景にある内的状態をシミュレーションすることができるので，他者の意図や気持ちや心を読むことが可能になるともいわれている。

　人間は生まれたときから母親との親密な接触を通じてさまざまなことを学んでいく存在である以上，関係の中で若年時からさまざまな刺激に触れ，さまざ

まな感情体験を積むように心がける必要がある。ミラーニューロンといった脳内システムを活性化させるうえでも、さまざまな表情や行為から相手の感情（あるいは、心）を読み取ることができるようになるためにも、その発達初期から子どもはさまざまな感情体験をしていくことが不可欠であり、自分自身の感情体験があって初めて、他人の感情の理解、共感、同情が可能になるのである。

　以上、本節ではメタ認知を取り上げた。この能力の発達は、ともすれば個人の閉じた世界のなかでの知的営みの問題として扱われやすい認知発達の問題を、関係性の側面からとらえ直すうえで重要なテーマといえる。メタ認知の力は「関係性のなかで拓かれる知」であり、発達初期においては、相手の動きとの共同性を文脈とした状況や環境のなかで育まれるものなのかもしれない。また心理臨床的立場からは、自閉症児の場合などの療育的アプローチのみならず、児童期から青年期にかけて、不安や悩みをいかに抱えるのかという「不安や悩みを抱える力」あるいは「悩む力」といった力の育成ともつながる問題と言えよう。

演習問題
1　問題解決場面、社会的場面、それぞれの場面において働くメタ認知能力とはどういうものか、述べなさい。
2　児童生徒のメタ認知の育成に関して、自分の教育実践をふり返り、問題と課題（今後、工夫すべき点、したい点）を述べなさい。

2　特別支援教育に関する新たな課題

（1）はじめに

　特別支援教育は2007（平成19）年度から開始され、ひとまずの「形」は整いつつある。しかし、実際には学校（教員）間では対応に相当な差が出ていること、「形」は整っていても発達を阻害する支援になっているのではと感じる学校（教員）も散見する。それは、子どもへの理解不足の場合もあるが、特別支援教育を「特別なもの」として周囲が意識させるあまり、学校（教員）がこれを意識

するあまり，本来もつ教育力を発揮できていないためかと感じる場合が少なくない。

本節では，筆者が臨床心理士として携わった医療や教育領域での臨床経験を中心に述べ，教員自身が特別支援教育に対して発揮できる力を再確認していただく契機になればと考えている。

（2）特別支援教育の対象

(a) 高機能広汎性発達障害（HFPDD：High Functioning Pervasive Developmental Disorder）

高機能自閉症，アスペルガー症候群など知的障害を伴わない（IQ70以上）広汎性発達障害を示す。これらは社会性やコミュニケーション能力・想像力の獲得が困難であること，行動・興味・活動において，ある特定の内容を通常では考えられないほど繰り返すことが特徴である。

(b) 注意欠陥／多動性障害（AD/HD：Attention-Deficit/Hyperactivity Disorder）

①不注意と多動・衝動が同程度である混合型，②多動・衝動が優勢である多動・衝動型，③不注意優勢型の3タイプに分けられ，脳の実行機能と報酬系の機能不全からくる行動制御の障害である。小学校低学年時には着席困難など移動を伴いやすいが，加齢とともにそわそわなど移動が少ない多動や，不注意さ・忘れやすさのみあるなどに状態像は変化する。

(c) 学習障害（LD＝Learning Disorders：医学領域　Learning Disabilities：教育領域）

医学的診断（DSM-Ⅳ-TR）では読字障害，書字障害，算数障害に分けられ，広汎性発達障害に対してあげられた学力の特異的障害である。ただし，教育領域では読む・書く・計算に推論する力，つまり，医学的診断の広汎性発達障害とコミュニケーション障害を包括したものを示す［田中 2009：145-161］。

(d) 境界知能

全般的知能がおおむね70以上85以下の場合を示す。ただし，単に学習不足・経験不足とみられやすい。多くの場合，学習で抽象概念が必要となる小学校3年生頃から他児との差が増し，さらに自尊心の形成のつまづきから学年が上がるごとに学習意欲が欠如し，問題行動や自律神経系の身体症状など二次的障害

を認め，初めてわかるか見逃されたまま終わることが多い。

（3）不適応行動と認知特性

　教育の場では学校生活における行動や学習面の特徴から，子どもの指導方針を考えていくことになる。そこで，不適応行動として訴えられやすい状態から考えられる子どもの認知特性の例を紹介する。

① 集中しない，言うことをきかない。
・入ってくる情報が多すぎて，どの情報から順に解決すればよいのかわからない。
・1つずつの情報をどう関係づけてよいのかわからない，どれが大事なのかわからない。
・機械的・記号的なものが記憶に残りにくい。あるいは残りやすい。
・取り入れた情報からさまざまな情報や場面が頭の中に浮かんでくる。それに集中している，など。

② 嘘をつく。
・1つの刺激から次々と空想した内容を話す。
・1つずつの情報は事実だが，時間軸がまばらに浮かんでくるので前後関係がバラバラになる。
・独特の身体感覚や体験を言葉で伝えられないが，何か言わないといけないので適当に答える。
・言葉にできないことを「○○でしょ！」と他者から強く言われ，事実ではないが思わず肯定した，など。

③ 忘れものが多い。言ったことを覚えていない。
・言われた情報を懸命に考えている，連想しているうちに次の情報が入るのでわからなくなる。
・視覚刺激，聴覚刺激が矢継ぎ早に与えられるために，覚えるべき情報がわからない。
・与えられた情報から過去の辛い体験がよみがえり，意識が解離する。
・聞いている途中で他の刺激が入れば，それに反応するのでわからなくなる，

など。
④ 融通がきかない。
・頭の中に完璧なイメージができていて，それにあわせて表現するのが普通だと思っている。
・新しい情報が入りがたい，前の情報を引きずってしまう。
・言われたことから頭の中にいろんなイメージが浮かぶ。しかし，その浮かんだことがすぐに手先を使って表現できない。それがもどかしいからやらない，など。
⑤ 真面目に考えているとは思えない。
・「ゴミを拾いなさい」と言われたが，ゴミが落ちていないのでゴミ箱からゴミを拾った。
・「あの人の苗字はわからないわ」と言われ，「あの人の苗字は『わからないわ』さんか」と納得。
・遅刻しているのにゆっくり歩いてくる生徒を叱責しても「連絡したから」と平然という，など。

　これらは周囲から見ると「不適応行動・言動」ではあるが，認知の特性による誤学習や未学習のため，また，二次的な情緒面の要因から「一所懸命適応しよう」と思っているのに，結果的に「不適応」となってしまうのである。未学習・誤学習と考えることで対応のヒントが得られる。

　ところで，教員から「診断がしっくりこない」という相談を受けることがある。これは診断されるとき，集団内での子どもの情報が十分でなく，保護者と診察室の情報だけでなされることが少なくないことも1つの要因と推測する。しかし，状況が変われば子どもは医療の場でいわれた様子も呈するという理解も，子どもの理解を妨げるものだけにはならない。診断を対応の援助にし，かつ，診断にとらわれすぎることなく，学校では集団内での行動から理解を深めた対応の検討が必要と考える。

　また，診断については問題点が山積みであるうえ［神尾 2009：94］，診断はあくまでも状態を分類した結果のものにすぎない。診断基準の問題から医師による診断の違いが生じやすいという現状や，診断された「病名」があるから今

の子どもの状態があるのではないことも理解しておきたい。

（4）対応の実際
1）事　例
　医療・相談機関において，二次的障害の相談で来所した後に発達障害がわかることが少なくない。そこで，不登校と身体症状を訴え相談機関を受診した後，発達障害がわかった事例を紹介し，二次的障害を軽減する重要性を考える素材としたい。尚，事例についてはプライバシーを配慮し改変している。

事例 初診時中学1年生— A子
▶状態：不登校　自律神経系症状（頭痛・微熱）強い被害感
▶発達歴：乳児期，母親が抱かないと眠らず，寝かせるのに一苦労だった。運動・言語発達ともに同年代よりやや早かったが，ひとりで遊ぶことが多かった。
　幼稚園時は午睡時に「ぐっすり眠りましょう」と言われて「ぐっすり」の意味がわからず午睡ができなかったと後にわかった。他児とは遊ばず，他児が遊ぶ様子を観察して母に報告していた。
　小学校1年時には高学年の男児から身体的ないじめを受けたが，それは男児の逸脱行動を教師に伝え，逆恨みをかったためだった。A子は正義感の強さが目立つようになり，周囲の些細なミスを見逃すことはできなかった。小学校4年生時の連休明け，友人とのトラブルが増え登校を拒否したため地域の適応指導教室に参加，そこでも些細なミスを指摘し批判する態度が多かったが，欠かさず通った。小学校5年生になり，担任の熱心な働きかけと親しい友人ができたことで比較的登校できたが，6年生になり友人が転校し担任も変わると強く登校を拒否し，卒業まで適応指導教室で過ごした。
　中学校入学後は運動部にも入りしばらく登校も継続したが，次第に友人とのトラブルが増し欠席が増えた。今回は頭痛を訴えるなど身体症状も認めたことから，母親とともに臨床心理士がいる小児科を受診した。
▶受診後：A子は臨床心理士に自分の思いを懸命に訴えた。臨床心理士はA子の思いを聞いていたが，状況がよくわからず，A子に確認しても主観的な話し方であったこと，また，母親の情報からも広汎性発達障害を疑わせるエピ

ソードが多かったため，発達検査と比喩皮肉検査［安立 2007：66-70］を行った。
　その結果，典型的な高機能広汎性発達障害ではなく，全般の能力は年齢平均だが，①視覚情報をすばやく取り入れ，機械的に処理する能力に長け，聴覚の短期記憶も優れているので聞いた情報をとらえやすいこと，②しかし，学習による知識や語彙数が少なく，とらえた情報を論理的にかつ客観的に考え，意味づけることが相当苦手なこと，③日常の体験から得る知識はかなりたくさんもっているが，現実的に先の予測をしながらの対応が苦手なことなどの特徴を認めた。これらのことから，Ａ子は頭の中で思い描いているとおり伝えようとするが周囲が理解できる表現が少ないこと，一方で年齢不相応なことを言語化するので誤解が生じ対人関係が悪化しやすいことが考えられた。中学校に入り，常に懸命に状況を理解しようと頑張るため，意識せぬ間にストレスを引き受けることとなり，自律神経のバランスを崩し身体症状を認めたと推測した。
▶学校との連携：早速，担任と学年主任の先生が医療機関に来所し，学校での様子を話した。
・教員に対しては対応や授業内容についてなど，抗議をすることが多い。
・クラブ入部当初，同学年のリーダー的存在で同輩，先輩からも信頼されていたが徐々にうまくいかなくなった。
・対人関係において好き嫌いをはっきり出す。他生徒とのもめごとには大抵Ａ子が絡んでいる。
　そして，筆者がＡ子の検査結果や行動についての理解を伝えるなかで，「なんでもよく知っていると思っていたが，わかっていないことも多いのですね」，「単にわがままだとみえることでもいろんな理由があるのですね……そういえば，一度友達のことを訴えてきたときゆっくり話を聞くと，いつもと違いとても穏やかな表情になったことを思い出しました。そういうことなのですね……。どうなるかわかりませんがまず話を聞くことからやってみます」，「他の生徒の困っている行動も何かあるかもしれないのですね……」と語った。
　その後，医療機関では気分変調への薬物療法とＡ子の体験を共感する心理療法，さらに具体的に混乱した状況を整理し，適応的な方法をともに考える面接を続けた。並行して，母親への支援を行いながら，母親を通じて学校との連

携も進めた。もちろん，トラブルはすぐに減ることはなかったが，先生が必ずていねいに状況を聞くようになったため，状況が悪化することは少なくなった。そして，運動部からアニメクラブに移り，これまでとは異なるタイプの生徒と友だちになった。こうして，徐々に登校日数が増えた。

　学習については個別塾でフォローを受け，高校は得意な機械的な処理能力が生かせる商業系に進み，適応している。

2）発達障害児に対する対応のポイント

　発達障害を「発達の凸凹［杉山 2006：27-44］とそれに伴う生活障害［田中 2009：55-58］」とまとめると，彼らへの支援は以下のように考えられる。
① 不得意領域を配慮した教育や集団適応のためのスキルの獲得の指導
② 認知の特性を見るための発達歴の確認と神経心理学的諸検査
③ 問題行動や精神症状に対する薬物療法
④ 自己肯定感をあげるための支援　具体的なスキルの助言
⑤ 家族へのサポート

　これらのうち，①が主に特別支援教育であり，②については主に医療や心理領域，③については当然医療であるが，④⑤についてはどの領域からも，もちろん教育の場からの支援も可能である。

　事例の場合，A子は幼児期から発達の偏りを示唆するようなエピソードをもっているが，どの領域からも支援を受けず，「不登校」としての対応に留まっていた。そして，激しいいじめを受け，本来の特性と外傷体験からさらに他者を攻撃するという不適切な言動を認め，自律神経系の身体症状，体験不足や学習不足によるさらなる対処能力の低下など，不適応の悪循環に陥っていた。経過で適応指導教室に通い，①や④の支援を得ていたことがせめてもの救いであった。医療機関受診後は②③④を得てそれに伴いA子をめぐる関係が変化し，課題を残しながらも徐々に発達を促進する流れへと変化したといえる。

3）関係論的視点の発達障害

　杉山登志郎は虐待ケースを第4の発達障害とし［杉山 2006：7-17］，虐待によ

り発達障害様の状態を呈するだけでなく，軽度発達障害が被虐待の危険因子であること，さらに，虐待による慢性ストレス障害の子どもの脳梁の体積が有意に小さく，成人になると脳の広範囲な領域に器質的・機能的異常が認められると De Bellis の論文を紹介している［杉山 2007：102-113］。

　これは生来の特性はあったにしろ，関係の中で負の要因が重なりさらに障害が悪化し，不適応状態が深刻化するということである。筆者も教育の場で，深刻な虐待ではなくても，幼児期早期から不安定な養育環境のなかで安定した情緒的交流の体験が希薄であることから生来の発達の偏りが悪化し，注意欠陥／多動性障害や広汎性発達障害と同様の様相を呈する子どもと出会うことは少なくない。

　鯨岡は「素因・原因系としての障碍があったとしても，その後の周囲との関係を媒介して，負の状態が増幅された結果である可能性は十分ある」と関係論的な観点から発達や障害を捉えている［鯨岡 2006：17-22］。この観点から考えても，学校の場の重要性を再認識できる。

　事例 A 子の場合は親からの虐待ではないが，学校内での深刻ないじめの体験で増幅した負の状態を，適応指導教室や中学校生活での人間関係で大きく軽減させたことが適応を良好にした大きな要因であり，そこに医療の援助が入り人間関係の安定を外側から支えたと考えられる。

　ところで，筆者は特別支援が叫ばれる前にも，担任や他教員，校長も役割分担して子どもに真剣に対峙し，関係機関とも協働して子どもや親を支援する，その結果，見事に子どもが集団の中で力を発揮できるようになったという経験を何度もしている。これは，「診断されたから」「特別支援教育をせねばならないから」という対応ではなく，今，「この子ども」の状態に必要なものは何か，「この学校」で提供できることは何か，という視点で，教員が児童・生徒との関係性のなかで発達をとらえ支援をしたことが，良好な経過となった要因と考える。これは教育の基本姿勢だと思うが，「特別支援教育」においてこの基本姿勢を見失うと「負の状態を増幅する特別な対応」になってしまうと危惧する。

4）連携について

① 相談動機の違い

　本事例の場合，比較的連携がスムーズではあったが，これはA子→自分の言うことをわかってもらえない，保護者→不登校をなんとかしたい，学校→行動を理解したい，という相談動機が明確であり，それを基にした対応が進んだためと考える。この「相談動機は異なる」という視点が機関を紹介する際に必要と思われる［大堀　2006：41-45］。特に低学年の場合，子どもは自らの行動については困っていない。また，家で比較的落ち着いていれば保護者の相談動機は低いであろうし，家族の問題を抱え，子どもの相談どころではない可能性もある。保護者と教員が日ごろから何かあれば話し合える関係が成立していると，それぞれの相談動機が見つかることが少なくなく，それを主訴に相談へつなぐことが可能となる。

② 主体は教員

　教員と連携し，治療機関で理解した状況を教員に伝えたときに「だから〇〇の行動が出ていたのですね」，「一度〇〇したらうまくいったのはそういうことだったのですね」，「じゃあ，今度から□□のようなことをしてみます」などという発言をする教員は，すでに子どもに必要な支援は提供しており，こちらの情報提供でさらに支援がうまくいくことが多い。本事例でもしかりであった。

　連携の目的は，教員が学校での対応に役立てるためのものであり，他機関から具体的な対応方法の助言を求めることではない。具体的対応については学校ごとに異なる他児童／生徒や教員との関係のなかで成立するものであり，他機関は個々の現状を知る由もないからである。

　また，すでに教員としてはかなりの支援をしているにもかかわらず，それに気づいていない場合も少なくない。他教員や他機関との連携のなかで，今できている支援を再確認することも重要であり，その確認があってこそ，さらなる支援を考えることができる。あくまでも，「主体は教員である」という，あたり前のことが忘れられることも少なくないことを経験する。また，それが成り立つためにも教員間の良好な関係が必須であることはいうまでもない。

（5）おわりに

　筆者がスクールカウンセラーをした学校で，ある教員が「教員は教員でよい，カウンセラーにならなくてもよいとわかった」と述べた［大堀　2005：70-71］。特別支援教育が施行される何年も前のことである。しかし，これが特別支援教育の基本だと考える。もちろん，対応のむずかしい子どもが増えているが，特別支援とは子どもが理解できるよういかにわかりやすく指導するか，仲間関係をつくる援助ができるか，集団で活動する喜びを実感させるか，というこれまでの教育の基本につきるのではないか。

　それぞれの教員がこれまで培ってきた教育力を再確認し，特別支援はあたり前の支援であるという視点が定着したときに，ようやくめざす特別支援になるのではと予想している。

演習問題
1　発達障害の子どもへの対応のポイントを述べなさい。
2　本節の内容から現在行っていることで改めて明確になった支援内容と，今後取り組むことができると考えた内容について述べなさい。

【推薦図書】
石川元編［2007］『アスペルガー症候群　歴史と現場から究める』至文堂
子安増生［2000］『心の理論―心を読む心の科学』岩波科学ライブラリー
杉山登志郎［2007］『発達障害のこどもたち』講談社現代新書
冨田和巳・加藤敬［2006］『多角的に診る発達障害　臨床からの提言』診断と治療社
三宮真知子編［2008］『メタ認知　学習力を支える興治認知機能』北大路書房

第5章
変化する子どもの生活と課題

1　居場所づくりを意識した集団形成

（1）集団形成が求められる背景

　子どもの居場所づくりを意識した集団形成が今、なぜ求められているのだろうか。ここではその背景の1つと考えられる家庭、地域、子どもの変化を概観し、子どもの集団形成の意味を検討する。

　子どもを取り巻く近年の環境変化は、子どもの心身両面の発達に多大な影響を及ぼしている。たとえば、少子化や核家族化に伴う家族の変化は、子ども自身にとってもさまざまな影響を及ぼす。考えられる影響の具体例をあげれば、当然ながら少子化により兄弟姉妹との切磋琢磨の経験不足や異世代との交流不足などが生じるであろう。さらに、家庭は子どもにとって多様な生活体験の場であるが、耐久消費財の普及に伴う家事労働時間の短縮化や、勉学に励むことのみを優先する保護者の増加等の影響もあり、日本の家庭は決められた家のお手伝いを子どもに課す割合が、国際比較において最も低い実態が報告されている［子どもの体験活動研究会　2000］。子どもは家庭において、さまざまな経験不足の状況におかれている。

　一方、地域に目を向ければ、都市部・地方部ともに、従来から地域が果たしてきた子育て機能が低下しているとの指摘がある。具体的には、都市部・地方部ともに地域の祭りや行事は減少しており、それに伴い子どもが地域の大人と触れ合う機会は確実に少なくなっている。また、ボーイスカウト、ガールスカウト、子ども会、高校生会などの青少年団体は、少子化の影響を受けて第二次ベビーブーム世代の頃に比べて全国的にその数が減少している。特に都市部にあっては、地域に集団遊びを可能とする空間が少ないという問題もある。また

全国的な傾向として，子どもを対象とする犯罪の増加により，保護者の中には子どもを自由に外で遊ばせることに不安を感じる者が多い。そのようにさまざまな要因が関連して，結果的に現代の子どもは同年齢や異年齢の仲間集団とともに，学校外での遊びを通じた多様な経験を得る機会が少なくなっている。

さらに子どもの側についてみると，学校外活動としての塾やお稽古事に忙しい子どもが多く存在しており[文部科学省 2008]，放課後の自由な集団遊びに取り組めない状況も生まれている。それと同時に，子どもの遊び自体も変化している。すなわち，子どもは屋外での集団遊びよりも，ひとりないし少人数での屋内遊びを行う傾向が強まっている。そこでの遊びの内容は，ゲームやビデオ視聴等の占める割合が大であることはいうまでもない。

以上のような家庭，地域の変化，さらには子どものライフスタイルや遊びの変化等によって，今日の子どもの放課後の集団形成は益すます困難な状況下におかれている。そして，実態として存在する子どもの集団形成による遊びの減少が，子どもの心身両面の発達に対し深刻な阻害要因になるという関連が明らかになりつつある。

(2) 子どもの集団形成による体験の意義

子どもは仲間との集団遊びや集団内での切磋琢磨の経験を通じて社会化される存在である。また，その多様な経験を通じて，子どもは生きる力を培う。さらに，子どもの体験の豊かさは，後述するように子どもの道徳観や正義感，学習意欲の伸長に寄与する効果が期待される。

ところが，現代の子どもたちは生活経験，社会経験，自然体験などさまざまな面で経験不足であるとの報告がなされている[国立オリンピック記念青少年総合センター 2006]。子どもの体験不足が問題視されるのは，体験不足により知識や技能の習得が疎かになるためのみならず，集団形成に基づく多様な経験不足が，ひいては自分さえよければ他人はどうでもよいと考える個人主義化の伸長や，規範意識の低下，我慢するといった耐性力や協調性の低下などの問題に関連していると考えられるためである。

今日，小・中・高等学校における暴力行為の発生件数は約6万件と3年連続

で増加しており，小・中学校においては過去最高の件数にのぼることが文部科学省の調査［文部科学省 2009a］で明らかになった。少子化で子どもの数は減少しているにもかかわらず，暴力行為の発生件数が過去最大となっているのは，子どもがすぐにかっとなり我慢することができず，暴力的行動に走る傾向が強まっていることを意味している。

そうした子どもの暴力行為の増加は，単にそれを力でおさえることで解決される問題ではないであろう。問題解決の方途を私たちはさまざまな側面から探らなくてはならないことはいうまでもないが，その1つの取り組みとして，放課後に子どもが安心・安全に過ごすことのできる居場所を確保し，さらに集団形成を意識した遊びなど，多様な体験の機会を提供することが，子どもの今日の問題行動の改善にも効果が期待できる取り組みといえるであろう。

（3）子どもの体験の効果

子どもの多様な体験活動は，実際に子どもにいかなる効果を生むのだろうか。ここでは過去の実証的な研究成果を踏まえながら，子どもの体験の効果を検討する。

自然体験の多い小・中学生は，道徳感・正義感を身につけている者が多いという関連が示されている。国立オリンピック記念青少年教育センターの実施した調査研究によれば，自然体験を多く経験する小・中学生ほど，道徳観・正義感が強いことを明らかにした（図表5-1）。さらに同センターは，2009年度から子どもの体験活動が子どもの自尊感情，人間関係能力，文化的作法・教養，耐性力，勤労観や職業意識などに対する影響を明らかにすることを目的とする調査研究に着手している［国立オリンピック記念青少年総合センター 2009］。今後，それらの研究成果の発表が待たれるところである。

文部科学省の実施した調査によれば，自然に触れることは子どもの学習意欲を喚起する効果も期待できるとの報告がある。図表5-2は，自然に触れる体験をしたときに勉強に対してやる気になるかについての回答結果を，児童生徒の就学年齢段階別に示したものである。いずれの学齢でも「とてもやる気になる」「やる気になる」といった肯定的回答率が高く，全体の60〜80％に達している。

第5章　変化する子どもの生活と課題　79

図表5-1　自然体験と道徳観・正義感の関係

ある ← 道徳観・正義感 → ない
　　　　5　　　　　　4　　　　　3　　2 1(段階)

自然体験
ある
5: 44 | 32 | 19 | 3
4: 27 | 34 | 32 | 6 | 1
3: 19 | 31 | 39 | 9 | 2
2: 12 | 27 | 44 | 12 | 4
1: 7 | 20 | 44 | 18 | 12
ない

注：「自然体験」と「道徳観・正義感」に関する質問への回答を得点化し、各々の子どもの得点を5段階に区分した上で、両得点をクロス集計した。
出所：［国立オリンピック記念青少年総合センター 2006］

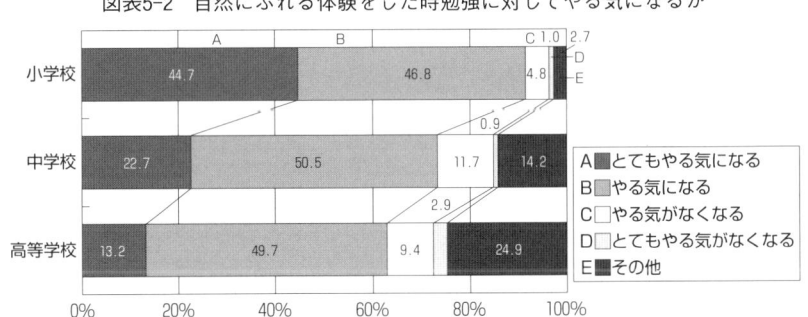

図表5-2　自然にふれる体験をした時勉強に対してやる気になるか

小学校: A 44.7 | B 46.8 | C 1.0 | 4.8 | D 2.7 | E
中学校: 22.7 | 50.5 | 0.9 | 11.7 | 14.2
高等学校: 13.2 | 49.7 | 2.9 | 9.4 | 24.9

A■とてもやる気になる
B■やる気になる
C□やる気がなくなる
D□とてもやる気がなくなる
E■その他

出所：［文部科学省 2002］

すなわち，上記の研究成果は，子どもの体験活動がそれ自体意味あるものであるばかりでなく，子どもの道徳観・正義感といった規範意識を高め，さらに学習意欲の向上にもプラス効果を及ぼすことを明らかにしている。現在進められつつある子どもの体験のさらなる多角的効果の検証を明らかにする研究によって，体験の効果が今後さらに実証されるであろう。

(4) 国の教育政策の動向

前項のような子どもの問題状況を踏まえて，国は地域において親子の交流を促進する子育て支援拠点の設置を推進することにより，地域の子育て支援機能の充実を図り，保護者の子育ての不安感等を緩和し，ひいては子どもの健やかな育ちを促進することを目的とするさまざまな事業に着手している。子どもの居場所づくりに関する事業もその一環として位置づけられるものである。

子どもの居場所づくりに関する国の施策が本格化したのは，文部科学省の策定した2004年度からの緊急3カ年計画からといえよう。当該事業は子どもたちの放課後や週末等の時間に，地域の大人にボランティア参加を募り，学校等を活用して子どもたちにさまざまな体験活動や地域住民との交流活動などを実施する「地域子ども教室推進事業」として開始された。各地域で継続的な取組が推進されるためには，「子どもの居場所づくり」とその運営体制の基礎が確立され，地域の自主的・独自的な活動へと円滑に移行できる基盤づくりが重要となっている。

当該事業は2007年度以降も引き続き「放課後子ども教室推進事業」として，子どもの居場所づくりと集団形成の促進をめざす事業展開がなされている。図表5-3は，現在の放課後子ども教室の全国的な実施状況を県別に示したものである。都道府県平均の実施率は34.3％であるが，富山県のように100％に達している県もあれば，10％前後に留まっている道県もあり，地域間格差が存在している。

放課後子ども教室事業は，2006年の改正教育基本法の第13条に規定された「学校，家庭，地域住民等の相互の連携協力」を実現する具体的施策として，学校支援地域本部事業の推進とともに2本柱の1つに位置づけられる施策でもあ

第5章　変化する子どもの生活と課題　81

図表5-3　小学校区数に対する「放課後子ども教室」の実施率（都道府県別，2008年）

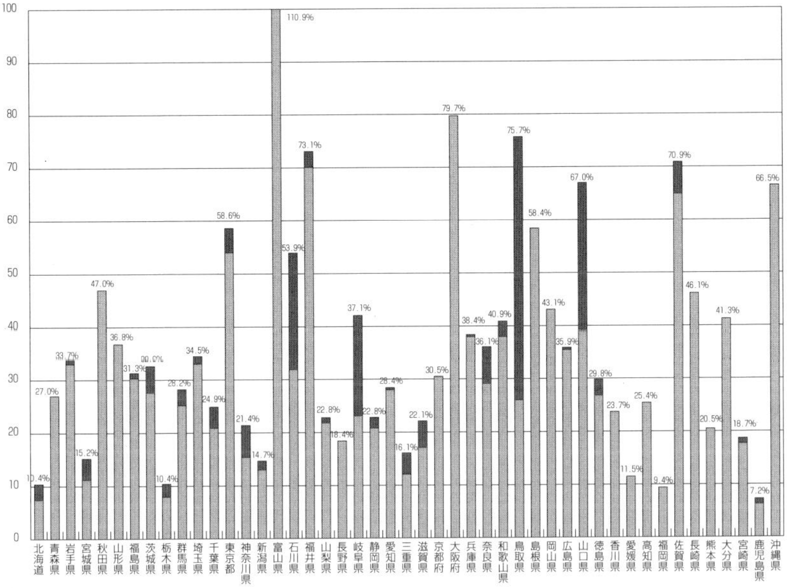

出所：文部科学省生涯学習政策局資料，2009年

る。当該事業の実施にまだ着手していない学校や地域においても，今後その実現を図るために学校，家庭，地域の連携協力による事業計画・展開の推進が期待されている。

(5) 子どもの居場所づくりの先導的事例

　ここでは，前述の放課後子ども教室事業の実践例の中から，いくつかの先導的事例を紹介することにしよう。
　青森県北津軽郡鶴田町は，青森県中西部に位置する人口約1万5000人の町であり，全国に先駆けて早寝早起き朝ごはん条例を設定するなど，児童・生徒の健全育成に積極的に取り組んできた地域である。鶴田町は町内にある6つの小学校の全校において余裕教室等を活用して，放課後および土曜日に子どもの安全な居場所づくりと健全育成活動に取り組んでいる。当該事業に取り組む6校

中3校は年間開催日数が260日にのぼっており，活動日数は非常に多い。

　当該事業の特徴は，放課後子ども教室事業と児童クラブ（学童保育）事業とを一体化して進める点にある。保護者の負担する費用も同額で安価に設定され，指導者も連携して指導にあたっている。さらに月に2～3回程度，地域住民との交流や地域の伝統文化や自然・地場産業の理解，ボランティア活動等を取り入れ，放課後に子どもたちが多様な体験活動に取り組める実践を行っている。

　鶴田町の指導・助言者は，大別すると3種の職員が担当している。まず，放課後子どもプランコーディネータとして，教育委員会に専任職員1名を配置している。コーディネータは，子どもの活動プログラム等の事業計画，子どもの指導・助言，各教室の連絡・調整，指導員からの相談など情報の受け入れ，子どもプラン通信の作成など多岐にわたる業務に携わっている。その他，非常勤として計6名の保育士有資格者の放課後児童クラブ児童厚生員と，計25名の放課後子ども教室指導員が存在している。非常勤職員は各小学校に配置され，子どもの安全な居場所づくりと，健全育成のための活動支援に取り組んでいる［青少年野外教育財団　2008：1-13］。このように鶴田町の実践は，小学校の空き教室を利用した，放課後児童クラブと放課後子ども教室を一体化した取り組みであり，2009年に文部科学省より生涯学習政策局長賞を受賞している。

　学校と社会教育施設との連携による先導的事例としては，山口県宇部市厚東（ことう）地区の「厚東ひだまり教室」があげられるであろう。厚東ひだまり教室は，前述の青森県鶴田町と同様に，学童保育と放課後子ども教室事業を一体化した実践である。その運営は地区内に運営協議会を組織して実施している。運営協議会は地域の社会福祉協議会，自治会連合会，母親クラブの会員，学校関係者，ボランティア，県や市の関係行政施設・機関関係者によって組織され，地域住民と関係行政施設・機関が連携した運営体制を形成している。活動場所は，学校に隣接する公民館を活用する取り組みである。

　厚東ひだまり教室は，年間活動日数が約300日ときわめて長い。そのうち，土曜日の開催日は約100日にのぼっている。対象児童は1～6年生の全学年にわたる。年間を通じての児童の体験活動プログラム数は，2006年度実績で85にのぼっている。すなわち，約3日に1度の頻度で子どもたちは集団で何らかの

体験活動に取り組んでいる計算になる。

　プログラム内容はきわめて多様であり，かつプログラム数は年度別にテーマを設定して内容の一貫性にも配慮している。さらに子どもの地域理解の促進を図る取り組みも盛んであり，地域住民の当該事業への参加もさまざまな面で積極的に行われている。指導員はコーディネーターとして1名を配置し，子ども教室担当としてボランティア3名を配置する。さらに学童保育側の指導者として，有資格者6名が存在する。学童クラブの指導員は，利用児童が35名以下の場合には1名を配置し，36名以上の場合には2名を配置している。体験的活動を実施する場合には，母親クラブに所属する保護者や地域住民が，指導・助言者として参加している［青少年野外教育財団 2008：54-57］。

　以上の2事例は，前者が学校の空き教室を利用する事例であり，後者が学校に隣接する社会教育施設を利用する事例である。そのように，子どもの居場所づくりは地域の実情に応じて実施すればよく，特定の場所に限定されているわけではない。他の事例では札幌市のように，児童館を中心とする子どもの居場所づくりの実践に取り組む市も存在している。居場所は多様であってよい。要は，子どもが安心・安全に過ごせる空間を確保すること，またその空間で有意義な学習や体験の機会が実施されることにある。札幌市は，全児童館に「学習レシピ」と銘打つ，学びと遊びを組み合わせる学習プログラム集を作成して配布している。そうした取り組みも他の市町村のモデルとなる実践と考えられる。

(6) 子どもの居場所づくりと集団形成上の課題

　子どもの集団形成を意識した居場所づくりの実践にあたり，今後その着手をめざす地域にとっての課題とは何だろうか。課題は多様に存在するが，ここではその中心的課題を検討したい。

　子どもの居場所は前掲のように学校，社会教育施設，児童館等福祉関連施設などの場が考えられる。解決すべき重要な課題の1つは，地域の子どもの居場所となりうる関連施設・機関の連携・協力体制を確立することであろう。そうした異なる施設・機関の連携・協力により，子どもの放課後活動への理解が促進し，実際の活動にもより多様性が生まれるのである。

子どもの居場所づくりにおいて，特に学校側の理解を得ることは必要不可欠であるが，子どもの放課後の居場所は学校であるべきといった固定した考えばかりでなく，地域特性に応じて臨機応変に検討すべきであろう。前掲のように社会教育施設，福祉関連施設，場合によっては民間施設を利用することも考慮に入れることが求められる。

第2の課題は，先導的事例に示されたように子どもの活動支援を行うスタッフの確保とその研修であろう。非常勤やボランティアの協力を得ることは重要であるが，そうしたスタッフのみに活動支援を期待するのではなく，市町村教育委員会が中心となり専任や准専任スタッフの採用を検討すべきという課題もある。ボランティアのみでの子どもの活動支援は，必ず人材不足の問題に直面する可能性が高いといっても過言ではない。

放課後子ども教室のスタッフを対象とする調査研究によれば，子どもの放課後活動支援者は，無償ボランティアよりも有償の非常勤職員，さらには有償の非常勤職員よりも有償の専任職員の方が，活動支援にあたっての自らの研修意欲が高く，自己研鑽に励む傾向が認められる［青少年野外教育財団 2009］。放課後の子どもの集団形成とそこでの意味ある体験・学習機会の提供にあたっては，そうした自己研鑽の意識の高いプログラムの企画・調整の中心的役割を担うコーディネーターや指導員の確保が非常に重要になると考えられる。

最後に第3の課題としては，児童生徒の保護者や地域住民の理解の促進を図るために，積極的に活動計画や活動の意味，活動結果などの情報提供を実施することがあげられる。そうした取り組みによって，保護者や地域住民の理解を深めるとともに，子どもの活動支援の有力な協力者を生むことにつながると考えられるからである。そうした課題を1つひとつ克服することにより，より多くの地域に子どもが放課後を安心・安全に過ごせる居場所が増え，さらにそこで有意義で多様な子どもの活動が展開されることを期待したい。

> **演習問題**
> 1　改正教育基本法（2006年）第13条に対応する，子どもの居場所づくりに関する国の施策の動向を400字以内で述べなさい。
> 2　学校，家庭，地域の連携による子どもの放課後活動支援の今後の課題について，あなたの学校の現状を踏まえて400字以内で考察しなさい。

2 社会的・経済的環境の変化に応じたキャリア教育の視点

「キャリア教育」とは何を意味するのであろうか。

私たちは,「キャリア教育」という言葉を理解しているように思うが,それを明確に説明することはむずかしい。おそらく,学校教育に長く従事された先生方は,「キャリア教育」という言葉から,職業教育や進路指導をすぐさま思い浮かべるかもしれない。しかし,かつてより行われてきたそれらの教育実践とキャリア教育が同じか否かと問われると,回答に困ってしまうのではないだろうか。

文部科学省による「キャリア教育推進の手引き」によれば,「キャリア」とは,「個々人が生涯にわたって遂行する様々な立場や役割の連鎖及びその過程における自己と働くこととの関係づけや価値づけの累積」であり,「キャリア教育」とは,「『キャリア概念』に基づいて,『児童生徒一人一人のキャリア発達を支援し,それぞれにふさわしいキャリアを形成していくために必要な意欲・態度や能力を育てる教育』,端的には,『児童生徒一人一人の勤労観,職業観を育てる教育』」と定義されている［文部科学省 2006：3］。

このようなキャリアの定義をみると,「キャリア」という言葉に対して,職業や仕事といったことだけでなく,広く生涯にわたる生き方全般を含む考え方がなされていることがわかる。簡単にいえば,キャリア教育とは,「働くこと」「学ぶこと」「生きること」を通じて,充実した人生を作り上げるための教育ということができる［下村 2009：28-35］。

本節では,このキャリア教育という言葉が抱える「働くこと」「学ぶこと」「生きること」をめぐっての社会的・経済的環境の変化について俯瞰し,学校教育でキャリア教育を行う際の視点を提示したい。

(1) 産業構造の変化と雇用形態の変容
1) 働く場の変化

働くことをめぐる社会的・経済的変化の第1は,「働く場」の変化であろう。

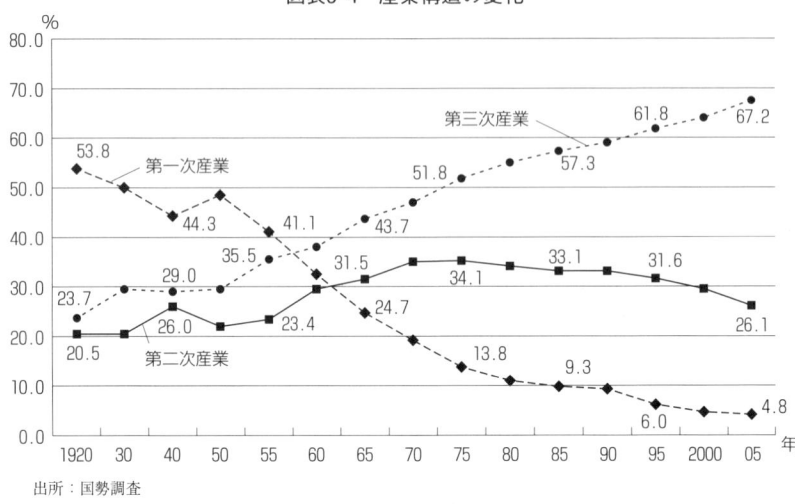

図表5-4　産業構造の変化

%
第一次産業：1920 53.8、30 50.0、40 44.3、50 48.3、55 41.1、60 32.7、65 24.7、70 19.3、75 13.8、80 10.9、85 9.3、90 7.1、95 6.0、2000 5.0、05 4.8

第二次産業：1920 20.5、30 20.7、40 26.0、50 21.9、55 23.4、60 29.1、65 31.5、70 34.1、75 34.9、80 33.6、85 33.1、90 33.3、95 31.6、2000 30.5、05 26.1

第三次産業：1920 23.7、30 29.0、40 29.6、50 29.6、55 35.5、60 38.2、65 43.7、70 46.6、75 51.8、80 55.3、85 57.3、90 59.4、95 61.8、2000 64.3、05 67.2

出所：国勢調査

　日本の産業構造の変遷をみてみる（図表5-4）と，2005年時点での農業，林業，水産業などの第一次産業従事者は4.8％，製造業，建設業などの第二次産業が26.1％，そして，情報通信業，金融業，運輸業，小売業，サービス業などの第三次産業が67.2％となっており，働く人々の約七割近くが第三次産業に従事していることがわかる。

　仕事を得ようとすれば，労働市場と呼ばれる「働く場」の需要によって，子どもたちに求められる資質・能力は異なる。たとえば，子どもたちが農業や水産業などの第一次産業に従事するとすれば，気候の知識や健康・体力などが重視されるかもしれない。しかし，「働く場」の約七割を占める第三次産業はサービス産業であるため，対人関係能力，コミュニケーション能力，情報活用能力といったものが重要視されるであろう。

　将来的には，国際的経済競争で優位に立つために，付加価値産業の創出や知的人材への社会的要請が高まることも予測される。第三次産業がさらに分化し，知識産業，情報通信産業，情報創造産業など，第四次産業と呼ばれる知識集約型産業が興隆する可能性も高い。そうなれば，これからの子どもたちが働く場

では、これまで以上に知識が重視され、情報活用能力、継続して学習し続ける力が、よりいっそう必要となっていくであろう。

このように、将来の労働市場の求めに応じ、子どもたちが身につけるべきスキルや能力は異なったものとなっていくのである。

2）働くシステムの変化

働くことをめぐる第2の変化は、「働くシステム」の変化ということである。

長らく日本の経営システムの特徴とされてきた、長期継続雇用、年功賃金を特徴とした終身雇用制は、実は戦後にもたらされたものである。安定した経済成長、若年労働者の比率の高いピラミッド型年齢別従業員構成を前提に、企業と労働者の暗黙の合意のもとに存在してきた「終身雇用制」を前提にした将来設計が成立しなくなったのは、1990年代からである。

その背景としては、①高齢化に伴う1人あたりの賃金の上昇、②景気の低迷、③情報化などの技術革新に伴う専門分化、④多様な労働形態を希望する労働者側の意識の変化があった［岩崎 2008a：320］。

この頃、欧米諸国では、競争のグローバル化、技術革新、そして財・サービスの大量生産からの転換により、職場では情報技術の集積と統合、スムーズな情報伝達と意思決定の迅速化、チームワークやプロジェクト方式の重視、フレックス制の導入など柔軟性、適応性に富む組織へと再編がなされた。賃金も、職位や昇進能力に対してではなく、組織への貢献度、組織に付加した「価値」の大きさに応じて支払われるべきと考えられるようになった［ハルゼーほか 2005：12］。日本も、このような世界的な変革の動きの影響を受け、第1に、労働者は雇用の維持と能力開発のため、一人ひとりが自ら継続的学習を行う必然性が生じた。第2に、雇用の流動化や多様な労働形態は、「コア」となる正規職員と、それを支援する契約・派遣職員の二極化をもたらす結果となった。そして、「コア」となる正規職員には、「技術的ノウハウ」だけでなく、対人関係能力や社会的スキル、変化する環境のなかで「ルールを創り出し」行動できる能力、プロジェクトを組んで仕事ができる能力、同じ組織の人たちと「息を合わせて」うまくやっていける能力などが求められるようになった［ハルゼーは

か 2005：18-20]。

3）キャリア観の変化

このような社会的・経済的環境の変化は，安定した労働者の生活や意識を変えるものであった。終身雇用制が労使間で暗黙に合意されていた時代には，定年までの雇用保障と組織内部の昇進ルートが予測可能であった。しかし，不景気に伴う倒産や企業存続のための人員整理などが行われるようになってくると，転職や再就職を視野に入れて，雇用されうる資質・能力，つまり労働市場での評価される実践的就業能力（エンプロイアビリティ）をもつことが必要となってくる。

このエンプロイアビリティという言葉は，1980年代にアメリカで生まれ，用いられるようになった言葉である。経営者は長期雇用を保証しない代償として，他社でも通用する能力開発の機会を積極的に労働者に提供することを約束，労働者は自己責任よって，雇用されるための職業能力を向上させることが求められるようになった。安定した雇用保障と会社への忠誠心といった「御恩と奉公」で成立してきた日本型の雇用システムが，欧米的なドライな労使関係を基本とするものへと変容したことで，企業に自分のキャリアを委ねるのではなく，自分で自分のキャリアを管理する「自律した職業人」であることが喧伝されるようになっていった。

（2）これからのキャリア教育

1）キャリア教育で育成されるべき諸能力

それでは，社会の変化に対応し，また個人の充実したキャリアを求めるために，将来の労働者である子どもたちには，どのような能力を身につけさせるべきなのであろうか。

厚生労働省の調査によれば，半数以上の企業が採用にあたって重視し，基礎的で比較的短期間の訓練により向上可能な能力は，基礎学力，専門知識，コミュニケーション能力，バイタリティ，積極性，協調性といったものであった［厚生労働省「若年者の就職能力に関する実態調査結果」平成16年1月発表］。

また，文部科学省では，小学校から高校を通じてのキャリア教育で育成すべき職業的発達に関わる諸能力として，①人間関係形成能力（自他の理解能力，コミュニケーション能力），②情報活用能力（情報収集・探索能力，職業理解能力），③将来設計能力（役割把握・認識能力，計画実行能力），④意志決定能力（選択能力，課題解決能力）をあげ，それらを発展的に学習するようなプログラムの枠組みを提示している。

　このように，学校でのキャリア教育も，職業準備教育というよりも，企業が求める能力を視野に入れながら，生涯を通じてエンプロイアビリティを高めるための資質・能力を育成する教育と変化してきている。

2）将来的に必要となる3つの力

　職業的発達に関わるこれらの諸能力とともに，これからの子どもたちに特に有用と思われる能力とは何であろうか。OECDの研究成果をまとめると，それは，①キャリアを管理する力，②仕事を探す力，③学びの力の3つの力に集約される。

① キャリアを管理する力

　キャリア教育に関連し，先進国の教育政策を分析するOECDは，「自分の教育とキャリアを管理する能力」を教育・訓練の目標として重点をおくことが有益であるとの政策提言をしている［OECD 2006：208-211］。自律的に自分のキャリアを管理するためには，学校生活で教育の自己規律や自己啓発の価値や自己管理の技法を習得することがより重要となる［ハルゼーほか 2005：18-20］。特定のスキルは時代遅れになっても，継続して学習する力やキャリアを管理する能力は基本として存在する。そのような力さえあれば，常に社会の変化に対応できるということであろう。

　このような考え方は，学校教育でのキャリア教育にも影響をもつであろう。つまり，キャリア教育は，単なる生徒への就職・進路決定へのサポートから，より幅広いキャリアを管理する能力の開発に重点をシフトしていく可能性がある［OECD 2009：67-68］。

② 仕事を探す力

エンプロイアビリティを高めるために，人々は自分のもっている能力を労働市場で最もよく活用し，維持，向上させようとする。そのためには，キャリア設計，「将来志向」など動機づけに関わる能力が将来の仕事や収入を予測するものとなる。仕事の経験やコミュニティのプロジェクトへの参加などを通じて，仕事を探すスキルのトレーニングが子どもたちに求められている［OECD 2006：200-202］。

この点からは，現在行われている職場体験，奉仕活動，ボランティア，アルバイト，インターンシップなどは，自分の能力を活用できる仕事を探す体験や訓練として，積極的な取り組みが推奨される。このことに伴う社会的支援としては，労働者を適材適所へ配置し，一人ひとりの資質・能力を最大限に向上するために，広く成人期に及ぶキャリア・ガイダンスの仕組みが必要となろう。

③ 学びの力

これからの時代は，常に新しい知識や技術を学び，スキルを向上させることが重要になる。そのためには，即座に必要とされるスキルを身につけること，スキルを獲得し発展させる能力，学習する能力，自分の学習ニーズを特定する能力，そして，学習活動管理能力が重要である［OECD 2006：200-202］。

若年失業者問題に悩むヨーロッパ各国では，失業手当の代わりに，失業期間の初期に，求職，教育，職業訓練を含んだ個人的な活動計画の立案を求める，あるいは，労働市場と新たな労働要求の変化に適応できる個人の能力や，仕事を見つけ，継続する力を発達させるなどの個人の能力を重要視するなど，学習に基づく積極的な取り組みがなされている［OECD 2009：80-82］。

学校教育では，生涯にわたって学習できるような，学ぶことを学ぶ（learning to learn）といった学習スキルを身につけることが重要になる。

（3）生きるために働くこと

1）働くことは自己実現か

本節の冒頭に，キャリア教育について，「働くこと」「学ぶこと」「生きること」を通じて，充実した人生を作り上げるための教育という定義を掲げた。最後に，キャリア教育でいう充実した人生とはどういうことかを考えてみたい。

図表5-5 働く目的

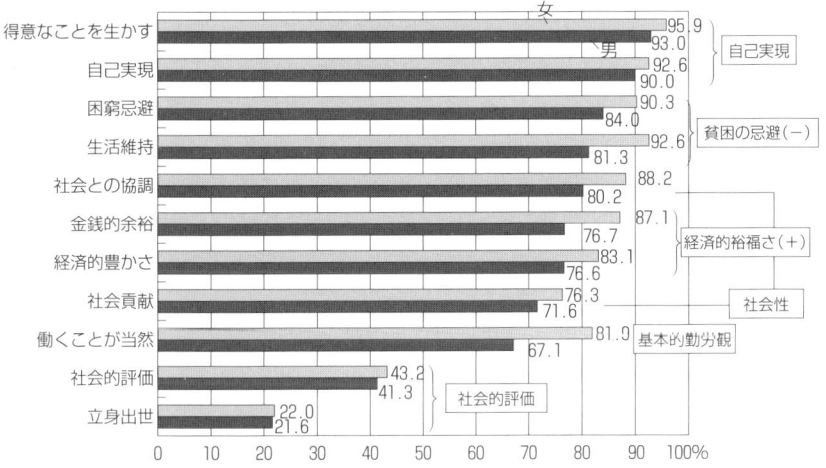

項目	女	男	分類
得意なことを生かす	95.9	93.0	自己実現
自己実現	92.6	90.0	
困窮忌避	90.3	84.0	貧困の忌避（−）
生活維持	92.6	81.3	
社会との協調	88.2	80.2	
金銭的余裕	87.1	76.7	経済的裕福さ（＋）
経済的豊かさ	83.1	76.6	
社会貢献	76.3	71.6	社会性
働くことが当然	81.0	67.1	基本的勤労観
社会的評価	43.2	41.3	社会的評価
立身出世	22.0	21.6	

出所：国立教育政策研究所調べ，2005年

30〜40歳代の社会人で子どもが「いる」と回答した男性571名，女性662名に，「あなたは，お子さん（第一子）が何のために働くと考えてほしいですか」と聞いた質問項目がある。この回答をグラフにしたのが，**図表5-5**である。回答をみると，「得意なことを生かす」「自己実現」の順で多く，低いのは「社会的評価」や「立身出世」である。このことから，回答した多くの親は子どもに社会的評価よりも自己実現，満足感をもって働いてほしいと思っていることがわかる。また，不景気を背景に，経済的裕福さよりも経済的貧困を忌避するため，つまり，貧しくならないために働いてほしいと思っているようだ。

自己実現ができる職場は望ましいが，雇用は労働市場の需要に左右されるために，必ずしも意にそった職に就くことができるとは限らない。そのため，多くの者は雇用されるために，自己実現の欲求と現実との間に折り合いをつけなくてはならない。非常に早い段階から就きたい職業を決め，その職に就くために努力したとしても，将来の産業構造の変化や技術革新によって労働市場が変化する可能性も高く，思った仕事に就くことができるかどうかは予想できないのである。

2）充実したキャリアのために

　それでは，実際，充実したキャリアを送っている人々とは，どういう人たちであろうか。このことについて，職業人を対象に，国立教育政策研究所が行ったインタビュー調査がある。この調査によれば，生き生きと働く人たちに共通に認められた特質として，①努力に支えられた自己肯定感や自己効力感，②ひとや社会への信頼と人間関係の重視，③社会貢献の意識や利他的姿勢，④現状を向上させようとする学習意欲［藤田 2006：126-127／岩崎 2006：107-109］といったものがあがっている。初めに就いた職が，当初生活の糧だけの意味しかなかったとしても，これらの人々は自分の力でよりよい方向へと現状を変えていく。

　その場合の契機となるのは，独学での資格取得，大学の聴講生，専門学校への入学といった成人になってからの学習機会であった。つまり，仕事による自己実現は就職先によってもたらされるものではなく，就職後に与えられた環境を，どれだけ自分がよりよいものに変えていくかにかかっているということなのである［藤田・岩崎 2006：87-149］。子どもたちに対しては，たとえ自分が望む就きたい仕事に就けなかったとしても，与えられた仕事を精一杯行うなかで充実した人生が送れること，そして，柔軟性あるキャリア戦略の方法と考え方が重要であることなど，生きる姿勢の根幹を学校教育の様々な場面を通して教えることが必要とされるであろう。

　このように，キャリア教育とは，生産性の向上や雇用の確保のためのスキルの向上をめざすことだけにあるのではなく，この世に生を受けた一人ひとりの子どもたちが，自分の人生を充実して全うするための基礎を与えるものでなければならないであろう。よく学び，自分を見つめ，社会への温かい思いやりをもった子どもを育てるという従来の学校教育の基本は，依然変わらない。ただ，変化の激しい社会であるからこそ，逆説的であるが，子どもたちが自分を内省し，学ぶことの意義をしっかりと体得する時間と空間の確保が必要とされ，学校教育の中にキャリア教育という新しい枠組みが必要となってきたといえるのではないだろうか。

演習問題

1　就職・転職，継続雇用時に，労働市場での評価基準となる実践的就業能力を意味し，

日本語で「雇用されうる能力」と訳されている言葉（カタカナ）を書きなさい。
2　これからの社会で，子どもたちが生きていくうえで重要と思われるキャリア教育の観点について，あなたの考えを述べなさい。

3　生活習慣の変化を踏まえた生徒指導

（1）生徒指導の基本理解

　生徒指導の目的については，1988（昭和63）年に文部省が出した「生徒指導資料　第1集」に示されている。その後に刊行された「生徒指導資料」でも同じとらえ方が示され，最新刊の「生徒指導資料　第1集（改訂版）」にも以下のように再掲されている。

　　生徒指導とは，一人一人の児童生徒の個性の伸長を図りながら，同時に社会的な資質や能力・態度を育成し，さらに将来において社会的に自己実現ができるような資質・態度を形成していくための指導・援助であり，個々の生徒の自己指導能力の育成を目指すものである。［国立教育政策研究所　2009：5］

　では，学校教育における教育課程上において，生徒指導は，どのように位置づけられるのだろうか。
　生徒指導は，上記の文章に述べられているように，「資質・態度を形成していくための指導・援助」であり，「自己指導能力の育成を目指す」教育機能である。つまり，生徒指導は，特定の教科やある領域を示す概念を表しているのではなく，教育課程におけるあらゆる教育活動とその活動の場において行われる教育機能の1つを表している。また，生徒指導において重要な役割を果たしている中学校での部活動は，2008年3月に告示された『中学校学習指導要領』において，「スポーツや文化及び科学等に親しませ，学習意欲の向上や責任感，連帯感の涵養等に資するものであり，学校教育の一環として，教育課程との関連が図られるように留意すること」と学校教育に明確に位置づけられることとなった。
　戦後，生徒指導が導入された当初には，生徒指導の内容としては「児童生徒

を正しく理解する方法」「人格の指導」「学級・ホームルームにおける指導」等が中心的な内容であった。1951（昭和26）年，1964（昭和39）年，1983（昭和58）年をピークとする少年非行の増加により，児童生徒等による暴力行為や少年非行など問題行動が社会的問題となるなかで，学校等においては，生徒指導は「児童生徒の問題行動への対応」という教育実践的側面が大きくとらえられるようになっていった。反面，学校教育全体を貫く生徒指導の機能については，その理解が教員の意識から薄らいでいく傾向もあり，前述の1988年に刊行された「生徒指導資料第1集」において，生徒指導の積極的な機能の展開が求められた。

そこでは，生徒指導の意義を，「生徒指導の意義は，このような児童生徒の問題行動への対応といった，いわば消極的な面にだけあるのではなく，積極的にすべての生徒のそれぞれの人格のより良き発達を目指すとともに，学校のすべての活動が，生徒一人一人にとって自己実現を援助し，自己存在感を与えるようになることを目指すところにある」［国立教育政策研究所　2009：5］として，各学校に，積極的・能動的な生徒指導の展開と実践を求め，児童生徒の健全育成という観点を強調している。

（2）児童・生徒の生活習慣の変化とその理解

1）生活習慣の変化とその課題

1980年代後半から，家庭における教育機能の低下，都市化の進展による地域の教育力の低下，青少年に悪影響を与える有害な環境の増加などが社会的問題として認識されるようになってきた。

1996年に中央教育審議会から出された第一次答申「21世紀を展望した我が国の教育の在り方について」では，子どもたちの生活の現状を「ゆとりのない生活」「社会性の不足や倫理観の問題」「自立の遅れ」「健康・体力の問題」「学校生活をめぐる状況」という側面からさまざまな教育上の課題を提起している。反面，子どもたちの積極的側面として，「今日の子どもたちには，社会に対して積極的にかかわっていこうとする気持ちを強く持っている傾向もうかがわれる」とし，国際交流に積極的な面や，社会参加活動や社会貢献活動への意欲が

増加していることをあげている。

　日常の生徒指導を考えるにあたり，児童生徒の生活習慣の変化とそれに伴う現代的課題として，規範意識，逸脱行動，飲酒・喫煙，インターネットや携帯電話に関わる問題等をあげることができる。たとえば，小・中学生の逸脱行動の経験がどのように変化しているかについて，調査結果をもとに見てみよう。

　2007（平成19）年に内閣府が公表した「低年齢少年の生活と意識に関する調査」では，学校での逸脱行動について質問して小・中学生の規範意識を調査している。また，同様の調査は，2000（平成12）年に総務庁青少年対策本部により「低年齢少年の価値観等に関する調査」として行われており，両調査に共通する項目をまとめて表を作成したのが図表5-6である。

　これをみると，「授業中，いねむりをする」「掃除当番などクラスの仕事をさぼる」「授業中，かってに席を離れる」「学校をずる休みする」「先生にさからったり口答えする」という学校生活に関わるどの項目においても，小・中学生ともに逸脱行動の増加が見られる。特に，「授業中，いねむりする」中学生は6.1ポイント増加，また，「先生にさからったり口答えする」中学生も7.8ポイント増加していることに着目する必要がある。（なお，元の調査では，「よくある」「ときどきある」「あまりない」「ない」の四件法で質問している）。

　2004（平成16）年に（財）一ツ橋文芸教育振興会と（財）日本青少年研究所が発表した「高校生の生活と意識に関する調査報告書—日本・米国・中国・韓国の4カ国の比較—」によると，高校生の日常行動で規範意識を問う14項目のうち，「学校をずる休みする」「過激なファッションをする」「親に反抗する」「先生に反抗する」を「よくないこと」と考える日本の高校生の比率は4カ国中最も低かった。日本の高校生は，電車の中でのマナーを問う項目は他国に比べて厳格であるのに対して，授業や学校生活に関わるモラル意識を問う項目が他の3カ国に比べて特に低い。これらの結果は，前述の小中学生の逸脱行動の増加傾向と重ね合わせて，今後の生徒指導のあり方を考える重要な着眼点となるだろう（なお，同調査の最新版が2010年4月に公表されているので参照されたい）。

96　第Ⅱ部　子どもを理解する

図表5-6　小・中学生の逸脱行動

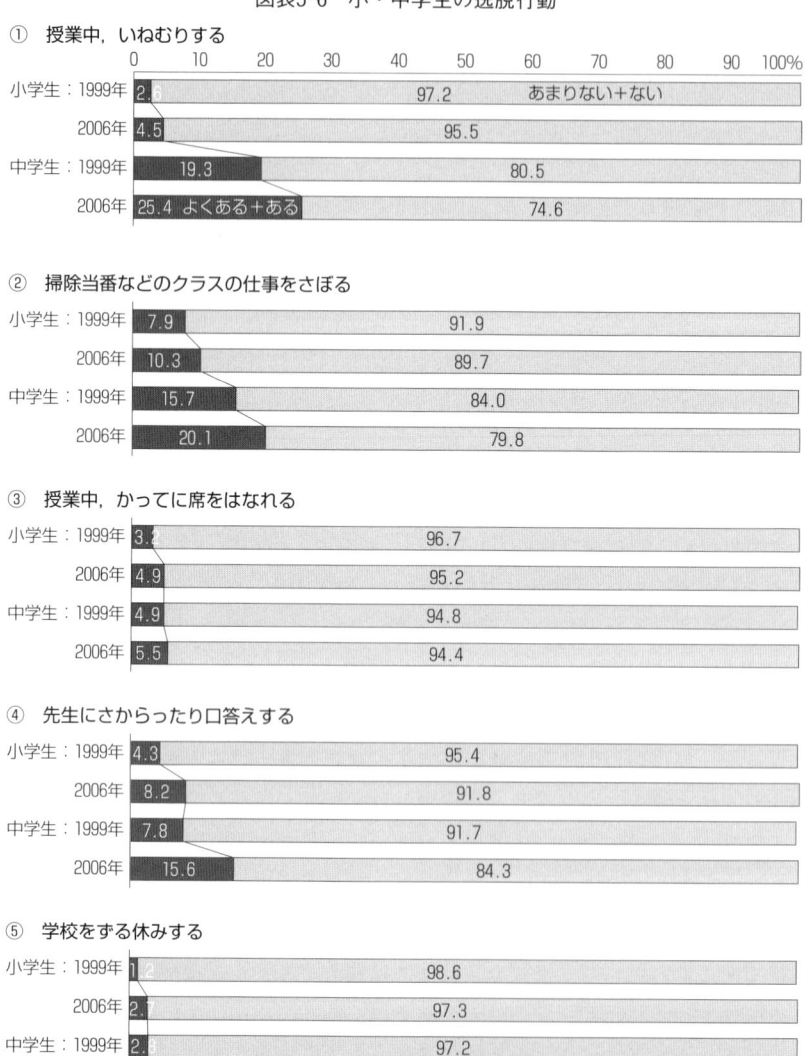

① 授業中，いねむりする

	よくある＋ある	あまりない＋ない
小学生：1999年	2.6	97.2
2006年	4.5	95.5
中学生：1999年	19.3	80.5
2006年	25.4	74.6

② 掃除当番などのクラスの仕事をさぼる

小学生：1999年	7.9	91.9
2006年	10.3	89.7
中学生：1999年	15.7	84.0
2006年	20.1	79.8

③ 授業中，かってに席をはなれる

小学生：1999年	3.2	96.7
2006年	4.9	95.2
中学生：1999年	4.9	94.8
2006年	5.5	94.4

④ 先生にさからったり口答えする

小学生：1999年	4.3	95.4
2006年	8.2	91.8
中学生：1999年	7.8	91.7
2006年	15.6	84.3

⑤ 学校をずる休みする

小学生：1999年	1.2	98.6
2006年	2.7	97.3
中学生：1999年	2.6	97.2
2006年	4.6	95.5

出所：「低年齢少年の生活と意識に関する調査」『低年齢少年の価値観等に関する調査』より作成

2）学力調査にみる生活習慣の指導の必要性

　図表5-7は，和歌山県が，2008（平成20）年度全国学力・学習状況調査の児童生徒質問紙調査をもとに，児童生徒の規範意識などに関する質問紙調査と学力調査とのクロス分析を行った結果をまとめたもののうち，中学校生徒質問紙調査「学校の規則を守っていますか」についての結果である。これを見ると，国語，数学ともに正答数が多い生徒ほど「あてはまる」と回答している割合が高くなっている。

　同様に，質問紙調査「携帯電話で通話やメールをしていますか」について学力調査とのクロス分析を行った結果でも，国語，数学ともに正答数が多い生徒ほど「全く，またはほとんどしていない」と回答している割合が高くなっている。

図表5-7　中学生の規範意識と学力

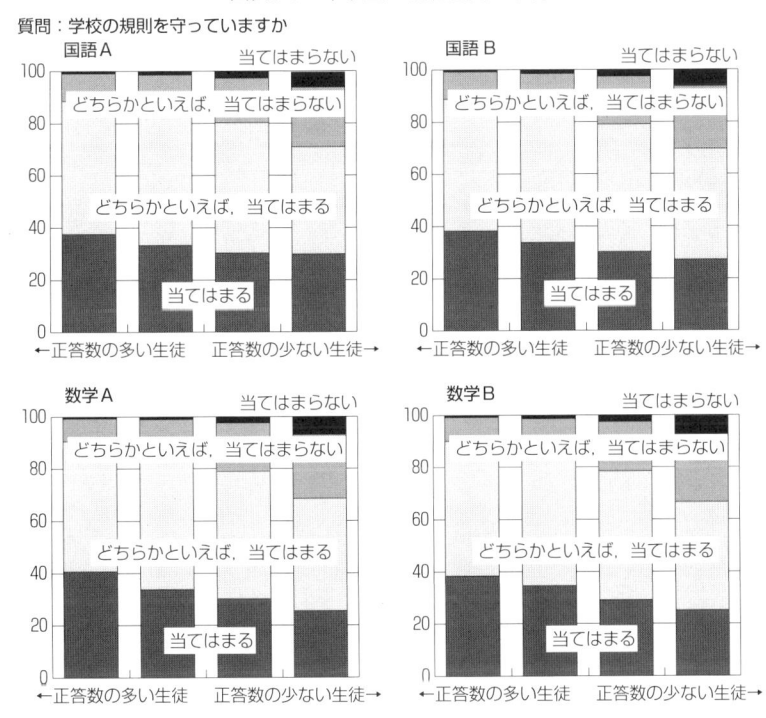

質問：学校の規則を守っていますか

携帯電話の利用状況と学力との相関関係については，和歌山県では，県独自に調査を行っている。2008（平成20）年10月に中学校1年生（5％抽出）に対して行った質問紙調査で，「普段（月曜日から金曜日），一日あたりどれくらいケータイメールを送りますか」と問い，その回答を5教科の学力調査結果（合計正答率）とクロス分析した。その結果,「100通以上」と回答した生徒が3.4％いた。「80通以上，100通より少ない」が1.6％，「60通以上，80通より少ない」が2.9％，「40通以上，60通より少ない」が3.6％,「20通以上，40通より少ない」が7.1％，「1通以上，20通より少ない」22.8％，「全く送らない，ケータイを持っていない」58.5％であった。「ケータイメールを利用している」と回答した生徒は,「ケータイメールを利用していない」と回答した生徒より合計正答率が有意に低かった。また，ケータイメールの送信数が多くなるに従い合計正答率が低くなる傾向があった。また，この調査では,「近所の人に会ったときにあいさつをしますか」との設問があり，あいさつをする傾向にある生徒はそうでない生徒より合計正答率が有意に高いことが示されている［和歌山県教育委員会　2009：146-147］。

3）生徒指導をめぐる諸問題

　生徒指導をめぐる諸問題は，不登校，高等学校中途退学，いじめ，暴力行為，薬物乱用，少年非行など多様である。また，近年，性情報の氾濫などで少年の性犯罪や児童買春，児童ポルノに関わる少年の福祉を害する犯罪への対応も重要になっている。これらの問題に対応するため，児童生徒の発達段階を踏まえて，学校や学年での集団指導や個別指導など効果的な指導を継続的に行う必要がある。また，家庭，地域や関係機関との連携を推進して問題行動へのサポートチームや健全育成ネットワークの構築を図ることが求められている。

　生徒指導においては，具体事例から学ぶことが大事である。ことが起こっていないときにこそ校内で事例研修をするのである。それは，担当する生徒指導主事，担任や管理職にとって重要であるばかりでなく，学校が組織として教員が一体となって生徒指導を推進するためにすべての教職員にとって意義がある。また，事前研修だけでなく，事案が解決した後のケーススタディも教職員

の力量形成にとって大事にしなければならない研修である。問題行動に対して成果をあげた具体的な対応例を収集した事例集は効果的な研修資料になる。たとえば，山本は，荒れた学校を立ち直らせるには「毅然とした指導」が必要であるといい，「毅然とした指導」が成立するためには次の7つの要件がいると述べている［山本 2007：10-25］。

① 「毅然とした指導」こそが生徒と学校を変容させるという強い信念
② 生徒の暴力に負けない強固な意思をもつ教員集団組織
③ 犯罪的な問題行動に対する躊躇なき警察との連携
④ PTAや地域の関係機関との積極的な連携
⑤ 「出席停止制度」の適用
⑥ 校長の迅速な決断と行動力
⑦ 教育行政に対する学校支援の要請

ここに掲載されている学校を立ち直らせた58の事例から学ぶことは多い。
 2006（平成18）年6月5日付で，文部科学省初等中等教育局児童生徒課長通知「児童生徒の規範意識の醸成に向けた生徒指導の充実について」［国立教育政策研究所 2008：101-106］が発出された。その別紙2として，「生徒指導体制の在り方について」調査研究報告書（概要）が添付されており，そこでは，学校は，生徒指導に関する対応の基準を明確にし，積極的に外部に公開することが必要であると述べている。学校には，指導方針に基づく毅然とした粘り強い指導が求められているのである。

（3） これからの生徒指導

これまで見たように，時代の進展，社会の変化とともに，子どもの生活習慣が変化し，問題行動など生徒指導に係る諸課題も変化をしており，これからの生徒指導の充実を図るには，次のような視点に留意する必要がある。
 第1には，「個々の生徒の自己指導能力の育成を目指す」生徒指導の目的から求められる，社会環境の急激な変化に対応できる児童生徒の「社会的自己指導力」を育成するという視点である。たとえば，パソコンや携帯電話によるインターネットを介した「いじめ」や「児童買春・児童ポルノ事件」などにより

被害に遭う児童生徒は高い水準で推移している。現在のような高度情報化社会において，児童生徒に，「適切に自己選択と自己責任の行使ができる力」を育成するには，具体事例に基づいてグループによる話し合いや参加・体験型演習を用いた学習方法を活用することが効果的である。

第2には，学校の生徒指導体制・教育相談体制を定期的に点検し，学校の生徒指導上の課題や学校組織の実情に即した生徒指導上の「システム」を作るという視点である。学校においては，生徒指導体制は，ともすれば前年度の取り組みを踏襲して，これまでみられた課題に対応する追随型の体制がとられがちである。これからは児童生徒の変化に適合した柔軟なシステム形成が重要である。また，課題への取り組みを，学校と管轄教育委員会だけで行い解決を長引かせてしまう事例がみられる。今後想定される諸課題の複雑さや解決の困難さを考えれば，関係機関との連携が不可欠である。

第3には，これからの生徒指導を，子どもを守る地域とのつながりを通して考えていく視点である。近年，児童虐待や犯罪的行為，医療の専門的知識が必要となる問題など，学校だけでは解決が困難な課題が増加している。警察とのサポートチームをはじめ，行動連携可能な地域のネットワークづくりが大切である。たとえば，通学路などで児童生徒の安全を見守ってくれている防犯ボランティアには，多くの自治会や町内会，PTA団体などが参加している。

今後，生涯学習社会の形成を推進するためにも，生徒指導を学校教育の枠組みのなかで考えるのではなく，広く社会に開かれた体制づくりや情報共有・行動連携を基盤とする地域や関係機関とのネットワークづくりが重要となっていると思われる。

演習問題
1　近年の児童生徒の生活習慣や逸脱行動の変化から，これからの生徒指導はどのような点に留意して推進することが求められているか，まとめなさい。
2　「『生徒指導体制の在り方について』調査研究報告書（概要）」を参考に，今後，自校の生徒指導体制をどう改善すればよいか，過去の具体的な指導事例に基づいて考えを述べなさい。

4　学級づくりと学級担任の役割

　教室が子どもにとって価値ある学びの場となること，子どもたちが学級集団のなかでさまざまな個性をもった友だちに囲まれ人間としてよりよく成長していくこと，それが学級担任が求めている教室の姿であり，また，保護者が望んでいる学級の姿でもあろう。

　今，学力低下やいじめ，不登校，逸脱行動など学校や学級担任への信頼を揺るがす問題が起きている。指導技法を身につけ，怠らず研修を受けているのに，どうも学級が落ち着かない，思うように学力が伸びないのはなぜだろうと悩む中堅教員も少なくない。

　和歌山県教育センター学びの丘が県内の学校長に実施したアンケート調査（2007年実施）によれば，「学校長が10年経験者研修に望むこと」の上位項目は，「教員としての視野の拡大」68.1％，「当面する教育課題への解決の手がかり」62.6％，「より高度な知識・技術の習得」47.8％，「中堅教員としての素養の獲得」47.3％であった。学級担任は，これらの課題，期待にどのように取り組んでいけばよいのか多面的に考えてみたい。

(1) 学級における児童生徒理解と学習集団の形成
1) 学級における児童生徒理解

　学級担任がまずしなければならないのは，学級の子どもたち一人ひとりを理解することである。このことをなおざりにして，学級経営の仕組みや授業展開の工夫ばかりを先行させて学級崩壊に陥る若年教員が多い。児童生徒理解に基づいて学級経営の年間計画が作成されるのであって，その逆ではない。また，学級という学習集団の状態に応じて効果的な授業構成が考えられるのであって，当然その逆はありえない。

　児童生徒理解のために重要なのは，「定点観察」「アセスメント」「日常的なカウンセリング」をすることである。「定点観察」とは，一定の共通項目を年間を通じて定期的に観察する方法である。たとえば，「朝早く登校するのは」「昼

休憩に独りでいるのは」「今月忘れ物が多かったのは」などと観察項目を決めて，一定期間観察を続けるのである。このような観察から，子ども同士のトラブルを回避したり，不登校を未然に防止したり，問題行動を初期に発見したりした事例は多い。

「アセスメント」とは，心理テストや不定型なアンケート調査のことで，たとえば，毎月初めに朝学活で小さなメモ用紙を配り，「先月学級でよかった出来事は」「近頃学級で気になることは」「友だちとの付き合いで困ったことは」などを書かせるのである。これは，定点観察の一手法でもあり，担任に思いもよらない気づきを与えてくれる。

心理テストでは，「楽しい学校生活を送るためのアンケート（略称Q-U）」がある。学級満足度尺度と学校生活意欲尺度の2つの心理テストからなり，子どもたちへの質問紙によって測定するものである。子ども理解とその対応方法，学級集団の状態や今後の学級経営の方向性をつかむことができる信頼できる心理テストである［河村 2006］。

「日常的なカウンセリング」とは，学級生活内外での児童生徒との対話を基本とする。軽い日常会話，たとえば，「今日は楽しそうだね」「最近，部活の調子がいいようだね」「顔色がよくないけど風邪でも引いたの」など相手のちょっとした表情，体調や行動の変化を見逃がさない共感的な呼びかけを，毎日，学級のすべての児童生徒と交わすことである。その対話を繰り返すことで，次の段階として，課題を見つけた子どもたちの学級生活，家庭生活での心理的状況を専門的に把握するカウンセリングを実施することが求められる。

学級経営や児童生徒理解を進めるうえで，今求められているのは子どもたちの「社会性（ソーシャルスキル）」の育成に関する問題である。特に小学校では，子どもたちの社会性を学校や学級で意図的に育成する必要が生じている。たとえば，「キレやすい子ども」は非社会性や攻撃性の問題をもち，このような子には情動コントロールのソーシャルスキルトレーニングが必要である。

児童生徒一人ひとりがどのようなソーシャルスキルを身につけ，また，身につけていないのかを，学級担任は的確に把握することが求められている。小林は，「6年間を見通す中で，社会性を育むプログラムの最低限必要なものがカ

リキュラム化され」ることが必要であり，それは，「ソーシャルスキルなどの社会性は，互いに実行に移すスキルが，子どもたちに共有できる文化となって初めて意味を持つからです。」と述べている。また，ソーシャルスキル教育の12の基本的スキルを学校教育で獲得させることが望まれると述べている［小林 2005：123-127］（図表5-8）。

図表5-8　ソーシャルスキル教育の12の基本

〈基本的なかかわりスキル〉
①あいさつ
②自己紹介
③上手な聞き方
④質問する

〈仲間関係発展・共感的スキル〉
⑤仲間の誘い方
⑥仲間の入り方
⑦温かい言葉かけ
⑧気持ちをわかって働きかける

〈主要行動スキル〉
⑨やさしい頼み方
⑩上手な断り方
⑪自分を大切にする

〈問題解決技法〉
⑫トラブルの解決策を考える

出所：［小林 2005］

2）学級における学習集団の形成

　学級集団は，子どもたちがさまざまな学級活動に取り組んで生活していく共同体としての側面と，知識や技能を獲得していく学習集団という機能体としての側面も併せもっている。

　わが国の公教育は，共同体としての学級づくりを通して，学級を学習集団として一体的に鍛え育ててきた歴史をもつ。近年の「学級崩壊」「授業崩壊」の状況を見ると，そのような状態に陥りがちな学級担任や教員には，児童生徒理解に基づく学級づくりと学習集団づくりのバランス感覚や技能が十分でなく，自らの経験則や専門教科の知識を過大評価し，同僚や保護者の意見に柔軟に対応できない指導姿勢が見受けられる。学級担任は，前述のアセスメントを活用した深い児童生徒理解に基づいて，学級を自律的な学習集団に育てることが使命である。

　近年，認知心理学や教育心理学などの研究が急速に発達しており，さまざまな知見が学会で発表され書籍となって蓄積されている。これらの研究成果に基づく教育実践が，多くの教員によって教育現場の教育研究会や教育研究団体などで行われ検証されることが望まれる。また，教育研究者には，その牽引者として検証可能な根拠を明確にした教育実践研究が教育現場に展開され，そのような教育実践研究が標準化されるよう尽力をお願いしたい。

最近，学習心理学も大きく進歩し，学習者のメタ認知が学習成果や自己効力感に大きく影響するといわれている。たとえば，心理テストとして，最近の研究成果に基づく「学習適性検査（AAI）改訂版」などがあり，児童生徒が個性に応じて能力を発揮し，学習効果を上げるためには，一人ひとりがどのような学習特性をもち，学習適応性をもっているのかを測定することが重要である［辰野 2006］。そのために，学級担任は，「学習適性検査（AAI）」などのアセスメントを活用することで，児童生徒の学力向上要因と最適な学習方法を把握することが大事である。

（2）学級における担任の役割

1）望まれる教師力と学級経営

　2005（平成17）年10月に出された中央教育審議会答申は，「教師力」を「教職に対する強い情熱」「教育の専門家としての確かな力量」「総合的な人間力」でとらえて，これらの総合的な力であるとしている。

　学級担任が「総合的な力」を発揮して学級を学習集団として育成するためには，いくつかのポイントがある。

　第1には，常に知的好奇心を刺激する教室を作ることである。人間社会の基本的な問題を始め，学術，芸術や文化に関する興味をもてるよう教室の雰囲気を作ることが学習意欲を高めることにつながるのである。

　第2には，人間的成長や学習への不断の努力が率直に評価される教室を作ることである。少数の力や才能ある者が過度にもてはやされる教室は多数の弱者を作る。それに対して，結果としての成績だけではなく過程の努力を認め，一人ひとりの将来に期待しその実現を応援する雰囲気を持つ教室は，子どもたちに自己効力感や自己有用感を育むことができる。

　第3には，指導と評価を一体化させ，自律的な学習態度を育てる教室を作ることである。学級担任による適切な指導と時宜を得た評価やフィードバックが児童生徒の自己統制力を強めたり，学級への所属感を高めたりするのである。その結果，学級に，より親和的，協力的な雰囲気が醸成されるようになる。

　第4には，常に成長目標を掲げる教室を作ることである。学級担任は，学級

経営計画が形式的になっていないか，定期的に状況を点検・評価して改善の方策を打たなければならない。PDCAマネジメントを実践することが最も重要である。

第5には，学級や学年など教育活動に関する広報や情報提供を充実させ保護者や地域の方々に開かれた学級を作ることである。保護者や外部の方々から信頼を失う学級や学校は，往々にして閉鎖的であり情報公開を拒み説明責任を果たそうとしない傾向が見られる。

2）質の高い学力を形成する授業力

学力向上は，学校教育の本質的課題であり，最重要課題である。しかし，「学力」の中身の認識が校内で一致しているのかといえば必ずしもそうなっていない学校もみられる。そのことが，校内での指導の不一致や不徹底，学力向上に向けての取り組みの食い違いを生じさせている。まず，わが校のめざす「学力」の中身を共通理解することが大前提である。

さて，わが国がめざしている「生きる力」の1つの要素である「確かな学力」は，学習者の意欲や関心も含めたものであり，児童生徒に能動的な学習を求め，問題解決能力や自己成長力を身につけさせようとするものである。そのために授業をどのように構成・展開するか，また，どのような授業力を身につける必要があるか考えたい。

図表5-9は，2009（平成21）年度全国学力・学習状況調査において実施された中学校生徒質問紙の結果を表したグラフである。普段の授業について，「自分の意見を発表する機会があたえられていると思うか」「生徒の間で話し合う活動をよく行っていると思うか」との設問にどう回答したのか，和歌山県（公立），全国，上位県（公立）を比較した。和歌山県は，B問題の平均正答率が全国平均より低く，特に中学校ではその傾向が顕著である。それに対して上位県では，生徒の肯定的回答は70〜80％を超えており，学習満足度が高いことがわかる。生徒の能動的な学習参加が行われなければ，質の高い学力，つまり「確かな学力」が形成されないことは予想に難くない。

また，県内を中心として多くの学校で授業をみて考えるのは，教員は，「学

106　第Ⅱ部　子どもを理解する

図表5-9　全国学力・学習状況調査：生徒質問紙調査結果

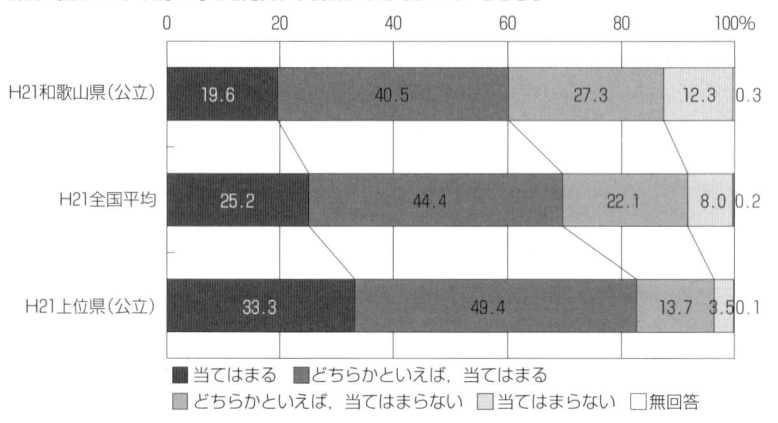

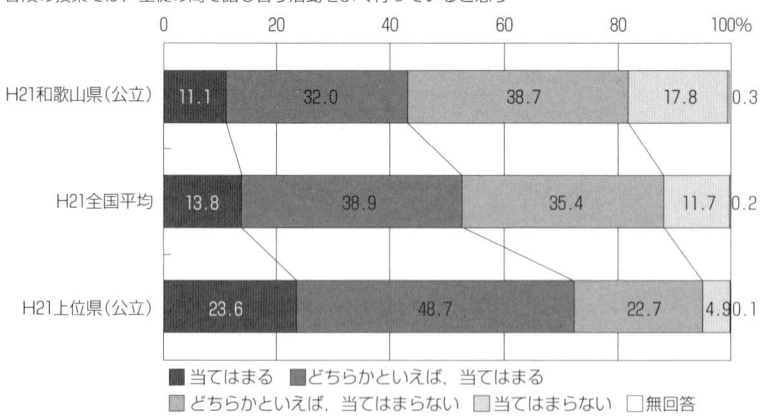

普段の授業では，自分の考えを発表する機会があたえられていると思う

	当てはまる	どちらかといえば，当てはまる	どちらかといえば，当てはまらない	当てはまらない	無回答
H21和歌山県(公立)	19.6	40.5	27.3	12.3	0.3
H21全国平均	25.2	44.4	22.1	8.0	0.2
H21上位県(公立)	33.3	49.4	13.7	3.5	0.1

普段の授業では，生徒の間で話し合う活動をよく行っていると思う

	当てはまる	どちらかといえば，当てはまる	どちらかといえば，当てはまらない	当てはまらない	無回答
H21和歌山県(公立)	11.1	32.0	38.7	17.8	0.3
H21全国平均	13.8	38.9	35.4	11.7	0.2
H21上位県(公立)	23.6	48.7	22.7	4.9	0.1

び方」を学ばせる，つまり学習方法のスキルをもっと意図的・計画的に児童生徒に指導する必要があるということである。たとえば，ジマーマンらは，「自己調整学習」についてその指導の重要性を次のように述べている。「生徒個人や小集団のチューターやコーチは，広い範囲で自己調整トレーニングをする。パフォーマンス・アート，スポーツ，チェス，作文の熟練スキルの発達についての研究は，生徒の学習と練習の方法が，個人の能力よりもずっと大切である

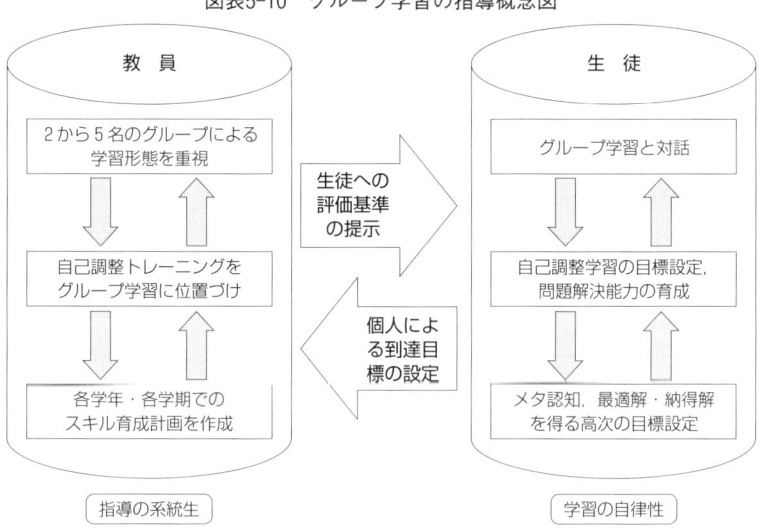

図表5-10　グループ学習の指導概念図

```
教　員                                   生　徒
┌─────────────────┐                    ┌─────────────────┐
│ 2から5名のグループによる │                    │ グループ学習と対話    │
│   学習形態を重視      │    生徒への           │                  │
│        ↕          │    評価基準           │        ↕         │
│ 自己調整トレーニングを  │    の提示           │ 自己調整学習の目標設定，│
│ グループ学習に位置づけ  │  ⇒                │ 問題解決能力の育成    │
│        ↕          │    個人によ           │        ↕         │
│ 各学年・各学期での    │  ⇐ る到達目         │ メタ認知，最適解・納得解 │
│ スキル育成計画を作成   │    標の設定         │ を得る高次の目標設定   │
└─────────────────┘                    └─────────────────┘
    指導の系統生                            学習の自律性
```

ことを示している」[ジマーマンほか 2008：7]。つまり，生徒が学習過程を自己モニタリングして評価し，より高い目標を設定して学習の進め方を変えていく，そのように学習過程をコントロールするスキルを形成することが重要になる。ジマーマンらは，次のような自己調整トレーニングの指導を提起している。

① 時間の予定を立て，時間を管理するスキルを育てる
② 文章理解と文章要約のスキルを育てる
③ ノートを取るスキルを育てる
④ テストの予想と準備スキルを育てる
⑤ 作文のスキルを育てる

　授業改善，特に中学校における授業改善が望まれている。学習心理学や学習理論の知見を応用して，生徒に「確かな学力」を形成するのに必要な学習スキルを身につけさせ自己効力感を高めさせることが求められている。

　児童生徒に質の高い学力をつけるために，授業にグループ学習を組み込む重要性について前述した。図表5-10は，グループ学習の指導概念図である。各教科・領域等，また，生徒の発達段階に応じて個々の項目を具体化してほしい。

図表5-11　グループ学習の指導留意点

学年	月日	教科等	単元名	時数	グループ形態	手法(ツール)	育成する能力	評価基準
		教科だけでなく総合的な学習における計画的・継続的な指導が重要になる	教材と指導法との関係性に注目し効果的なグループ活動を選ぶ		2名・3名・4名・5名以上の4形態を基準とする	ブレーンストーミング・KJ法・Show & Tell・ポスターセッション・ディベート・ポートフォリオ・マインドマッピングなど	どのような能力・スキルを育てるのか明確にする	育てる能力の評価基準を設定する

各教科，道徳，特別活動，総合的な学習の研究事業に，グループ活動を構成要素として取り上げる。授業参観する各教員は，その時間中一つのグループに張り付いて，評価基準に基づきその生徒らの育ちと課題を記録する。

第1学年など各グループ形態を導入する初期段階では，一度に学級全体でグループ活動・討論させるのではなく，まず，クラスの半分をさせてみて，その様子を残りの半分の生徒に見させ評価させフィードバックさせることが，グループ活動・討論能力育成にとって重要な指導方法である。

図表5-11は，グループ学習の指導留意点である。これは，研究授業をもとにした作成事例であるが，学校あるいは学年として，年間を通じて授業で何を大事にし，児童生徒にどのようなスキルを育成していくのかを考える際に資料として参考にし授業力向上に役立てていただきたい。

演習問題
1. 「学級づくり」において，学級担任が身につけておきたいスキルや今後活用が望まれる知見をまとめなさい。
2. あなたが主任をしている学年の他の教員に「学級崩壊」「授業崩壊」を起こす兆候が見られる。あなたは，この教員をどう支援し，学年再建にどう取り組めばよいか，考えを述べなさい。

5　学校教育におけるカウンセリング・マインド

（1）学校教育現場におけるカウンセリング・マインド
1）「カウンセリング・マインド」とは

　ストレス社会の昨今，「心のケア」や「癒し」などとともに，「カウンセリング」や「カウンセリング・マインド」という言葉も日常語になりつつある。たとえば，「こころのケアのためのカウンセリング大事典（培風館）」によれば，学校教員に期待される「カウンセリング・マインド」とは，「児童・生徒の気持ちを十分に理解し，児童・生徒の気持ちになって指導・援助・助言すること。子どもたちがどのような家庭に育ち，現在どのようなことで悩み，どのような気持ちをもって学校生活をしているかを十分理解して，一人ひとりの子どもに接する。単なる押し付けや指示・命令とは異なる」（筆者要約）とされている。児童・生徒にとって，教員の影響は良きにつけ悪しきにつけ大きく，子どもたちの一生が左右されることすらある。したがって，そのような「カウンセリング・マインド」を，多くの教員たちが身につけることは，子どもたちや保護者にとってたいそう心強いことであろう。

2）カウンセリングとは何か

　「カウンセリング」の定義は実はさまざまであるが，ちなみに，教員を対象とする「学校カウンセリング研修」において多く引き合いに出されるのは，「言語および非言語コミュニケーションを通じて，他者の行動変容を試みる人間関係であり，行動変容とは，不適応の改善や心理治療的側面である『なおる』と，自己の生活を見直して一層の人格的成長を目指す側面である『そだつ』の二通りの側面がある」［国分　1994］というものである。つまり，教員と子どもたちの何らかの人間関係を通じて，不適応が改善されたり，人格的に成長したりするといったプロセスがカウンセリングであり，「学校カウンセリング研修」では，そのためのカウンセラー的な基本態度として，C.ロジャーズ（1957）の「共感的理解」，「無条件の肯定」，「純粋性」が教えられることが多い。

「共感的理解」は，相手のおかれた立場に立って相手の内側から心情を理解しようとする姿勢である。「無条件の肯定」は，相手がたとえどのようであれ，そのままの相手を尊重し大切に思うといった受容的態度である。「純粋性」は，自分自身に正直かつ誠実で，心の中の思いと表に出す態度に表裏のない自己一致している態度である。この「クライエントの望ましい人格変化のための基本的態度条件」は，専門的カウンセラーの多くが重視するものであり，そこには，人間の自己成長力や自己治癒力へのあくなき信頼という根本姿勢がある。それは，「問題を解決するのは他ならぬクライエント自身でカウンセラーではなく，カウンセリングにおいてはクライエントの自主性と主体性が最大限に重視されるべきで，励まし，同情，慰め，叱責，注意などといったクライエントが主体性を損なうようなカウンセラーのかかわりは慎むべき」という考え方にもつながる［福島 1996］。

（2）教育・指導とカウンセリング
1）生徒指導と教育相談

ここで，子どもたちの自己成長力，自己治癒力を最大限に尊重し，指示的な姿勢は慎重に，受容共感的にかかわるカウンセリング的態度と，教育・指導とをいかに両立できるのかという問題が生ずる。学校教育現場では，カウンセリングに類する営みとして教育相談というものがあるが，理念的には生徒指導も教育相談も「問題の解決のみでなく，広く児童生徒の自己実現に向けて指導・援助していくことであり，すべての教師がいつでもどこでも行うもの」（生徒指導資料集）とされ，ひとりの教師が教育・指導的役割とカウンセリング・マインドの2つを両立すべきといった前提と期待がある。しかし，実際の学校教育現場では，生徒指導と教育相談は相反するアプローチとみなされていることが少なからずあり，すべての教員がカウンセリングを肯定的にとらえているとも限らない。時に，生徒指導を重視する立場の教員からは，「カウンセリング・マインド」は生徒を甘やかしてますますわがままにさせてしまうといった批判があがったり，相談室やカウンセリングに通うことが否定的にみなされたりすることもないとはいえない。

2）教育指導とカウンセリング

　まずもって，教員に求められているのは「教育（教え育てる，教え導く，教え諭す）」であり，しかも原則としてそれを集団場面で行うこと，つまり，子どもたちの足並みをそろえて，ある程度の共通レベルの知識や能力を身につけさせることである。そこでは，公共性や集団秩序の維持が大切であり，ある意味，個人的な欲求や欲望を抑えて理性的に振る舞うことを子どもたちに要求することになるため，先の「無条件の肯定」や「純粋性」といった態度を保つことはどうしてもむずかしくなる。

　仮に植物を育てることにたとえれば，教育はすべての種や苗にある一定レベル以上の同じ花を咲かせる営みであり，周囲と同じように花が咲かないのは適切な育てられ方をしていないからという発想になるだろう。一方，カウンセリングは，1つひとつの種は発育の早さも，つける花もそれぞれであり，自然に備わった力を最大限に生かしてその花らしく，まさに「世界に一つだけの花」として開花してゆくことを助ける，あるいは妨げないようにするという営みである。したがって，不適応や問題行動は，どこかで無理をして，咲かない種類の花や時期尚早な花を咲かせようとしている，あるいは，別のどこかに養分が使われているなどといった理解になる。

　つまり，本質として教育は現実適応的な方向性をもち，カウンセリングは自己実現的方向性をもつといえる。しかし，自己実現，言い換えれば「世界に一つだけの花」をめざすことは決して楽な道ではない。学歴社会，格差社会の現代において，個性を生きるということは，むしろ，学校や社会での生きにくさや不遇を覚悟するということでもある。専門的カウンセラーの営みとは，その厳しさも真摯に受けとめて，それでも，子どもたちが個性を生き抜いてゆくことを支えてゆかんとするものであり，究極的には，世の中の苦や悪や不平等から決して目をそらさず，そのなかで自分自身や他者の生き方について真摯に考えていこうとする覚悟があるものにしか為しえない営みであるともいえる。その意味では，教員とて子どもの人生にかかわる専門家であり，「教師は自らがいかに生きるのかというテーマに取り組まなければならず」，「自らの人格や存在を賭けた子どもたちとのかかわりが必要」といった基本的姿勢［皆藤 1998］

の重要性も指摘されているところである。

他方，教師とカウンセラーの両立はとても困難である［河合 1998］教師に「カウンセリング・マインド」を期待することは，教育という専門的な役割関係の厳しさを曖昧にし，同時にカウンセラーのような態度で接すればあらゆる人間関係が成長的なものになるという幻想や，カウンセリングを受容と共感と純粋ささえあれば誰にでもできる比較的安易な仕事とする誤解を招く」［氏原 2006］などといった批判もあげられている。

　　たしかに，なかなか見えない場合が多い子どもの自己成長力をしっかりと見据え，その心情を十分に汲んで受け止め，割り切って安易な指導や助言をしたりせず，解決を焦らずに待つということは，教師という役割とも相俟って困難であろう。カウンセリング・マインドを志向する教師が，子どもの気持ちを十分に汲む以前に，なんとか自分の能力や経験で相手を救おうと，熱意ある助言や指導をして問題がこじれてしまったり，辛抱して傾聴し共感に努めたところ，子どもが依存や行動化をますます強めてしまい，かえって批判的な気持ちが昂じ，関係が以前よりも悪化してしまうなどといったことはしばしば起こりうることである。極端な例ではあるが，同情心から親身に相談に乗ったことが，性的な関係にまで至ってしまうといったケースも皆無とはいえない。

（3）学校教育現場におけるカウンセリングをどう位置づけるか

学校教育現場においては，教える・指導する・しつけるといった教育的アプローチと，子どもたちの自己成長力や自己治癒力を見据え，受容的に関わるカウンセリング的アプローチの本質的な方向性の差異や，それぞれの長所，短所をある程度意識して，各教員が自分の中での，あるいは他の教員との間でのバランス感覚を大切にすることが必要であろう。

ここで，いずれも子どもの十全の発達や成長に寄与する援助であり，学校教育現場においてはそのどれもが考慮される必要がある教育・カウンセリング・福祉の位置づけということについて考えてみる（**図表5-12**）。まず，福祉的援助は，先の植物を育てることにたとえれば，植物が育つためになくてはならない土，水分，光など，つまり，家庭，衣食住，金銭などが最低限保障されるためのものであり，これがなければ教育もカウンセリングも機能しえないという意

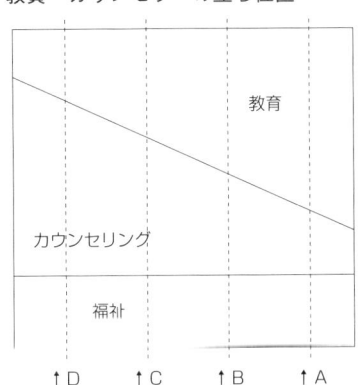

図表5-12　教育・カウンセリング・福祉的援助の位置づけと
　　　　　教員・カウンセラーの立ち位置

```
┌─────────────────────────────┐
│＼                           │
│  ＼            教育          │
│    ＼                       │
│      ＼                     │
│        ＼                   │
│          ＼                 │
│  カウンセリング  ＼           │
│                   ＼        │
├─────────────────────────────┤
│          福祉                │
└─────────────────────────────┘
    ↑D    ↑C    ↑B    ↑A
```

味で全体の土台部分にあたる。そのうえで，**図表5-12**では座標右方向に教える・指導する・しつけるという方向性を，左方向に子どもの自己成長力や主体性を尊重するという方向性を仮定し，教育領域とカウンセリング領域をそれぞれ位置づけた。それぞれの領域間にはもちろん共通する面もあり，各境界線は曖昧である。

　教員は，専門である教育的アプローチが援助手法の多くを占める座標右半分の↑Aや↑Bなどの立ち位置となる。↑Aや↑Bの違いは，教員それぞれに応じて，子どもたちへの「カウンセリング・マインド」のあり方や度合いが異なることを意味する。また，座標左半分の↑Cや↑Dはカウンセラーの立ち位置であるが，カウンセラーとて教育指導的アプローチをどの程度取り入れようとするかによってその立ち位置が異なる。

　ここで大切なのは，教員は教育・指導の領域に重心をおきながら，自分自身にとっていかなるバランスでカウンセリング的アプローチを加味するのが無理がないかを自覚し，そのうえで，それぞれの子どものニーズに応じて柔軟に立ち位置を変えたり，他の立ち位置にある教職員やスクールカウンセラーなどと協働して子どもの教育や援助にあたるという姿勢であろう。

(4) 教員一人ひとりに期待されるカウンセリング・マインド

　以上，カウンセリング的アプローチと教育指導的アプローチとの両立は，理念として期待されているほど簡単なことではないこと，したがって教員それぞれが自分の専門性を十分に踏まえながらも，バランス感覚をもって自らのカウンセリング・マインドに対するスタンスを自覚し，必要に応じて他の教職員と協働することの重要性について述べた。最後に筆者の学校臨床心理士としての体験をも踏まえて，改めて教員に期待される「カウンセリング・マインド」と，それを具現化するための要因について述べたい。

1) 子どもたちの不適応や問題行動の背景にある事情を汲むこと

　子どもたちの問題行動や不適応には，たとえそれがどんなものであったとしても必ず何らかの事情やそこに至ったいきさつがある。単なるわがままや好き勝手，怠け癖などでそうなっているケースはほとんどない。ただし，それらの背景や事情は子どもたち一人ひとりによってさまざまであり，それらが十分に明らかになることも多くはない。だから，「我慢できない」，「自分勝手」，「心が弱い」，「甘え過ぎ」などといった評価やそれに即した指導がなされがちになる。

　学校不適応の背景にあるものとして多いのは，家族や親の問題であろう。虐待やネグレクトなどはいうに及ばず，両親の長びく不和や深刻な葛藤，親不在や単親家庭による淋しさ，経済的な困苦や劣悪な住居環境，心身を問わず慢性的な病を負った者がいる家族，親や近親者の性格的偏りなど，そんな状況におかれる子どもたちにとっては，家庭が心身の健やかな発育の場として機能せず，逆に，過度な我慢や年齢不相応の気遣いを強いられたり，不安や苦悩やストレスの場であったりする。そんな家庭はどこの学校にもありふれている。

【明子（仮名）の語りから】
　父が仕事から帰宅すると，ごく些細なことで両親の口論が始まり，それがしまいには罵詈雑言の辛辣な言い争いになった。執拗に食ってかかる母に，父が手を出すこともときにあった。私は毎晩，その声に目を覚まし，布団にくるまりながら，事のなりゆきを気にかけ，なんとか早くおさまってくれないかと胸を痛めていた。そんな翌日，母が行

方を知らせずに家を空けてしまうことがあり、そんなときは兄と一緒に、暗くなるまで母の行方を探して歩き回った。小学校からの帰り道、通りすがりの家の窓越しに夕食の団欒を目にすると、孤独で憂鬱な気分になった。

　中学に入って友達づきあいが苦しくなった。自分は暗かったのだと思う。学校は苦痛だった。テニス部の友達から「うざい」とか「くさい」とかいわれ、しばらく我慢したが部活をやめてしまった。両親に自分のことで心配をかけたくなかったので、冬休みは部活に行くふりをして家を出て、公園で一日をつぶし、母が作ってくれた弁当を食べて家に帰った。薄手のジャージ一枚だったので、いつも体が芯から冷え切った。

　その頃は、父母はもうほとんど口をきかなくなっていた。「明日は出張で家に帰らないらしいよ」とか、「おかずは冷凍してあるからレンジで温めて」とか、それぞれの用事や予定をそれぞれに伝えるのも、私の役割だった。お互いの顔色を伺い、できるだけ気分を損ねないようにと気を遣っていたけれど、どちらかの言いつけに従うともう一方が不機嫌になったり、それとは逆のことを言いつけられたりして、どうしていいかわからなくなってしまった。

　中2のとき、父母は離婚した。とうとうきたかという感じだった。母は私と兄の二人を引き取って実家に戻るつもりでいた。私も兄と一緒に母についていきたいという気持ちが正直強かった。けれどもふと、このまま父を一人残したら、料理も掃除もできないしかわいそうという気持ちになり、父と暮らすことに決めた。そのときの母の寂しそうな、怒ったような表情は今でも忘れられない。その頃から、私は毎晩、朝方まで寝付けず、学校を休みがちとなり、たまに登校しても、授業中はボーっとして眠ってしまうことがあった。先生から黒板の前に出されて、聞き逃した問題に答えるよう迫られ、立ち往生すると叱られた。周囲の生徒もそれを見てほくそ笑んでいた。それ以来、周囲の視線が怖くなり不登校となった。

　中3で担任になった先生は、ことあるごとに家を訪ねてくれた。最初は先生に来られるのも嫌だったが、押し付けがましくならないようにという細やかな気遣いに、私のことを心から心配してくれている雰囲気を感じて、次第に、先生の訪問を心待ちにするようになった。先生は時間があるときは、手軽でおいしい料理の作り方を教えてくれたり、ピアノで私の好きな曲を弾いてくれたりした。私は、大学を出て先生みたいな先生になって、私のように家庭的に恵まれない子どもたちの力になりたいと思うようになり、二学期からがんばって学校に行くようにした。友達の視線は相変わらず怖かったが、先生は私が不在だった間もいつも私をクラスの一員として扱い、ことあるごとに私のことを話してくれていた。そのおかげで、皆、暖かく私のことを迎えてくれた。

　そのほか、不幸にも本人や家族に何らかの事故や障害が降りかかった場合なども、家族それぞれが心の重荷を負い、子どもが子どもらしく生きにくくなってしまう。

小6のあきらは，2年前，妹と一緒に遊びに出かけたが，妹が目の前で道路に飛び出して車にはねられ亡くなってしまった。取り返しのつかないできごとに，親はどうしても兄のあきらを恨みがちな目で見つめ，あきらはいつも暗い表情で登校し，誰にも心を開かず，休み時間も一人でいることが多かった。小6で担任になった先生が，あきらの様子をいつも気遣い，さりげなくも暖かい声かけをこころがけたところ，しばらくして，あきらは事故以来の自分の心情を担任に話すようになった。担任が「ずっと今まで自分を責めてきたのね。辛かったでしょう。」とそっと伝えると，あきらは号泣し，その日以来，徐々に友達とも交わるようになっていった。

　その他，たとえば軽度発達障害などのように，子ども本人の発達や発育，性格形成上に何らかの事情がある場合なども，教員の十分な配慮や支援が必要なケースであろう。

　いじめはもちろんのこと，友達関係における傷つきにも敏感でありたい。いじめには，強い恥の感情や状況悪化への恐れ，親への気遣いなどといった複雑で入り組んだ思いがあるため，その申告は簡単なことではない。また，子どもたちの間では，仲間内のいざこざや陰口などは日常茶飯事だが，特に家庭的な安心感に欠ける子どもたちは，不安が強く対人関係に過敏であるため，ちょっとしたことで心を閉ざしたり，心がくじけたりしがちで，年度替りのクラスの雰囲気になじめず，そのまま不登校になってしまうこともある。

　いずれにしても，そのような事情に耐える子どもたちは，心が疲弊していたり，無気力になったりする場合もあれば，逆に，すぐにいらいらしたり，落ち着きがなかったり，支配的に振る舞ったり，反抗的だったりすることもある。そのうえに，教師からの否定的な評価ばかりを受けると，ますます追い込まれて事態がさらに悪化してしまう。したがって，教員には，それら子どもたち一人ひとりの事情を汲み，配慮しようという姿勢が何よりも求められている。そのような「カウンセリング・マインド」をもった教員との出会いによって，子どもたちの毎日の学校生活が支えられることはもちろん，それが一生の糧となることすら少なくない。

2）柔軟な価値観をもつこと
　集団教育においては，ある一定の「正しい」とされる道筋に子どもたちを方

向づけることが期待されている。したがって，教員は，毎日元気に登校し，皆と仲良く協力して勉学や行事等に励むといったことを疑いもなく善とみなしがちである。しかし，私たちはいつも周囲のペースに合わせられるものではないし，私たちにはいくら努力してもできないことが山ほどある。実際，大人にはいい加減にごまかしながら生きている側面も多く，それが心の健康の証でもある。その意味では，問題行動や不適応は，子どもたちなりに，募るストレスや閉塞感を打開しようとしたり，自分を取り巻く苦境を乗り切ろうとする命の営みのあらわれであるともいえ，「学校に来ない能力」，「無理にがんばらない能力」，「ひとりになって自分を守ろうとする能力」，「エネルギーを発散する能力」などとみなすこともできる。常識とされる価値観をいったん見直してみることを通じて，子どもたちへの柔らかな心や暖かなまなざしが可能となる。

3）人間の弱さや不完全さを認め，受け入れられること

学習や訓練，努力により進歩や成長をめざすことが教育の本質であるから，教員は自他の弱さや不完全さをありのままに受け入れるという姿勢にはどうしてもなりにくい。自分を高めようという姿は尊いが，どんなにがんばっても変えられない自分や，努力が続けられない不甲斐ない自分などを私たちは大切にして生きてゆかなければならない。その意味で，教員みずからがまず，決して完璧ではない自分自身やさまざまな限界を肯定的に受け入れる姿勢をもちたい。それなしには，同じく欠点や不十分さをもつ他者を受容することはむずかしい。逆に，自分の弱さや不十分さを受け入れることによって，周囲を信頼し，協働関係を築きやすくなり，困難をひとりで抱えすぎるといったことからも自由になれたりする。

自分自身や家族の心のケアに十分配慮することは何にもまして大切な「カウンセリング・マインド」である。これも，等身大の自分や家族を受け入れることが出発点である。

演習問題
1　不適応や問題行動の見られる児童・生徒にはどのように対応すべきかを述べなさい。
2　あなたにとってのカウンセリング・マインドとはどのようなものかを述べなさい。

【推薦図書】

石隈利紀［1999］『学校心理学——教師・スクールカウンセラー・保護者のチームによる心理教育的援助サービス』誠信書房

氏原寛［2006］『カウンセリング・マインド再考——スーパー・ビジョンの体験から』金剛出版

皆藤章［1998］『生きる心理療法と教育——臨床教育学の視座から』誠信書房

桑原知子［1999］『教室で生かすカウンセリング・マインド』日本評論社

国立教育政策研究所［2004］『生徒指導資料第2集　不登校への対応と学校の取組について』ぎょうせい

国立教育政策研究所編［2007］『キャリア教育への招待』東洋館出版社

小林正幸・小野昌彦［2005］『教師のための不登校サポートマニュアル』明治図書

下村英雄［2009］『キャリア教育の心理学』東海教育研究所

生涯学習社会教育行政研究会編［2009］『生涯学習・社会教育行政必携　平成22年度版』第一法規

田中博之［2009］『子どもの総合学力を育てる』ミネルヴァ書房

野口芳宏［2008］『野口流　授業の作法』学陽書房

文部科学省［2007］『小学校・中学校・高等学校キャリア教育推進の手引——児童生徒一人一人の勤労観，職業観を育てるために』

文部科学省編［2009］『平成20年度　文部科学白書』

第Ⅲ部

教育政策を知る

第6章
法令改正と政策の動向

　2006（平成18）年に教育基本法が改正され，翌2007（平成19）年には，学校教育法，地方教育行政の組織及び運営に関する法律，教育職員免許法の改正が行われた。これらの改正を受け，2008（平成20）年には教育振興基本計画が閣議決定された。これらの法律改正は，教育の理念とともに今後の学校教育の基本的な方向性をさし示すことになった。2008～09年に改訂された学習指導要領もこれらの法改正を受けて行われたものである。以下では，教育基本法の改正以降の法令改正の概要について，特に初等中等教育に焦点をあてて整理してみたい。

1　教育基本法の改正

（1）改正の経緯
　教育基本法の見直しの必要性と教育振興基本計画の作成について提言したのは，2000（平成12）年3月に内閣総理大臣のもとに設けられた教育改革国民会議の報告（「教育改革国民会議報告―教育を変える17の提案―」2000年12月）である。この提言を受けて2001（平成13）年11月，文部科学大臣から中央教育審議会に，新しい時代における教育基本法と教育振興基本計画のあり方について諮問が行われ，2003（平成15）年3月に「新しい時代にふさわしい教育基本法と教育振興基本計画の在り方について」という答申がまとめられた。ここでは，教育の目標として，公共の精神，道徳心，伝統・文化の尊重，郷土や国を愛する心と国際社会の一員としての意識の涵養等を新たに盛り込むことを提言している。また，これまでの教育基本法には定められていない，生涯学習の理念，大学や私立学校に関する内容，学校・家庭・地域社会の連携・協力等について，新たに規定するよう提言した。その後，国会における審議を経て，2006（平成18）

年12月に改正教育基本法が成立し，公布・施行された。

（2）改正の主な内容

前文には，「公共の精神」「豊かな人間性と創造性」「伝統の継承」等の内容が追加されている。第1章は教育の目的と理念を規定しており，第1条の教育の目的を受け，第2条では教育の目標を5項目として規定している。第1項では，知識と教養，情操と道徳心，健やかな身体といった知育・徳育・体育を定め，第2項では，個人の能力の伸長や自律の精神，職業と生活との関連等を規定している。その他3～5項では，男女の平等，公共の精神，生命尊重と環境保全，伝統と文化の尊重，わが国と郷土への愛等を規定した。さらに，生涯学習の理念や障害のある者への教育支援について新設したことも特筆される。

第2章は，教育の実施に関する基本を定めており，義務教育の目的，国と地方公共団体の役割，大学の意義，私立学校の役割と私立学校教育の振興，家庭教育の役割，幼児期の教育，学校，家庭及び地域住民の協力に関する規定が新設された。また，教員については，研究と修養の義務，教員養成と研修の充実が明記され，宗教教育については，宗教に関する一般的教養に関する規定が設けられた。

第3章は，教育行政について規定している。国と地方公共団体との適切な役割分担や相互協力，教育水準の維持向上や地域における教育振興のための施策の策定を規定している。さらに，国の教育振興基本計画や地方公共団体における教育の振興計画を定めることを規定している。

【教育の目標】
第2条　教育は，その目的を実現するため，学問の自由を尊重しつつ，次に掲げる目標を達成するよう行われるものとする。
一　幅広い知識と教養を身に付け，真理を求める態度を養い，豊かな情操と道徳心を培うとともに，健やかな身体を養うこと。
二　個人の価値を尊重して，その能力を伸ばし，創造性を培い，自主及び自律の精神を養うとともに，職業及び生活との関連を重視し，勤労を重んずる態度を養うこと。
三　正義と責任，男女の平等，自他の敬愛と協力を重んずるとともに，公共の精神に基づき，主体的に社会の形成に参画し，その発展に寄与する態度を養うこと。

四 生命を尊び、自然を大切にし、環境の保全に寄与する態度を養うこと。
五 伝統と文化を尊重し、それらをはぐくんできた我が国と郷土を愛するとともに、他国を尊重し、国際社会の平和と発展に寄与する態度を養うこと。

【義務教育】
第5条 国民は、その保護する子に、別に法律で定めるところにより、普通教育を受けさせる義務を負う。
2 義務教育として行われる普通教育は、各個人の有する能力を伸ばしつつ社会において自立的に生きる基礎を培い、また、国家及び社会の形成者として必要とされる基本的な資質を養うことを目的として行われるものとする。
3 国及び地方公共団体は、義務教育の機会を保障し、その水準を確保するため、適切な役割分担及び相互の協力の下、その実施に責任を負う。
4 国又は地方公共団体の設置する学校における義務教育については、授業料を徴収しない。

2 教育三法の改正

(1) 改正の経緯

　2006（平成18）年、内閣におかれた教育再生会議は、2007（平成19）年1月に第一次報告をまとめたが、この報告（「社会総がかりで教育再生を」）において、初等中等教育に関する7つの提言、4つの緊急対応が提言された。この緊急対応のなかで、教員免許更新制を内容とする教育職員免許法の改正、教育委員会制度の改革を内容とする地方教育行政の組織および運営に関する法律の改正、学校の責任体制の改善をめざす学校教育法の改正が提言された。
　一方、中央教育審議会では、教育基本法の改正を受けた対応のあり方が審議され、2007（平成19）年3月に「教育基本法の改正を受けて緊急に必要とされる教育制度の改正について」（答申）がまとめられた。これを受けて、同年6月に学校教育法、地方教育行政の組織及び運営に関する法律、教育職員免許法の改正が行われた。

(2) 学校教育法の改正

　学校教育法の改正内容のポイントは、教育基本法の改正を受け、義務教育の

目標を定めるともに、幼稚園から大学までの目的・目標を定めたことである。また、学校運営に関わる職として副校長等を設置したこと、すでに実施されている学校評価や学校に関する情報提供の規定をおいたことである。

1）学校種ごとの目的・目標の見直し

　教育基本法は教育の目的と目標を定めると同時に、義務教育の目的を規定している。これを受けて学校教育法では、第21条で義務教育の目標を10項目として規定した。改正前は、小学校の目標、中学校の目標として定めていたものを、改正により義務教育の目標としてまとめて示している。さらに改正前は、幼稚園の目的が最後に規定されていたが、改正により幼稚園を先にして規定された。

　義務教育の目標については、改正教育基本法を踏まえて、新たに規範意識や公共の精神、生命および自然を尊重する精神、環境保全、伝統と文化の尊重、わが国と郷土を愛する態度等が規定された。

　第30条2項では、学校教育で配慮する事項として、基礎的な知識・技能の習得、思考力・判断力・表現力等の育成、主体的な学習態度の育成が規定され、2008（平成20）年改訂の小・中学校学習指導要領、2009（平成21）年改訂の高等学校学習指導要領の総則等に具体化された。

【義務教育の目標】
第21条　義務教育として行われる普通教育は、教育基本法（平成18年法律第120号）第5条第2項に規定する目的を実現するため、次に掲げる目標を達成するよう行われるものとする。
1　学校内外における社会的活動を促進し、自主、自律及び協同の精神、規範意識、公正な判断力並びに公共の精神に基づき主体的に社会の形成に参画し、その発展に寄与する態度を養うこと。
2　学校内外における自然体験活動を促進し、生命及び自然を尊重する精神並びに環境の保全に寄与する態度を養うこと。
3　我が国と郷土の現状と歴史について、正しい理解に導き、伝統と文化を尊重し、それらをはぐくんできた我が国と郷土を愛する態度を養うとともに、進んで外国の文化の理解を通じて、他国を尊重し、国際社会の平和と発展に寄与する態度を養うこと。
4　家族と家庭の役割、生活に必要な衣、食、住、情報、産業その他の事項について基礎的な理解と技能を養うこと。

5 読書に親しませ，生活に必要な国語を正しく理解し，使用する基礎的な能力を養うこと。
6 生活に必要な数量的な関係を正しく理解し，処理する基礎的な能力を養うこと。
7 生活にかかわる自然現象について，観察及び実験を通じて，科学的に理解し，処理する基礎的な能力を養うこと。
8 健康，安全で幸福な生活のために必要な習慣を養うとともに，運動を通じて体力を養い，心身の調和的発達を図ること。
9 生活を明るく豊かにする音楽，美術，文芸その他の芸術について基礎的な理解と技能を養うこと。
10 職業についての基礎的な知識と技能，勤労を重んずる態度及び個性に応じて将来の進路を選択する能力を養うこと。

第30条 小学校における教育は，前条に規定する目的を実現するために必要な程度において第21条各号に掲げる目標を達成するよう行われるものとする。
2 前項の場合においては，生涯にわたり学習する基盤が培われるよう，基礎的な知識及び技能を習得させるとともに，これらを活用して課題を解決するために必要な思考力，判断力，表現力その他の能力をはぐくみ，主体的に学習に取り組む態度を養うことに，特に意を用いなければならない。

2）副校長，主幹教諭，指導教諭の職の設置

　学校における組織運営体制，指導体制を充実するため，副校長，主幹教諭，指導教諭の職が設置された。副校長は，「校長を助け，命を受けて校務をつかさどる」と規定されている。ちなみに，教頭については，「教頭は，校長（副校長を置く小学校にあつては，校長及び副校長）を助け，校務を整理し，及び必要に応じ児童の教育をつかさどる」とされている。副校長の「校務をつかさどる」に対して教頭は「校務を整理」，児童生徒の教育も担当することとされている。

　主幹教諭については，「校長，副校長及び教頭を助け，命を受けて校務の一部を整理し，児童生徒の教育をつかさどる」とされている。「校務の一部」については，一般的には教務担当，生徒指導担当，進路指導担当等として実施されている。

　一方，主任については，法律ではなく文部科学省が定める学校教育法施行規則で，教務主任，生徒指導主事，進路指導主事をおくことが定められている。

　これらの主任，指導主事は，「校長の監督を受け，担当する事項をつかさどり，当該事項について連絡調整及び指導，助言に当たる」とされている。これらの

主任，主事に関して，担当の主幹教諭をおくときには，当該の主任，主事をおかなくてもよいこととされている。

　指導教諭は，「児童の教育をつかさどり，並びに教諭その他の職員に対して，教育指導の改善及び充実のために必要な指導及び助言を行う」とされている。

3）学校評価と教育活動，学校運営の状況に関する情報の提供

　学校評価については，自己評価，学校関係者評価が既に多くの地域で実施されているが，改正学校教育法では，第42条で「小学校は，文部科学大臣の定めるところにより当該小学校の教育活動その他の学校運営の状況について評価を行い，その結果に基づき学校運営の改善を図るため必要な措置を講ずることにより，その教育水準の向上に努めなければならない」と定められた。

　ここで「文部科学大臣の定めるところ」とは，この学校教育法改正を受けて改正された学校教育法施行規則（第66～68条）のことをさしている。学校教育法施行規則では，①自己評価の実施と公表，②保護者など学校関係者による評価の実施と公表，③自己評価結果および学校関係者評価結果の設置者への報告の3点を規定した。

　なお，2006（平成18）年3月に，文部科学省は学校評価の目的，方法，評価項目，評価指標，結果の公表方法等を示した「義務教育諸学校における学校評価ガイドライン」を策定していたが，2007（平成19）年の学校教育法および学校教育法施行規則の改正によって，2008（平成20）年1月にこのガイドラインの改正が行われた。

　一方，学校と保護者，地域住民との連携についても，すでにさまざまな取り組みが行われているが，この点についても情報提供の規定が設けられた。改正学校教育法第43条では，「小学校は，当該小学校に関する保護者及び地域住民その他の関係者の理解を深めるとともに，これらの者との連携及び協力の推進に資するため，当該小学校の教育活動その他の学校運営の状況に関する情報を積極的に提供するものとする」としている。

(3) 地方教育行政の組織及び運営に関する法律の改正

法改正の主な内容は、教育委員会の責任体制をいっそう明確にし、体制を充実すること、教育における地方分権の推進と国の責任の果たし方等について規定を見直したことである。

1) 地方教育行政の理念の明記

改正された教育基本法の趣旨に則って、地方教育行政の理念が明記された。教育の機会均等、教育水準の維持向上および地域の実情に応じた教育の振興が図られるよう、国との適切な役割分担・相互協力のもと、公正かつ適正に行政を行うことを規定している。

【基本理念】
第1条の2　地方公共団体における教育行政は、教育基本法（平成18年法律第120号）の趣旨にのっとり、教育の機会均等、教育水準の維持向上及び地域の実情に応じた教育の振興が図られるよう、国との適切な役割分担及び相互の協力の下、公正かつ適正に行われなければならない。

2) 教育委員会が自ら管理・執行すべき事務の明確化

教育委員会は、その権限に属する事務の一部を教育長に委任することができるが、今回の改正によって、委任できない事務を規定することにより、教育委員会自らの事務を明確にした。教育長に委任できず、教育委員会自らが執り行う事務は次のとおりである。

① 教育に関する事務の管理及び執行の基本的な方針に関すること。
② 教育委員会規則その他教育委員会の定める規程の制定または改廃に関すること。
③ 教育委員会の所管に属する学校その他の教育機関の設置および廃止に関すること。
④ 教育委員会および教育委員会の所管に属する学校その他の教育機関の職員の任免その他の人事に関すること。
④ 教育委員会の活動の点検および評価に関すること。

⑤　予算に関する意見の申出に関すること。

3）教育委員会の事務の管理・執行の状況の自己点検・評価
　効果的な教育行政の推進に資するよう，教育委員会の権限に属する事務の管理および執行の状況について，毎年点検および評価を行い，その結果を報告書にまとめ，議会に提出し，公表することを規定した。

4）教育委員の構成や国の責任
　教育委員の人数は原則的に5人と定めているが，条例に定めることによって，都道府県・市では6人以上，町村の場合は3人以上にすることができるとしている。さらに，保護者の意向が反映できるよう保護者を教育委員に選任することを規定している。
　一方，教育委員会の法令違反や怠りによって緊急に児童生徒の生命・身体を保護する必要が生じた場合，さらに教育を受ける権利が侵害されている場合，文部科学大臣は是正や改善の指示，ならびに是正の要求ができることとされた。

（4）教育職員免許法の改正
　教員の資質能力の向上を目的に，教員免許更新制度の導入に関する事項が新たに規定された。
　まず，これまで明確でなかった教員免許状に10年間の有効期間を定め，この期間満了の際に，申請によって免許状を更新することとした。更新の条件は，大学等が文部科学大臣の認定を受けて行う免許状更新講習（30時間以上）を修了した者や一定の条件に基づいて免許管理者（都道府県教育委員会）が認めた者である。この制度は2009（平成21）年度から本格実施されているが，2009（平成21）年9月に成立した新しい政権のもと，「教員免許制度の抜本的な見直し」の着手が表明された（2009（平成21）年10月）。

3　国の審議会の動向

　国の審議会の動きは教育の分野に応じて多岐にわたるので，以下では特に初等中等教育に関わりが深く，しかも2008（平成20）年以降に答申が出されたものについて簡単に整理する。
(a)　中央教育審議会答申「幼稚園，小学校，中学校，高等学校及び特別支援学校の学習指導要領等の改善について」（2008（平成20）年1月17日）
　2005（平成17）年2月に文部科学大臣の要請を受けて審議されてきた学習指導要領の改訂に関する答申である。「知識基盤社会」の時代の認識のもと，次のような改訂の基本的な考え方が示された。
① 改正教育基本法等を踏まえた学習指導要領の改訂
② 「生きる力」の理念の共有
③ 基礎的・基本的な知識・技能の習得
④ 思考力，判断力，表現力等の育成
⑤ 確かな学力を確立するために必要な授業時数の確保
⑥ 学習意欲の向上や学習習慣の確立
⑦ 豊かな心や健やかな体の育成のための指導の充実
　この答申を受けて，2009（平成21）年3月に学校教育法施行規則の改正，幼稚園教育要領，小学校学習指導要領，中学校学習指導要領が公示された。高等学校，特別支援学校については，2009（平成21）年3月に公示された。
(b)　中央教育審議会答申「教育振興基本計画について―「教育立国」の実現に向けて―」（2008年4月18日）
　2006（平成18）年に改正された教育基本法では，第17条で，教育の振興に関する施策の総合的かつ計画的な推進を図るため，政府が基本的な計画（教育振興基本計画）を定めることを規定した。これを受けて，教育を取り巻く諸課題や教育振興に関する諸施策を総合的にとらえ直す作業を行い，政府としての政策や施策の基本的な方向性を審議し，とりまとめられたのがこの答申である。今後10年間を通じてめざすべき教育の姿や，今後5年間に取り組むべき施策な

どが盛り込まれている。この答申を受けて，2008（平成20）年7月1日に教育振興基本計画が閣議決定された。

(c) その他審議中のもの（2010年2月現在）

2008（平成20年）12月24日に，文部科学大臣より中央教育審議会に対して「今後の学校におけるキャリア教育・職業教育の在り方について」という諮問が行われた。主な諮問事項は次のとおりである。

① 社会・職業への円滑な移行のために学生・生徒に求められる基礎的・汎用的な能力の明確化，および体系的なキャリア教育の充実方策
② 特に，後期中等教育から高等教育にわたる，職業に関する専門的，実践的な知識・技能等を身につけさせるための職業教育のあり方

演習問題
1 学校教育法第30条2項で示された内容で，2008（平成20）年に改訂された小・中学校学習指導要領の総則に記された学力の考え方について説明しなさい。
2 学校評価のあり方については，自己評価，学校関係者評価の実施とその結果の公表，設置者への報告等が定められているが，これらの学校評価を学校の改善につなげるための配慮事項について説明しなさい。

【推薦図書】

江川玟成・高橋勝・葉養正明・望月重信［2009］『最新教育キーワード〔第13版〕』時事通信社出版局

清水俊彦［2010］『学校教育法ハンドブック―学校教育法，施行令・施行規則の解釈と運用』教育開発研究所

田中壮一郎［2007］『逐条解説 改正教育基本法』第一法規

第7章
学習指導要領改訂等の動向

1　総則の趣旨の理解

(1) 学習指導要領改訂の経緯と考え方

　文部科学大臣は，2008（平成20）年3月28日，幼稚園教育要領，小学校学習指導要領および中学校学習指導要領を，2009（平成21）年3月9日，高等学校学習指導要領および特別支援学校教育要領・学習指導要領の改訂を告示した。
　1998年12月から1999年3月にかけて告示された学習指導要領の改訂であり，2006（平成18）年12月の教育基本法（以下，教基法）の改正，これに伴う学校教育法（以下，学校法）の一部改正など，一連の法改正と関連している。
　今回の学習指導要領改訂の経緯をみると，2005（平成17）年2月に，中央教育審議会（以下，中教審）が文部科学大臣から学習指導要領全体の見直しについての要請を受けて審議を行い，2008年1月に「幼稚園，小学校，中学校，高等学校及び特別支援学校の学習指導要領等の改善について（答申）」を示した。
　この中教審答申が出される過程で，いくつかの懸案事項についての審議がなされた。子どもの学力，学校完全週5日制のもとでの土曜日の活用の問題，発達段階に応じた学校段階間の円滑な接続の方策，教育課程編成・実施に関する各学校の責任の問題と現場主義とのかねあいについてである。
　中教審の審議の結果をみると，一連の法改正で規定された内容，すなわち，知・徳・体のバランス，基礎的・基本的な知識・技能，思考力・判断力・表現力等および学習意欲のバランスがとれた教育が求められたのであり，学校教育においては，これらが調和された形で児童・生徒の育成を図ることが重要であると考えられたのである。中教審が示した新しい教育観は，OECDが提唱する国際標準学力（キー・コンピテンシー）にある。この学力については，PISA

テストなどにより知られるところとなったが，わが国では1996年の中教審がキーワードとした「生きる力」が示した学力観に結びつくものである。

　今回の学習指導要領の改訂は，前回の改訂で示された「生きる力」を育むこと，確かな学力・豊かな心・健やかな体の調和を重視することにおいて変わるものではないが，この間の教育の進め方において，いくつかの課題が存在するため，今回の学習指導要領の改訂で，その理念をもう一度確認することになったといえよう。

　新しい学習指導要領の改善の方向として明確にされたことは，①「生きる力」という理念の共有，②基礎的・基本的な知識・技能の習得，③思考力・判断力・表現力等の育成，④確かな学力を確立するために必要な授業時数の確保，⑤学習意欲の向上や学習習慣の確立，⑥豊かな心や健やかな体の育成のための指導の充実をめざして，各学校段階における教育課程を編むことであった。

　中教審答申が求めた教育内容では，①言語活動の充実，②理数教育の充実，③伝統文化に関する教育の充実，④道徳教育の充実，⑤体験活動の充実，⑥小学校段階における外国語活動，⑦社会の変化への対応などの観点から，教科等を横断して改善すべき事項（情報教育，環境教育，ものづくり，食育，安全教育，心身の成長発達についての正しい理解）を重視することがあがっている。

（2）各学習指導要領と総則の要点

1）幼稚園教育要領

(a)　改訂の基本方針

　2008年3月には，ほぼ10年ぶりに幼稚園教育要領が改訂された。幼稚園教育の考え方が大きく改められた1989年の改訂に比べ，今回の改訂による内容の変化は少ないといえるが，学校教育段階の最初に幼稚園教育が位置づけられ，小学校との接続が重視されている点が注目される。

　幼稚園教育要領改訂の基本方針をみると，教基法第11条で「幼児期」の教育が取り上げられたことから，学校法で幼稚園の目的・目標を見直し，小学校との接続の観点を打ち出し，近年の子どもの成長や社会の変化について配慮すべきことを示している。具体的には，幼稚園と小学校の円滑な接続を図るため，

規範意識や思考力の芽生えなどに関する指導を充実し、幼と小の連携を推進し、幼稚園と家庭の連続性を確保するため、幼児の家庭での生活経験に配慮した指導や保護者の幼児期の教育の理解を深めるための活動を充実させることを求めた。預かり保育（幼稚園における教育課程修了後などに引き続き園児を預かること）に関わる具体的な留意事項を示すとともに、子育て支援の具体的な活動も例示している。

(b)「総則」の改善の要点

第1章「総則」では、幼稚園教育に求めることとして、学校法第22条に規定する幼稚園教育の目的を達成するため、幼児期の特性を踏まえ、環境を通しての教育が重要であるところから、生涯にわたる人格形成の基礎を培うことを明確な目標にした。このため、教職員と幼児の間に信頼関係を十分に築き、幼児とともに、よりよい教育環境を創造することに努めることが望ましいとし、以下に示す3点を重視して教育を行うこととした。

第1点として、幼児は安定した情緒のもとで自己を十分に発揮することにより、発達に必要な体験を得ていくものであることを考慮して、幼児の主体的な活動を促し、幼児期にふさわしい生活が展開されるようにすることをあげた。

第2点として、幼児の自発的な活動としての遊びは、心身の調和のとれた発達の基礎を培う重要な学習であることを考慮して、遊びを通しての指導を中心に、幼稚園教育のねらいが総合的に達成されるようにすることを求めた。

第3点として、幼児の発達は、心身の諸側面が相互に関連し合い、多様な経過をたどって成し遂げられていくものであること、幼児の生活体験がそれぞれ異なることなどを考慮して、幼児一人ひとりの特性に応じ、発達の課題に即した指導を行うようにすることが重要であるとした。指導を行う際には、教職員は、幼児一人ひとりの行動の理解と予想に基づき、計画的に環境を構成しなければならないとして、教職員は、幼児と人や物との関係が重要であるという理解のもとに、物的・空間的環境を構成することを必要とした。また、教職員の役割として、幼児一人ひとりの活動の場面に応じることや、その活動を豊かなものにすることをあげた。

教育課程の編成については、学校法第23条で、幼稚園における保育の目標を

示していることから，従前にあった幼稚園教育の目標が削除された。この第23条に規定する目標を達成するため，家庭との連携を図りながら，幼稚園生活を通して，生きる力の基礎を育成することを求めた。

こうした考え方を踏まえ，各幼稚園においては創意工夫を生かし，幼児の心身の発達と幼稚園及び地域の実態に即応した適切な教育課程の編成を必要とし，そのポイントを以下の3点で示した。

第1点として，幼稚園生活の全体を通して，第2章に示すねらいおよび内容等が総合的に達成されるよう，教育課程に係る教育期間や幼児の生活体験や発達の過程などを考慮し，具体的に組織化されなければならないこと。そのため，自我が芽生え，他者の存在を意識し，自己を抑制しようとする気持ちが生まれる幼児期の発達の特性を踏まえ，入園から修了にいたるまでの長期的な視野で，充実した生活が展開できるように配慮しなければならないと考えている。

第2点として，幼稚園の毎学年の教育課程に係る教育週数は，特別の事情のある場合を除き，39週を下ってはならないとした。

第3点として，幼稚園の1日の教育課程に係る教育時間は4時間を標準とすること。ただし，幼児の心身の発達の程度や季節などに適切に配慮し，また，幼稚園での教育課程の終了後等に，希望する者を対象にして教育活動を行う場合には，学校法や教育要領にある幼稚園教育の基本を踏まえて実施し，幼児の生活全体が豊かなものになるよう，家庭や地域における幼児期の教育を支援することを示した。

2）小学校学習指導要領

(a) 改訂の基本方針

小学校学習指導要領の改訂にあたっての基本的な方針については，次の3点を明示している。第1点は，教育基本法改正等で示された教育理念としての生涯学習の考え方を踏まえ，引き続き「生きる力」を育てることを教育の最重要課題としてあげていることである。各学校においては，児童の生きる力を育むことをめざし，発達段階を考慮して，知・徳・体の調和のとれた児童の育成を重視すること。また，公共の精神を尊重し，環境の保全に寄与し，伝統と文化

を尊び，それらを育んできたわが国と郷土を愛するとともに，他国を尊重し，国際社会の平和と発展に寄与することが規定されたことを踏まえて，教育の内容のさらなる充実を図ることを求めた。

　第2点としては，知識・技能の習得と思考力・判断力・表現力等の育成のバランスを重視することが大切とし，基礎的・基本的な知識・技能を確実に習得させ，これらを活用して課題を解決するために必要な思考力，判断力，表現力その他の能力を育むことによって「確かな学力」を育てることとした。この目的を達成するために，各教科においては，基礎的・基本的な知識・技能の習得を重視し，観察・実験やレポートの作成，論述などの知識や技能の活用を図る学習活動をさらに充実させることを望んだ。

　総合的な学習の時間については，実施上のさまざまな問題点が指摘されていることに配慮しつつ，総合的な学習の時間を中心とする教科等の枠を超えた横断的・総合的な課題について，各教科等で習得した知識・技能を相互に関連づけながら，課題の解決を図るといった探求活動の質的充実をめざすこととなった。

　そこで，学習の基盤となるのが言語に関する能力であることから，国語科だけでなく，各教科等においても，言語に関する能力の育成を重視することを指摘した。以上の観点を踏まえて，国語，社会，算数および理科の授業時数を増やし，高学年児童を対象とした「外国語活動」を新たに設置した。

　第3点であるが，道徳教育や体育などを充実させることにより，豊かな心や健やかな体を育成することを重要とした。家庭や地域の実態に見合った道徳教育や体育などの活動を充実させるとともに，子どもの発達段階に応じた指導内容の重点化を図り，体験活動を推進し，すべての教員が協力して，道徳教育を展開することの意義を明確にした。具体的な活動として，先人の伝記，自然，伝統と文化やスポーツなど，児童が感動を覚えるような教材を開発し，その活用を図ることなどを重要課題とした。

　体育については，小学校低・中学年の授業時数を増やし，生涯にわたっての運動やスポーツを実践していくことができるような体力の向上に関する指導を重視し，心身の健康の保持や増進に関する指導のうえに，学校における食育の

推進や安全に関する指導の実施を規定した。

今回の学習指導要領の改訂の背景の1つに，学校教育法施行規則（以下，学校法施行規則）の改正がある。学校法施行規則は，教育課程編成の基本的な要素である各教科等の種類や授業時数を示すだけでなく，合科的な指導等についても規定した。教科等に関わる事項としては，外国語を通じて，児童が積極的にコミュニケーションを図ろうとする態度を育成することから，言語・文化に対する理解を深めるために，小学校第5・6学年に「外国語活動」を新設した。

授業時数の点では，各学年の年間総授業時数について，第1学年は年間68単位時間，第2学年では70単位時間，第3学年から第6学年にかけては35単位時間を増加した。国語，算数，理科などの授業時数を増やす一方で，総合的な学習の時間については授業時数を縮減した。

(b) 「総則」の改善の要点

第1章「総則」は，「教育課程編成の一般方針」「内容等の取扱いに関する共通的事項」「授業時数等の取扱い」「指導計画の作成等に当たって配慮すべき事項」の4項目で構成し，「総合的な学習の時間の取扱い」は第5章として独立した。

第1項「教育課程編成の一般方針」は，次の3点で教育内容の改善を求めた。

第1点として，教基法および学校法その他の法令等に基づき，「児童の人間として調和のとれた育成を目指し，地域や学校の実態及び児童の心身の発達の段階や特性を十分考慮して，適切な教育課程を編成するものとする」とし，「学校の教育活動を進めるに当たっては，各学校において，児童に生きる力を育むことをめざし，創意工夫を生かした特色ある教育活動を展開する中で，基礎的・基本的な知識及び技能を確実に習得し，これらを活用して課題を解決するために必要な思考力，判断力，表現力その他の能力を育むとともに，主体的に学習に取り組む態度を養い，個性を生かす教育の充実に努めなければならない」とした。さらに，言語活動の充実，家庭との連携，児童の学習習慣の確立に配慮することを規定した。

第2点として，道徳教育の重要性を強調し，よりいっそうの充実を図るために，道徳教育の全体の目標を総則に掲げた。道徳教育は，道徳の時間を要とし

て，教育課程（各教科，道徳，外国語活動，特別活動および総合的な学習の時間）のそれぞれの特質に応じて，学校の教育活動全体を通じて児童の発達段階を考慮しつつ行うものであるとした。伝統や文化を尊重し，わが国と郷土を愛し，公共の精神を尊び，他国を尊重し，国際社会の平和の発展や環境の保全に貢献する主体性のある日本人を育成するため，その基盤としての道徳性を養うことを目標としたのである。さらに，教職員と児童および児童相互の人間関係を深めるとともに，家庭や地域社会との連携を図りながら，集団宿泊活動やボランティア活動，自然体験活動などの体験を通じ，児童の内面に根ざした道徳性を育成することを重視した。

　第3点として，学校における体育・健康に関する指導については，学校の教育活動全体を通じて適切に行うものとし，特に学校における食育の推進および安全に関する指導を加え，食育の推進，体力の向上に関する指導，安全に関する指導および心身の健康の保持増進に関する指導などについて，体育科の授業時間はもとより，特別活動などにおいても適切に実施することを求めた。さらに，家庭や地域社会との連携を図りながら，「日常生活において適切な体育や健康に関する活動の実践を促し，生涯を通じて健康・安全で活力ある生活を送るための基礎が培われるよう配慮」すべきだとした。

　第2項「内容等の取扱いに関する共通的事項」については，これまでと大きな変更はなかった。

　第3項「授業時数等の取扱い」については，年間35週以上にわたって各教科等の授業を行うように計画するということで大きな変化はなかったが，各教科等や学習活動の特質に応じて効果的だと考えられるような場合は，夏季，冬季，学年末等の休業日の期間に授業日を設定する場合を含め，特定の期間に授業を行うことができるとなった。このことだけでなく，学校および児童や地域社会の実態，各教科等や学習活動の特性に応じて，時間割を各学校で弾力的に編成できると規定した。

　体験活動については，総合的な学習の時間において，探求活動等の課程に位置づけて実施することができ，体験活動により特別活動の学校行事と同様の成果が期待できる場合には，当該活動をもって相当する特別活動の学校行事の実

施に替えることができることになった。

　第4項「指導計画の作成等に当たって配慮すべき事項」については，以下の5点が強調された。

　第1点として，各教科の指導にあたっては，児童の思考力・判断力・表現力等を育む観点から，基礎的・基本的な知識・技能の活用を図る学習活動を重視することを求めた。第2点として，言語に関する能力の育成を向上させるうえで必要な言語活動の充実を図ることをあげた。第3点として，児童が学習の見通しを立てたり，ふり返ったりする活動を計画的に取り入れるように工夫をすることを必要とした。第4点として，障害のある児童などについては，特別支援学校等の助言・援助を活用し，指導についての計画や医療・福祉機関等と連携した支援のための計画を個別に作成することなどにより，障害の状態等に応じた指導内容や指導方法等のいっそうの工夫を計画的・組織的に図ることをあげた。第5点として，文字入力など基本的な操作や情報モラルを身につけるなど情報教育の充実について規定した。

3）中学校学習指導要領
(a) 改訂の基本方針

　中学校学習指導要領の今回の改訂は，次の方針に基づいて検討された結果，文部科学大臣から告示されたものである。①教育基本法改正等で明確となった教育の理念を踏まえ「生きる力」を育成すること，②知識・技能の習得と思考力・判断力・表現力等の育成のバランスを重視すること，③道徳教育や体育などの充実により豊かな心や健やかな体を育成することの3つである。

　3つの基本方針は，小学校学習指導要領改訂の基本方針とほぼ重なる考え方であり，②について中学校では，国語，社会，数学，理科および外国語の授業時数を増加した。③については，中学校体育では，3学年を通じての保健体育の授業時数を増加した。小学校同様，中学校においても，学校法施行規則改正の考え方が新学習指導要領に現れており，選択教科の取扱いについて，標準授業時数の枠外で各学校において開設し得ることとなった。

　このため，教育課程を「必修教科，選択教科，道徳，特別活動及び総合的な

学習の時間」によって編成するとしていた規定を，「国語，社会，数学，理科，音楽，美術，保健体育，技術・家庭及び外国語の各教科，道徳，総合的な学習の時間並びに特別活動」と改めた。選択教科については，授業時数は標準授業時数の枠外となった。各学年の年間総授業時数については，第1学年から第3学年を通じて，従来よりも年間35単位時間の増加をみた。各学年の各教科，道徳，総合的な学習の時間および特別活動ごとの授業時数については，国語，社会，数学，理科，外国語などの授業時数は増加するが，総合的な学習の時間は授業時数を縮減することになった。

(b) 「総則」の改善の要点

中学校学習指導要領「総則」では，「教育課程編成の一般方針」「内容等の取扱いに関する共通的事項」「授業時数等の取扱い」「指導計画の作成等に当たって配慮すべき事項」の4項目について，以下のような内容の改善を図った。本書では特に新しい指摘があった点を中心に説明する。

「教育課程編成の一般方針」を概説すると，第1点として，各種法規改正の考え方を踏まえた教育課程を編成することを明確化し，基礎的・基本的な知識・技能を確実に習得させ，これらを活用して課題を解決するために必要な思考力，判断力，表現力等の能力を育むとともに，主体的に学習に取り組む態度を養い，個性を生かす教育の充実に努めなければならないとした。また，生徒の言語活動の充実や家庭との連携を図るとともに，学習習慣の確立にも配慮することを求めた。

第2点として，中学校「道徳」では，道徳性の育成に資するような職場体験活動を追加し，さまざまな体験活動やボランティア活動を通して，自他の生命を尊重し，法やきまりの意義を理解し，社会の形成への主体的な参画を促すなどの重点項目を規定した。

第3点として，体育・健康に関する指導は，生徒の発達段階を考慮して教育活動全体のなかで行うものとし，特に食育，体力の向上，安全や心身の健康の保持増進についての適切な教育を行うことを求めた。

「内容等の取扱いに関する共通的事項」では，各教科，道徳および特別活動の内容に関する事項はいずれの学校においても取り扱うこととし，選択科目に

については，各学校において開設することができる旨を規定し，その際の留意事項として授業時数や内容を適切に定め，選択教科の指導計画を作成することを規定した。

「授業時数等の取扱い」では，各教科，道徳，総合的な学習の時間および特別活動の授業時間は，年間35週以上にわたって指導することを求めるが，生徒の負担加重にならないように留意しなければならないとした。各教科等や学習活動の特質に応じ，効果的な場合には，授業日を設定する場合を含め，特定の期間に授業を行えることを明確化した。また，各教科等の授業の1単位時間は，年間授業時数の確保を図りつつ，10分間程度の短い時間を単位とした指導について，一定の体制が整備されているときは，当該時間を年間授業時数に含めることができる旨を規定した。さらに，総合的な学習の時間において，当該活動により特別活動の学校行事と同様の成果が期待できるときは，当該活動をもって相当する学校行事の実施に替えることができるとした。

「指導計画作成上の配慮事項」では，学校の創意工夫を生かし，前提として調和のとれた具体的な指導計画の作成を求めた。特に配慮すべき事項として，生徒の自主的，自発的な参加により行われる部活動について，スポーツや文化および科学等に親しみ，学習意欲の向上や責任感，連帯感の涵養に資するものとし，学校教育の一環として，教育課程との関連が図られるよう留意することを望んだ。

次に，学校が地域や学校の実態に応じ，地域の人々の協力，各種団体との連携などの運営上の工夫を行うことをあげた。各教科等の指導にあたっては，体験的な学習や基礎的・基本的な知識および技能を活用した問題解決型学習を重視し，好ましい人間関係をつくりあげることができるように，知識・技能の活用を図る学習活動の重視，言語活動の充実，学習の見通しを立てたりふり返ったりする活動の計画的な取り入れ等について，基本的には小学校と同じ趣旨の内容を規定した。

4）高等学校学習指導要領
(a) 改訂の基本方針

高等学校の学習指導要領の改訂においても，基本的な考え方は，幼・小・中学校の改訂の趣旨と同様である。①「生きる力」の育成，②知識・技能の習得と思考力・判断力・表現力等の育成のバランスの重視，③道徳教育や体育などの充実により，豊かな心や健やかな体の育成の3点である。改訂された教育内容の主な改善事項について，文科省初等中等局教育課程課の説明を紹介する。

①言語活動の充実（国語をはじめ各教科等で批評，論述，討論などの学習の充実），②理数教育の充実（近年の新しい科学的知見等を踏まえた内容を充実，統計に関する内容を「数学Ⅰ」に導入，知識・技能を活用する学習や探求する学習を重視，日常生活や社会との関連を重視した改善等），③伝統や文化に関する教育の充実（歴史教育：世界史における日本史の扱い，文化の学習を充実），宗教に関する学習を充実，古典（国語），武道（保健体育），伝統音楽，美術文化（芸術），衣食住の歴史や文化（家庭）に関する学習を充実，④道徳教育の充実（学校の教育活動全体を通じて行う道徳教育について，その全体計画を作成することを規定，現代社会や特別活動において，人間としてのあり方・生き方に関する学習の充実），⑤体験活動の充実（ボランティア活動などの社会奉仕体験，就業体験を充実：特別活動，職業教育において，産業現場等における長時間の実習を取り入れることを明記），⑥外国語教育の充実（指導する標準的な単語数を1300語程度から1800語程度に増加，授業を実際のコミュニケーションの場とするという観点から，生徒が英語に触れる機会を充実させるとともに，授業は英語で指導することを基本とするなどの改善），⑦職業に関する教科・科目の改善（職業人としての規範意識や倫理観，技術の進展や環境等への配慮，地域産業を担う人材の育成等，各種産業で求められる知識・技術等を身に付けさせる観点から科目構成や内容を改善），⑧体育，食育，安全教育の充実や，環境，消費者に関する教育の充実を図るとともに，情報の活用，情報モラルなどの情報教育の充実などを図っていく。

(b) 「総則」の改善の要点

高等学校学習指導要領「総則」は，「教育課程編成の一般方針」「各教科・科目及び単位数等」「各教科・科目の履修等」「各教科・科目，総合的な学習の時間及び特別活動の授業時数等」「教育課程の編成・実施に当たって配慮すべき事項」および「単位の修得及び卒業の認定」「通信制の課程における教育課程

の特例」の7項目に分けて，以下のような内容の改善を図った。

「教育課程編成の一般方針」の内容をまとめる。第1点は，教育基本法改正等で明確となった教育の理念を踏まえ，学校の教育活動を進めるにあたっては，「生きる力」を育むことをめざし，創意工夫を生かした特色ある教育活動を展開する。基礎的・基本的な知識・技能の習得と思考力，判断力，表現力等の能力を育成し，個性を生かす教育の充実に努める。その際，生徒の発達段階を考慮しつつ，生徒の言語活動の充実や課程との連携により生徒の学習習慣の確立に配慮することとした。

第2点は，道徳教育は人間尊重の精神と生命に対する畏敬の念を生活のなかで生かし，豊かな心を持ち，伝統文化を尊重し，わが国と郷土を愛し，個性豊かな文化の創造を図るとともに，他国を尊重し，国際社会の平和と発展や環境の保全に貢献し，未来を拓く主体性のある日本人を育成するため，その基盤としての道徳性を養うことを目標とした。

第3点は，体育・健康に関する指導は，発達段階を考慮しつつ，学校の教育活動全体を通じて行う。特に食育の推進，体力の向上，安全に関する指導および心身の健康の保持増進に関わる指導を，保健体育科，家庭科や特別活動においても適切に行うこととした。

第4点は，学校において，就業やボランティアに関わる体験的な学習の指導を適切に行い，望ましい勤労観や職業観の育成や社会奉仕の精神の涵養に資するとした。

「各教科・科目及び単位数等」「各教科・科目の履修等」については，卒業までに修得させる単位数は，現行どおり74単位以上とし，1単位時間を50分，35単位時間を1単位として計算することを標準とした。各教科・科目においては，共通性と多様性のバランスを重視するという考え方から，学習の基盤となる国語，数学，外国語に共通必履修科目を設定するとともに，理科の科目履修の柔軟性を向上させる点で変化があった。理科では，総合的な科目として「科学と人間生活」1科目，基礎的な科目として「物理基礎」「化学基礎」「生物基礎」「地学基礎」の4科目を配置し，その上の科目は「物理」「化学」「生物」「地学」の4科目となり，独立した新しい科目として「理科課題研究」を設けた。

これ以外では，外国語科が「コミュニケーション」科目，「表現」科目，「英語会話」に再編された。

「各教科・科目,総合的な学習の時間及び特別活動の授業時数等」については，週あたりの授業時数（全日制）は，標準である30単位時間を超えて授業を行うことができるとした。全体的に授業時数については，従前よりも弾力的に取り扱うことができるようになったのである。

「教育課程の編成・実施に当たって配慮すべき事項」などでは，生徒の特性，進路等に応じた適切な各教科・科目の履修ができるようにしている。また，学校や生徒の実態に応じ，必要がある場合には，義務教育段階の学習内容の確実な定着を図るための学習機会を設けることも示した。

こうした改訂から，「生きる力」の獲得，共通性と多様性のバランス，小・中・髙の円滑な接続といった今回改訂の趣旨が，高等学校でも示されたといえよう。

5）特別支援学校学習指導要領
(a) 改訂の基本方針

学習指導要領の基本的な考え方については，基本的にはこれまでに示してきた幼・小・中・高等学校の考え方と同様である。これらに加えて，2008（平成20）年の中教審答申では，特別支援教育において次の3つの観点からの教育課程の改善が求められた。①社会の変化や子どもの障害の重度・重複化,多様化，②複数の障害種別に対応した教育を行うことのできる特別支援学校制度の創設，③幼稚園，小学校，中学校および高等学校等における特別支援教育の制度化などに対応し，障害のある子ども一人ひとりの教育的ニーズに対応した適切な教育や必要な支援を行うという点である。

中教審が，こうした観点を示した背景には，障害のある幼児児童生徒をめぐる動向として，障害の重度・重複化や多様化，学習障害（LD），注意欠陥／多動性障害（AD/HD）などの幼児児童生徒への対応が強く望まれており，発達段階の早い時期における教育的対応に対する要望や卒業後の進路の多様化といった課題に加えて，ノーマライゼーションの理念の浸透といったことが存在する。

新しい学習指導要領は，幼稚園，小学校，中学校および高等学校の教育課程

の基準の改善に準じた改善を図るとしたうえで，社会の変化や幼児児童生徒の障害の重度・重複化，多様化などに対応し，障害のある子ども一人ひとりの教育的ニーズに応じた適切な教育や必要な支援を充実するとして，次の4つの観点からの改善を図っている。①障害の重度・重複化，多様化への対応，②一人ひとりに応じた指導の充実，③自立と社会参加に向けた職業教育の充実，④交流および共同学習の推進である。①については，多様な障害に応じた指導を充実させるため，「自立活動」における「人間関係の形成」という新たな区分で新たな内容が示された。また，重複障害者や訪問教育に関して，教育課程の取扱いを弾力化し，重複障害者の指導にあたっては，教師間の協力や外部の医師などの専門家の活用により，学習効果をいっそう高めるようにすることを示した。②については，すべての幼児児童生徒を対象とした各教科等にわたる「個別の指導計画」を作成することにした。③については，特別支援学校（知的障害）高等部の専門教科として「福祉」を新設するとともに，地域や産業界などとの連携を図り，職業教育や進路指導の充実を求めた。④については，障害のある子どもと障害のない子どもが交流し，共同に学習するために，双方の子どもたちの教育的要求に応じた内容，方法を検討し，計画的，組織的に行うことを明確にした。

(b)　「総則」における改善の要点

　小学部・中学部の「総則」では，学校法施行規則の規定に触れ，第126条で示されている「外国語活動」を特別支援学校の小学部第5・6学年に新設することにより，外国語を通じて児童が積極的にコミュニケーションを図ろうとする態度の育成，言語・文化に対する理解を深めることを求めた。したがって小学部においては，「国語，社会，算数，理科，生活，音楽，図画工作，家庭及び体育の各教科，道徳，外国語活動，総合的な学習の時間，特別活動並びに自立活動」を教育課程として編成することとなった。また同条第2項で，知的障害者である児童については，「生活，国語，算数，音楽，図画工作及び体育の各教科，道徳，特別活動並びに自立活動によって編成する」ことが示された。

　中学部においては，学校法施行規則第127条に基づき，選択教科等について規定している。特別支援学校中学部における選択教科の授業時数も，総授業時

間数の枠外で開設できることになり，視覚障害者，聴覚障害者，肢体不自由者または病弱者である生徒に対しては，「国語，社会，数学，理科，音楽，美術，保健体育，技術・家庭及び外国語の各教科，道徳，総合的な学習の時間，特別活動並びに自立活動」が教育課程となった。知的障害者である生徒について，選択教科として設ける「その他の教科」の授業時数については総授業時数の枠外とするが，「外国語科」については総授業時数の枠内で設けることとし，同条第2項で，「国語，社会，数学，理科，音楽，美術，保健体育及び職業・家庭の各教科，道徳，総合的な学習の時間，特別活動並びに自立活動によって教育課程を編成するもの」とした。

また，学校教育法施行規則第130条第2項で，「重複障害者を教育する場合，各教科，道徳，特別活動及び自立活動を合わせて授業を行うことができる」としたうえで，外国語活動についても合わせて授業が行えるとした。

こうした法改正に基づく改善を踏まえて，幼稚部教育要領，小学部・中学部学習指導要領の改訂の要点をみると，まず幼稚部では，「幼児期の教育は，生涯にわたる人格形成の基礎を培う重要なものであること」を幼稚部の教育の基本としたうえで，学校教育法第23条に規定する幼稚園教育の目標，障害による学習上または生活上の困難を改善・克服し自立を図るために必要な態度や習慣などを育て，心身の調和的発達の基盤を培うようにすることを教育目標とした。

各領域のうち，「健康」「人間関係」「環境」「言葉および表現」については，幼稚園教育要領の改善に準じた改善を行い，「自立活動」については，障害の重度・重複化，多様化などに対応する観点からの内容の充実が図られた。

さらに指導計画の作成についても，一般的な留意事項とともに，複数の障害をあわせ有する幼児の指導についての配慮事項，教育課程に係る教育時間終了後の教育活動の留意事項，地域における特別支援教育のセンターとしての役割などを明らかにしている。

次に小学部・中学部学習指導要領改訂では，教育目標を「障害による学習上又は生活上の困難を改善・克服し自立を図る」とし，教育課程の編成の一般方針を明らかにしている。

「内容等の取扱いに関する共通的事項」では，次の3点があげられる。①視

覚障害者，聴覚障害者，肢体不自由者および病弱者である児童に対する特別支援学校小学部に関連する規定に「外国語活動」が加わったこと。②知的障害者である生徒に対する教育を行う特別支援学校中学部については，すべての生徒に履修させる各教科等と，必要に応じて設けることができる外国語科の取り扱いを明確にしたこと。③知的障害者である児童または生徒に対して教育を行う特別支援学校にあっては，各教科の指導ならびに各教科，道徳，特別活動および自立活動を合わせて指導を行う場合に，具体的に指導内容を設定することを示したこと。

　授業時数については，小学校・中学校に準ずるものとするという従前どおりの時数である。

　次に，指導計画の作成等にあたっての配慮事項と重複障害者等に関する教育課程の取り扱いについて提示している。指導計画の作成等にあたっての配慮事項については，①個別の指導計画の作成，②交流および共同学習，③重複障害者の指導，④言語活動の充実，⑤進路指導の充実，⑥見通しを立てたり，ふり返ったりする学習活動の重視，⑦訪問教育の充実，⑧情報教育の充実，⑨個別の教育支援計画の作成，⑩部活動の意義と留意点，⑪特別支援教育のセンターとしての役割があげられた。重複障害者等に関する教育課程の取り扱いでは，①小学部の外国語活動の一部を，特別に必要がある場合は取り扱わないことができるとした。また中学部の外国語科で，小学部の外国語活動の一部を取り入れることができるとした。②各教科を，知的障害者である児童生徒に対する教育を行う特別支援学校での教科に代替させる場合，小学部では外国語活動および総合的な学習の時間を設けないことができる，中学部では外国語科を設けないことができるとした。③重複障害者のうち，特に必要がある場合は，外国語活動を自立活動に替えて指導を行うことができるとした。

　なお教育課程における「自立活動」では，今回の改訂で，「人間関係の形成」という区分において，「他者とのかかわりの基礎に関すること」「他者の意図や感情の理解に関すること」「自己の理解と行動の調整に関すること」「集団への参加の基礎に関すること」「感覚や認知の特性への対応に関すること」が新たな項目として示された。

146　第Ⅲ部　教育政策を知る

演習問題
1　幼・小・中・高等学校および特別支援学校の教育要領・学習指導要領に共通する考え方について，講義内容をまとめて答えなさい。
2　前回の改訂で「生きる力」を育むことが重要だとされ，今回も引き続き取り組むべきだとされていますが，あなたは学校園でどのような取り組みが必要だと考えていますか。

2　新しい学力観のもとでの総合的な学習の時間の充実

（1）限られた時数のなかでの一層の充実

　今次学習指導要領改訂において総合的な学習の時間が，小学校では中学年が105時数から70時数に，高学年は110時数から70時数に，中学校でも第1学年が50時数，2・3学年が70時数に削減された。この時数削減だけに着目すれば，表面的には「総合的な学習の軽視」ととらえられがちである。
　しかし，2008（平成20）年1月17日の中央教育審議会答申（以降，答申）では，学校教育法一部改正を受け，「基礎的・基本的な知識・技能」と「知識・技能を活用して課題を解決するために必要な思考力・判断力・表現力等」，「学習意欲」を学力の重要な3要素として示した。つまり，習得型の学力に加え，現行学習指導要領のもとで主に総合的な学習の時間が担ってきた活用型の学力を教育課程全体で重視しようとしているのである。総合的な学習の考えが教育課程全体に広げられたと解釈することができる。
　また，現行学習指導要領では総則の中で扱われていた「総合的な学習の時間」を章立てとし，その趣旨の周知徹底と取り組みにおけるよりいっそうの充実を図ろうとしている。これまで，総合的な学習の時間に関しては，効果を上げている学校がある一方で，十分な成果を上げてこなかった学校も存在している要因として，総合的な学習の時間の趣旨が十分に伝わっていなかったことと，子どもや地域の実態や特性を踏まえた目標の設定や教材開発，指導計画の作成，家庭や地域との連携・協力など学校や教師による創意工夫が強く求められる教育活動であるにもかかわらず，そのための具体的な手だてが示されず，学校や教師に対して，ある意味では「丸投げ」の形をとってきたことにある。当時の

文部科学省は，子どもや地域の実態や特性を踏まえた各学校の主体的な取り組みを尊重するという姿勢を貫き，できる限り具体的な情報を組み入れてこなかった。その結果，「生きる力」の育成や狭義の学力や進学実績の向上，家庭や地域との密接なる連携・協力体制の確立等々，多大な効果を上げている学校が存在する一方で，一部においては子ども自身さえも「意味のない時間」ととらえるような取り組みを生み出してきた。総合的な学習の時間の実践において二極化を生み出してきたのである。

今次改訂では章立てを行ったことにより，総合的な学習の時間の解説書が作成された。改めてこの時間の意義が語られるとともに，子どもや地域の実態を踏まえた全体計画や年間指導計画の作成，具体的な指導や評価のあり方，校内における連携・協力体制のあり方，家庭や地域との連携の仕方などが具体的に提示された。また，小学校においては高学年で「外国語活動の時間」が設定されることで，総合的な学習の時間での国際理解に関する活動の一環としての英語会話活動に特化した形で行われてきた取り組みを一掃し，また中学校においては選択教科の実質的な廃止により両者の線引きが明確になったのである。一時はその存続さえも危ぶまれたが，結果的には，総合的な学習の時間の充実化の方向で改訂が行われた。

（2）人間力やキー・コンピテンシーとの関連

今次学習指導要領改訂にも影響を与えているのが，「人間力」と前節でも触れた「キー・コンピテンシー」［ライチェン・サルガニク 2006］である。

1）人間の力との関連

まず，「人間力」は「自立した一人の人間として生きていくための総合的な力」と定義され，この力を育むためには「現実の社会で大人がどのように生き，そこでは何が必要とされるのかを見せることによって，学ぶことの意義を子どもたちに伝え，何のために学ぶのかという目的意識を明確にする」ことが必要であると提案している。現実社会や多様な人との関わりと学ぶことの意義理解や目的意識の向上を重視している。特に，身近な社会において多様な人との関わ

りを通して「大人になるために,社会で働くためにどんな力が必要で,今学んでいることがどう繋がっていくのか」を考える総合的な学習に通じるものである。また,教科学習においても社会生活や将来の仕事と関連させて指導するうえで重要な指摘であり,今次改訂では,「実社会で生きてはたらき」(国語)や「学んで身に付けたものを生活や学習に活用する」(算数・数学),「学ぶことの意義や有用性の実感,科学への関心を高める観点から,実社会・実生活との関連を重視した改善を図る」(理科)など,各教科においても学習内容と実社会・実生活との関連を図ることを重視している[文部科学省 2008]。

2)学力論争の影響

今次改訂に影響を与えたのが一連の学力論争で,特にOECD学習到達度調査(PISA2003)の結果である。2000年調査と比較し公表された結果を受けて,読書の時間の確保や国語や算数・数学,理科などの教科の時数の増加が指摘された。今次改訂における理数系教科および国語の時数増加にも反映している。

最も結果が芳しくなかった「読解力」だけでなく,「科学的リテラシー」や「数学的リテラシー」のテスト問題を分析してみると明らかであるが,たとえば,「読解力」においては「本をどう読むか」「何のために読むか」「読んだ内容を自分の問題解決にどう活用するか」「理解したことを自分の言葉で語るか」など読み方の質が重要であるということがわかる。基礎的な知識の獲得をめざした学習では身につかない学力を測ろうとしていることが明らかである。むしろ,総合的な学習のように自らの課題の追究・解決のために関連する複数の本を読み比べ,自分の考えをまとめ,他者と協議する学習によって修得されるものである。「数学的リテラシー」や「科学的リテラシー」についても同様である。

3)キー・コンピテンシーの3つのカテゴリー

PISAの概念枠組みの基本がキー・コンピテンシーであり,「人間力」もこのキー・コンピテンシーの枠組みを参考にしている。キー・コンピテンシーは以下の3つのカテゴリーからなっている。

① 相互作用的に道具を用いる

「相互作用的に道具を用いる」力とは,「言語,シンボル,テクストを相互作用的に用いる能力」,「知識や情報を相互作用的に用いる能力」,「技術を相互作用的に用いる能力」で,さまざまな問題解決を図る際に,関連しそうな知識や技能,経験をつなげあてはめ,うまくいかなければ,別の知識や技能,経験を取り出すといった行為の繰り返しととらえることができる。PISAの「数学的リテラシー」や「科学的リテラシー」,「読解力」はこのカテゴリーに含まれる。単に計算ができるとか,本が読めるといったレベルの能力をさしているのではない。社会におけるさまざまな問題解決や意思決定において,自分が持ち合わせている知識や技能,経験をいかに活用してどれだけ社会に貢献できるかを重視している。

　総合的な学習においても子どもに他教科との関連を意識させ,教科を学ぶことの意義を子どもなりに理解していくことが重要である。そのためには,教師自身が総合的な学習と他教科との関連を具体的なレベルにおいて理解し意識して授業に臨むことが大切である。たとえば,当該の学年団で年間指導計画と教科書を持ち寄って行う「総合的な学習と教科等関連ワークショップ」[村川2008]は有効である。

② 異質な集団で交流する

　「異質な集団で交流する」力とは「他人といい関係を作る能力」,「協力する能力」,「争いを処理し,解決する能力」である。「社会がいろいろな点でいっそう断片化し,多様化するようになってきている時に,個人間の人間関係をうまく管理することは,個人の利益からも新しい形の協力関係を作る上でもいっそう重要になってきている」とその必要性を述べている。

　総合的な学習は「異能者を育て」かつ「異能者を生かし合う」学習である。このような学びを経験した子どもが,主体的・協同的に問題解決していくための意識や力を共通にもちながら,取り組んだ課題・内容に関する違いを認め合い生かし合って,さまざまな新しい問題に立ち向かっていくことこそが期待されている。また,多様な人との交流は「他人といい関係を作る」能力の育成に大きく関わるものである。総合的な学習においてさまざまな活動を展開する際に,子ども同士の話し合いや助け合いを重視することも「他人といい関係を作

る」「協力する」「争いを処理し，解決する」能力を育むうえで必要不可欠なことである。単元づくりにおいて，子ども同士あるいは異年齢の子ども同士，さまざまな立場や年齢の大人との継続的関わりを意図的に仕組んでいくことが求められる。

③ 自律的に活動する

「自律的に活動する」力とは「大きな展望の中で活動する能力」，「人生計画や個人的プロジェクトを設計し実行する能力」，「自らの権利，利害，限界やニーズを表明する能力」である。入試やテストといった目先のことにとらわれて学習するのではなく，何のために学ぶのか，学んだことによって社会においてどのような役割を果たしていくのかを考えることを重視している。また，自らの権利や利害，限界，要望を表明することも大切なことである。いずれも現代の子どもたちに欠けている力である。

総合的な学習ではさまざまな課題解決のために計画を立て，実践しながら軌道修正していく活動が多く組まれている。その活動が1年以上に及ぶこともある。重要なことは，子どもが目先のことの対処に終始することのないように，少し長いスパンで物事を考え行動するように仕向けていくことである。

総合的な学習の時間は「自分探しの旅」といわれてきた。さまざまな課題に取り組む過程で，多様な世代・立場・職業の人と関わり，人との関わりを通してその人の考え方や生き方に触れ，憧れの人や職業を見出し，その実現のために今自分は何をなすべきかを考え，教科等を学ぶことの意味をとらえ直したりしている。

4）学んだことを生かし社会に貢献する

キー・コンピテンシーのカテゴリー全体を通しての重要な指摘は「人生の成功」と「正常に機能する社会への貢献」の両方に価値をおいている点である。これまでの「自ら考える力」「生きる力」などの学力は主に個人の成長や利益に目が向けられてきた。「何のために学ぶのか」という問いの答えに「社会への貢献」が含まれるべきである。

総合的な学習においては，環境や福祉，健康など課題を問わず，子どもたち

が学んだことを役立てるために，下級生や地域の人などに表現・発信する活動は多い。学んだことを生かした子どもなりの社会貢献である。「学校教育で身につけた知識や技能は社会人になってから生かせばよい」という考えがこれまでは強かったかもしれないが，大人になってからでは遅いのである。子どもの頃から，その発達段階に応じて身につけた知識や技能をつなげて生かして，地域貢献や社会貢献を果たし，そのことにより達成感や満足感を得るという経験があってこそ大人になってからも社会貢献を果たすことができるのではないだろうか。

5）総合的な学習で育む資質や能力および態度とキー・コンピテンシー

今次改訂では，総合的な学習の時間において「育てようとする資質や能力及び態度」を学校として設定することを求めている。総合的な学習の時間の目標をより具体化したものである。

解説書の中では，「学習方法に関すること」，「自分自身に関すること」，「他者や社会とのかかわりに関すること」の3つの視点を例示している。この3つの視点は，これまで総合的な学習を通して子どもたちが身につけてきた力を整理したものである。そして，実はこの3つの視点と「キー・コンピテンシー」の3つのカテゴリーが順序は異なるがぴたりと一致するのである。

今世界の国々は，この「キー・コンピテンシー」の育成のための教育改革を推進しているが，実はわが国は10年以上前から「キー・コンピテンシー」を育成するカリキュラムをすべての小・中・高等学校および特別支援学校に「総合的な学習の時間」という形で導入した「先進国」なのである。その同じ国が，総合的な学習の時間の削減に踏み切ったことはきわめて残念なことと言わざるをえないが，逆に，自信と気概をもって総合的な学習に取り組んでいけるともいえるだろう。

(3) 各学校における学力観の共通理解

主要教科の時数増加と総合的な学習の時間の時数削減により，一般社会はもとより学校現場においても「総合的な学習の時間に対する理解」「今次改訂に

おける学力観に対する捉え方」にズレが生じる危険性がきわめて高い。学習指導要領改訂時のように，学校教育が大きく転換していく時期には，各学校が進むべき方向について教職員間において齟齬が生じやすいのである。

　すべての教育活動の前提は「子どもたちにどのような力をつけるのか」という目標の明確化と共有化である。それが曖昧だと学校教育のような意図的・計画的な教育は機能していかない。また，子どもにどのような力がついたか，子どもがどう変容したのかを明らかにするための評価においても同様である。すべての教育活動においてきわめて重要な目標と評価の明確化と共有化に大きな影響を与えるのが学力観である。

　そこで改めて，各学校においては，今次改訂で文部科学省はどのような学力観にたって教育改革を進めようとしているのか，それが審議のまとめや学習指導要領にどう反映されているのかを読み解くことが求められる。

　文部科学省は，学力の重要な要素として「①基礎的・基本的な知識・技能の習得，②知識・技能を活用して課題を解決するために必要な思考力・判断力・表現力等，③学習意欲」を示した。教育の基本理念は，「現行学習指導要領が重視している「生きる力」の育成にほかならない」と明示している。

　これまでも述べてきたように，総合的な学習の時間の削減により，上記学力の①が重要視されたように受け取られがちであるが，総合的な学習の時間のみならず，教科学習においても改めて②や③の学力重視が打ち出されたのである。

　答申の中では，特に②にあたる「思考力・判断力・表現力等の育成」の記述が随所に表れている。現行学習指導要領では，これらの能力の育成は主に総合的な学習の時間が担うといったニュアンスが強かったが，今次改訂では各教科においても重視の方向である。総合的な学習の時間を削減し，教科の時数を増やした根拠にもなっている。

　その具体的な活動として，「①体験から感じ取ったことを表現する」「②事実を正確に理解し伝達する」「③概念・法則・意図などを解釈し，説明したり，活用したりする」「④情報を分析・評価し，論述する」「⑤課題について，構想を立てて実践し，評価・改善する」「⑥互いの考えを伝え合い，自らの考えや集団の考えを発展させる」の６分類が例示されている。①や④，⑤，⑥はまさ

に総合的な学習で重視され取り組まれてきた活動であるが，これらの学習活動を各教科の中でも展開していこうと提案している。今後，各学校において各教科の授業開発，授業研究の際には，これらの活動がどう具体的に組み入れられ，子どもたちの思考力・判断力・表現力の育成にいかに効果を上げているのかが論議の対象となってくる。

さらに，思考力・判断力・表現力の基盤となる言語力向上を重視している。国語科を核としつつも算数・数学や理科，社会科などすべての教科において言語力向上の学習活動や指導方法の開発が求められてくる。そのなかにあって，特に，多様な年齢・立場の人とさまざまな形で関わったり，友だち同士で協議をしながら計画を立てたり，問題解決を図ったり，多様な方法で表現したりする総合的な学習の時間は「生きた言語力」を身につけるうえで重要である。

（4）総合的な学習の前提条件としての「探究」

1）「探究」的であるかどうかが決め手

2003（平成15）年12月の学習指導要領一部改正では，総合的な学習の時間のねらいとして「各教科，道徳及び特別活動で身に付けた知識や技能等を相互に関連つけ，学習や生活において生かし，それらが総合的に働くようにすること」が付け加えられた。今次改訂では，「総合的な学習の時間の目標」が示されるものの，この文言は目標には入れられず，配慮事項にある。

各教科も「習得」だけでなく「活用」を重視している。答申の中で「各教科での習得や活用と総合的な学習の時間を中心とする探究は，決して一つの方向に進むだけでなく，例えば，知識・技能の活用や探究がその習得を促進するなど，相互に関連し合って力を伸ばしていく」と述べているように，教科における「活用」と総合的な学習における「活用」とは質的に異なるものの，相互に関連し合うものであることを強調している。

今次改訂において，「探究」は総合的な学習であることの前提条件となった。体験活動も含めどのような課題に取り組もうとも「探究的であるかどうか」が問われる。「探究」とは，解決したかと思えばまた新たな課題が見出されるような，答えが1つでない課題発見・追究・解決がスパイラル的に続いていく過

程を含んだ活動である。

　これまでは，総合的な学習の時間が朝読書や教科の補充，修学旅行や運動会等の学校行事の準備などに転用された例が少なくない。今次改訂において目標の中に「探究的な学習を通して」という文言が入ったことにより，そのような誤用・転用は認められない。たとえば，総合的な学習と修学旅行を関連させる場合でも，総合的な学習が全体を通して「横断的・総合的」かつ「探究的」であるかが問われる。修学旅行が主で，そのための準備やまとめのための時間どりは総合的な学習には該当しないことが明確に示されたわけである。

2）国際理解に関する活動での配慮

　外国語活動（実質的には英語活動）に関しては高学年では総合的な学習の時間とのすみ分けが明確になったものの，問題となるのは中学年での取り扱いである。高学年で小学校英語が必修化されたことにより，これまで以上に中学年においても英会話活動が実施される傾向が強くなる。そのための時間確保に，総合的な学習の時間の利用が考えられるが，いわゆる会話中心の活動をここで行うことはできない。

　答申では「国際理解に関する活動を行う際には，問題の解決や探究的な活動を通して，諸外国の生活や文化などを体験したり調査したりするなどの学習活動が行われるように配慮する」と明記している。問題解決的・探究的な活動を踏まえたうえで諸外国の生活や文化の体験や調査の一環として外国語会話を取り扱うことは否定していない。単なる英会話活動に終始することを暗に押しとどめようとする表現になっている。

3）特別活動と総合的な学習の違いの明確化

　総合的な学習の時間と特別活動との関連については，小学校および中学校の学習指導要領総則の第3「授業時数の取扱い」の5に「総合的な学習の時間における学習活動により，特別活動に掲げる各行事の実施と同様の成果が期待できる場合においては，総合的な学習の時間における学習活動をもって相当する特別活動の学校行事に掲げる各行事の実施に替えることができる」と記述され

ている。この文言は，学校行事を総合的な学習の時間を流用して実施することを許容しているものではない。総合的な学習の時間の活動が趣旨・目的に合った活動，つまり「横断的・総合的」かつ「探究的な」活動であり，その成果が各行事の成果としても期待できる場合にのみ，特別活動の学校行事を学校として実施したと判断してもよいことを示しているのである。

(5) 充実化のための具体的な手だて
1) 学校としての目標・内容の設定

　今次改訂では，学習指導要領に総合的な学習の時間の目標として「横断的・総合的な学習や探究的な学習を通して，自ら課題を見付け，自ら学び，自ら考え，主体的に判断し，よりよく問題を解決する資質や能力を育成し，それとともに学び方やものの考え方を身に付け，問題の解決や探究活動に主体的，創造的，協同的に取り組み態度を育て，自己の生き方を考えることができるようにすること」が示された。各学校はこれを参考にしつつ，学校としての目標や内容を設定することが求められる。目の前の子どもたちや身近な地域にしっかりと目を向けること，児童・生徒に育てたい資質や能力および態度を具体的な子どもの姿で明確化し共通理解を図ること，学校が育てようとした力がどの程度身についたかを適切に評価することを求めている。

　現行学習指導要領では，一部の学校において総合的な学習の時間でどんな力をつけてよいか不明確なために十分な成果を上げていない実践がみられた。そこで，今次改訂では，総合的な学習の時間において育てたい力の視点（「学習方法に関すること」「自分自身に関すること」「他者や社会との関わりに関すること」）を例示した。これを参考に生徒の具体的な姿を明確にして共通理解を図ることが求められている。その際，中学校や高等学校では入学してくる子どもたちの小学校や中学校での総合的な学習での経験やそこで身につけた力や意識をしっかりととらえ，学校としての目標・内容の設定，指導計画づくりに反映していくことが重要である。

2）全体計画や年間指導計画の作成

　総合的な学習の時間が設置の目的を果たすためには，どのような学習活動を，どのように指導するのかという指導計画のみならず，総合的な学習の時間を通じてどのような力を身につけさせたいのかという目標と，その実現のために必要な内容を明確にすることが重要である。総合的な学習の時間の全体計画には，学校としての目標や内容，育てようとする資質や能力および態度を示すとともに，その実行のための指導方法や指導体制などの指導の方針，学習の評価の視点や方法などを示すことにより，各学校においてこの時間の趣旨やねらいなどを踏まえた適切な教育活動が展開され，学校として行き届いた指導を行うことが期待される。

　指導計画を作成する際には，各教科等との関連や学年間，学校種間等との関連に十分配慮することが重要である。総合的な学習の時間の計画作成の配慮事項として，「各教科，道徳，外国語活動および特別活動で身に付けた知識や技能等を相互に関連付け，学習や生活において生かし，それらが総合的に働くようにすること」と明示されている。全体計画及び年間指導計画を作成する際には，前述のように各教科等との関連をあらかじめ見込んで計画しておく必要がある。

　総合的な学習の時間で育てようとする資質や能力および態度は，全教育活動を通じて育てるものである。まず，学校として全教育活動を通じて育てる資質と能力および態度を具現化したうえで，それとの関連において総合的な学習の時間で特に育てようとするものを整理することが必要である。

3）日常生活や社会とのかかわりの重視

　各学校においては，より実態に即して地域や児童の特性を把握する必要がある。たとえば，地域の実態把握に関しては，これまでの地域を対象とした実践の実績やその関連資料をひもとくだけでなく，教師自らが散策やフィールド調査等により実際に見たり聞いたり関わったりすることが大切である。また，子どもの実態把握に関しては，教師や保護者，子ども自身に対するさまざまな観点からの実態調査だけでなく，子どもに関わることの多い地域の人や専門家か

らの情報を集めるようにしたい。

「日常生活や社会との関わりを重視する」とは，日常生活や実社会においてその解決が求められるような課題に関する内容やその解決に必要とされる具体的な力の育成を掲げた目標を設定するものである。身近な地域や日常生活の課題を取り上げた場合には，子どもたちは学習対象を自分との関わりでとらえることができやすい。身近な地域や日常生活に関わる課題は自分とのつながりが強く，「他人ごと」ではない「自分ごと」としてとらえることとなるからである。また，身近な地域や日常生活の課題を取り上げた場合には，さまざまな立場や年齢の人と継続的に関わる機会を多くもつことができる。

また，その課題設定や追究において学習の対象やフィールドになるだけでなく，学習成果を生かし発信する対象ともなる。つまり，子どもたちが追究した学習の成果を身近な地域に還元することがより可能となるのである。「自分たちの発表を地域の人が理解してくれた」「地域の自然や伝統を守りたいという気持ちが伝わった」「自分たちが学習したことが地域の役に立った」という社会貢献的な意識をもつことにより，子どもたちは学習に対する達成感を強く感じることにもつながり，地域の多様な大人に認められることにより自信や自尊感情が形成されやすい。

身近な地域や日常生活に関わる課題を自分ごととしてとらえ，その追究過程において多様な人と関わることは，総合的な学習の時間の目標の1つでもある「自己の生き方を考える」うえできわめて大切なことである。取り組んだ課題が身近であることにより「自分は実生活においてどのように関わっていくのか」あるいは「どのような大人になることをめざして生きていくのか」という認識を引き起こすことがより可能となるからである。取り組む学習対象を自分とつなげて考えたり，多様な立場や年齢の人との継続的に関わる活動を意図的に仕組んでいくことが求められる。

4）言語的活動と協同的活動の重視

今次改訂では全教育活動を通して「思考力・判断力・表現力等の育成」を重視し，それらを支えるものとして言語的活動を強調している。総合的な学習に

おいても同様である。たとえば，体験活動においても各自が感じたことや思ったことを言葉に表したり，レポート等にまとめさせたりしたい。また，身近な地域の課題や実生活に関わる課題を取り上げ追究する総合的な学習にあっては，多様な年齢や立場の人と交流することが多く必然的に言語を用いることが多くなる。さまざまな問題解決や交流を通して国語等の学習で身につけた言語を活用するとともに「生きた言語力」を磨いていくことができる。

現行学習指導要領では，ともすれば「主体性」が強調され過ぎた。新学習指導要領では目標の中に「協同的に」という文言が入り，配慮事項にも「他者と協同して問題を解決」が盛り込まれている。たとえば，特に中学生は発達段階的にも他者との関わりが苦手であるが，同級生の子どもだけでなく異年齢や異校種の子ども，地域の大人や専門家などとの，年齢や立場を超えて協同的に問題解決できる力の育成を重視していきたい。

(6) 充実化のための「探究」的な研修の工夫
1)「探究」の二重構造

総合的な学習の時間が導入されて10年余りが経過したといえ，多くの教師にとって総合的な学習の時間は未知の部分が多い。小学校や中・高等学校で学習した経験も教員養成段階において関連の講義や教育実習を受けたこともほとんどない。経験したことのないことを教えることに不安を感じるのは仕方がないことである。学習方法や指導方法について十分な理解や技能をもっていないだけでなく，その取り扱う課題についても未知な部分が少なくない。環境や福祉，健康，国際などは教科指導で部分的に扱った経験はあるものの，それらは学習指導要領に準拠した教科書に沿った場合が多い。それらの具体的な課題について自ら研究を重ね理解し，教材化を行ったうえで取り組んでいることはそう多くはない。

総合的な学習の時間はその指導方法・学習方法，取り組む課題に関して，何か明確な正解や答えがあるわけでなく，教師にとっても「探究」的な学びなのである。

2）なぜ，ワークショップか

　筆者の専門は授業研究やカリキュラム研究であるが，総合的な学習の充実のために各種研修に関わるなかで「研修自体を変えなければ」と強く思うようになった。その理由は以下である。

① 総合的な学習が充実し，「生きる力」の育成や狭義の学力の向上，家庭や地域との連携・協力の強化など，実績を上げている学校は研修体制がしっかりしており，個々の教師の専門性や持ち味を活かし合う雰囲気がある。

② 主体的・協同的に問題解決を展開するスタイルの学習を子どもの頃や教員養成段階で体験していない教師が，そのイメージを理解し，適切な指導方法を開発していくうえで総合的な学習における学習スタイルに近い研修を体験することは有効である。

③ 総合的な学習の充実のためには子どもや学校，地域の実態や特性を踏まえた年間指導計画や単元計画の作成と改善，家庭や地域との連携・協力等々が必要であり，これらは各学校の教職員における日常的・継続的な研究によって実現可能である。

④ 集合研修や校内研修において，各教師の研修にとどまっていることが少なくない。教師の研修とは教育実践や子どもにフィードバックされることで初めて価値がある。

　これらの問題意識のもと，子どもや地域を理解している教師一人ひとりが自己の専門性や持ち味を出し合い，学校や教師が抱えている課題について協同的に解決を図りつつ，教材や単元，学習環境等の具体的な「もの」を作る過程において，教師が互いに学び合う，ワークショップ型の研修の必要性と有効性を見出してきた。

3）ワークショップ型研修の実施上のポイント

　各学校で新教育課程対応のためのワークショップ型研修を展開するうえでのポイントは以下の通りである。

① 新教育課程に対応する授業実践を行ううえで何が必要か，何を改善していくべきかを全教職員で出し合うことである。それをもとに研修のテーマや内

容を決定する。つまり，ボトムアップ的に研修の中身を決めていくのである。実際にこのような手順を取った学校は年間を通して充実した主体的な研究・研修が展開していった。

② ワークショップにはさまざまな手法がある。KJ法やウェビングが常用されるが，ロールプレイングやマトリクス法，概念化シートなども有効である。また，「問題を抽出整理するワークショップ」と「整理された問題ごとにその解決を図るワークショップ」，「地域を探索し素材を見つけ出すワークショップ」と「その教材化を図るワークショップ」といったように複数のワークショップを組み合わせる方法も有効である〔村川編著 2005〕。

③ ワークショップ型研修では複数のグループが作業をするために時間管理も重要である。あらかじめゆとりをもって時間設定しておき，活動状況に応じて少し延長するのが得策である。

④ 各グループの成果発表の時間は1〜2分でもよいから取りたい。校内研だからいつでも情報交換ができるというのはたいてい実現しない。少しでも発表を聞いているからこそ興味もわくし，質問の糸口も見えてくるのである。

ワークショップ型研修を通して今次改訂が求めている「学び」を教師自身が体験しつつ，それに見合った授業づくりを展開していくのが得策であろう。総合的な学習の授業づくりや授業実践を通して，各教科等の授業改善にもつながっていく力量を身につけていきたいものである。

演習問題
1 新学習指導要領における総合的な学習の時間の改訂のポイントを整理しなさい。
2 総合的な学習の時間の充実化を図っていくためには，各学校においてどのような内容や方法の研修が必要だと考えますか。

【推薦図書】
立田慶裕編著［2006］『キー・コンピテンシー』明石書店
村川雅弘・野口徹編著 [2008]『教科と総合の関連で真の学力を育む』ぎょうせい
村川雅弘編著［2010］『「ワークショップ型校内研修」で学校が変わる　学校を変える』教育開発研究所

第Ⅳ部

学校における連携と協力

第8章
問題に対する組織的対応の必要性

1　学校組織の一員としてのマネジメント・マインドの形成

(1) 学校組織の特徴と課題
1) 従前の学校文化と学校組織
　学校には民間企業などとは異なる組織特性，いわば学校文化に根ざした独特の教育活動というものが存在する。明治の学制公布以来，わが国において百数十年間にわたって培われた独特の文化であり，児童・生徒はもちろんのこと，周囲の人々も「学校」を信頼のまなざしでみており，その担い手である教員には他の職業には見られない自負心や責任感が醸成され，それがさまざまな教育活動につながっていると考えられる。今日，民間企業やその他の社会で活躍された人が教員になるケースがあり，そのことは学校に活性化を与えるという点で好ましい動きであるが，実際には，なかなか学校現場になじみにくいという課題がある。独特の学校文化の理解に時間がかかるのであろう。
　学校においては，少数の管理職（校長，副校長，教頭，事務部長など）が，大多数の教職員集団とともに学校経営にあたっており，相互の意思疎通を図ることが従前からの課題である。1974（昭和49）年に教頭職が法制化されるまでは校長のみが管理職であったことからも，基本的にはフラットな人間関係が学校組織の基盤となっており，そこで育まれた人間関係を生かしながら，すべての教職員が協力して学校経営にあたってきた。
　複雑な現代社会において，組織としてのラインを重視し，校長のもとに教職員集団が結束して問題の解決にあたるのが当然といえば当然であるが，一方では，教員の自由裁量を可能にしたゆるやかな集団形成が望まれている面もある。
　また学校組織に対して，社会的信頼感があることも重視すべき事柄である。

子どもに対する教育やしつけ，問題行動への対応やさまざまな悩みについて，多くの保護者はまず学校に足を運ぶであろう。そのことは保護者の学校依存という負の意識を形成する可能性をはらむものではあるが，一方では学校に対する信頼であり，教職員集団に対する期待があるからといえる。

2）現代の学校文化と学校組織

　今日ほど，学校教育が深刻な状況にさらされている時代はないのではないか。学校が社会の急速な変化に十分に対応しきれていないという面があるだけでなく，学校に対する社会のニーズが変化し，学校を取り巻く諸環境も大きく変貌した結果である。教育のグローバル化や情報化が進展し，社会的にさまざまな教育課題が浮かび上がってくる一方で，保護者や子どもの意識や行動の変化による新しい教育課題の出現は，学校がその対応に追われることになり，結果として危機的状況をつくり出すことにつながる。

　社会的には，受験を目的とする価値意識の浸透から生じる教育の画一性の問題があり，保護者や子どもの学校に対する依存と要求の多様化は，ますます増大傾向を示し，モンスター・ペアレントという用語さえ生み出した。学校が凶悪な犯罪事件の場になるという，かつては経験したことのない問題も起きた。

　さらに，今日ほど，学校の安全・安心の確保が課題となっている時代も見あたらないのではないか。これらの事象は，従前からの学校文化を確実に変質させ，教職員に自信を喪失させ，時には自尊心を損なわせるような状況を生み出し，教職員間の人間関係を分断するような雰囲気さえ現出している。

　文部科学省は，今日の学校で生起する諸課題の解決をめざし，教育改革を矢継ぎ早に，かつ継続的に実施してきているが，提示された諸施策が学校現場に見合う形で実施されるには，相当の理解と準備が必要であり，それに手間取っているのが実態であろう。

　しかし，学校組織や人材には相当な力量があると考えられ，実践課題とプログラムさえ明確になれば，かなりの教育成果が得られることも予想される。要は校長がリーダーシップを発揮し，学校をどのように効果的・効率的に運営するかである。そして全教職員が学校運営に協力し，校長のもとに自分に与えら

れた課題に立ち向かい、教員としての責任をどのように果たすのかということが重要となる。現代社会では、学校運営をPDSやPDCAなどの経営的観点でとらえることが必要となっており、そのことが学校組織を活性化するという理解が教職員に求められるのである。

（2）学校経営論による学校づくり

1）マネジメント・サイクル論

一般に、経営（マネジメント）について説明される際には、PDSやPDCAといったサイクル論が用いられる場合が多い。学校経営のプロセスを考えるならば、まず各学校の経営目標に基づいて経営計画を策定し、諸活動を実施することが学校経営の要であり、そのためには明確な経営基準を設定して、諸活動を評価することが求められる。評価結果を次期の経営目標の設定に生かすこと（フィードバック機能）は当然の経営的処置である。こうした流れをマネジメント・サイクルというが、この流れをつくる際には、学校の教育目的や理念につながるような学校の「現状把握」と「具体的ビジョン」がなければならない。

さまざまな教育課題の克服の取り組みにおいて一番課題とされるのは、質量両面における「現状把握」の問題である。学校が、関係各方面からどれだけの情報を収集できたのか、情報の精度はどうか、得られた情報を適切に分析できたかといった「現状把握」に対する問いかけが次の学校改革につながる。

また、「具体的ビジョン」を描くことも大切である。ビジョンが明確でなければ、具体的な課題が見えにくくなる。到達目標がわからなくなり、教育活動が発達的に資産化されにくくなるという弊害が出る。

2）学校に求められる経営力

学校に求められる経営力とは、いったいどういったことをさすのだろうか。市場原理や競争原理にたつ民間企業の経営力とは異なったものであることは間違いないが、学校にも経営という概念を導入すべき時代を迎えているのである。確かに、学校は行政施設（地方自治法第244条）の1つではあるが、学校の自律性（school-autonomy）と呼ばれる学校固有の特性があり、これを確立するとこ

ろから学校経営が始まる。

　学校経営とは，組織体としての学校活動を維持し，それぞれの学校の教育目標の実現をめざして，効果的・効率的に実施する教育活動を進めることであり，実際の学校経営においては，人的，物的な諸条件の整備を通して教育活動を統括したり，運用を図る作用が必要とされる。学校経営を進めるためには，構造化された学校経営組織が必要であり，教育，研修や運営においての分担と協働，さらには責任範囲の明確化が図られねばならないと考えられる。

　学校経営という観点から，計画・実施・評価に関わるマネジメント・サイクルが必要だとされ，今日では，学校評価の問題が特にクローズアップされていることに留意する必要がある。学校評価については，当該校の教職員はもちろんのこと，子どもたち，保護者や地域住民などの直接的に学校に関わる関係者だけでなく，第三者も学校評価実施者の対象となる。

　近年においては，保護者や地域住民等の学校関係者が，学校運営に参加・参画すること（経営参加論）が必要であると指摘されている。こうした人々によって，学校経営についてのマネジメント・チームを編成できるような環境づくりに取り組むことが重要であり，学校だけでなく，保護者や地域住民が責任と権限をもって学校運営に参画できるような体制づくりが求められている。そのための学校経営として，関係者それぞれの責任の所在の明確化，教育条件や内容の均等な保障，学校の閉鎖性や画一性の打破や学校状況のわかりにくさを克服することが課題となる。その意味で重要なことの1つに，学校による説明責任（アカウンタビリティ）という課題がある。学校・学年・学級通信などの保護者への通知や保護者会などの場を通して，これまで以上に学校の教育方針や教育内容・方法などを説明することが必要とされる。

　次に学校経営の点で重要な事柄として指摘すべきことは，学校教育課題の焦点化と校内合意形成の問題がある。前者については，学校評価の結果を踏まえて教育活動全体を評価し，それをフィードバックすることになる。後者については，校務分掌などの校内組織の中で，課題，条件や問題点などを示し，構成員間や関係組織における協議の場で意見調整を図ることである。そこでの調整機能を働かせつつ，校内合意形成をめざすことが重要である。その際，校長の

指導力やリーダーとしての役割が大きいことはいうまでもない。

さまざまな教育課題には，あるべき姿や求めるべき教育活動が存在するはずである。それらが不明確では，教育活動は低調にならざるをえない。学校が明確で具体的なビジョンをもつことは，そこに教育活動の一定の到達点を示すことであり，学校はそこにいたる方策を模索することになる。その際に，優先順位（プライオリティ）をつけながら実践することを忘れてはならないだろう。

> **演習問題**
> 1　学校経営におけるマネジメント・サイクルということが必要とされていますが，どのような内容をいうのでしょうか。
> 2　あなたは，学校で校内合意形成を進めていくには，どのような仕組みや取組が必要だと考えますか。

2　保護者・地域社会との連携

（1）学校教育と社会教育の協働化

1）生涯学習の理念の理解

改正された教育基本法は，第3条で「生涯学習の理念」を示し，わが国の教育を進める際の基本的な理念としての生涯学習が重要であるとした。

生涯学習の理念に立って，国民に提供すべき教育サービスが学校教育行政であり，社会教育行政である。同法第12条「社会教育」では，社会教育が国や地方公共団体により奨励・振興されるべきであることを規定し，第2項では「学校の施設の利用，学習の機会及び情報の提供その他の適当な方法によって社会教育の振興に努めなければならない」としている。同法第13条では，「学校，家庭及び地域住民その他の関係者は，教育におけるそれぞれの役割と責任を自覚するとともに，相互の連携及び協力に努めるものとする」となっている。こうした文脈に示されていることは，学校教育と社会教育とが相互に主体性をもちつつも，連携・協力し（学社連携），さらには両者が融合し合う（学社融合）ことによって，新しい形の教育主体を形成する営み，すなわち学社協働化にまで及ぶ可能性を広げたものと解される。

1965年にパリのユネスコ本部で開かれた成人教育推進国際委員会でのラング

ラン・レポートにおいて,「学校教育の世界にも,学校外教育の世界にも生涯教育のいろいろな要素はすでに存在しているとはいえ,欠けているのは責任を適切に配分することを許し,どこでも必要が感じられている構造の改革を考えたり準備したりすることを助けるような,教育問題の総合的な見方である」「理論の領域においても具体的な実践の領域においても,推し進めていくべきであるのは,一連の調和化である」と述べられている。生涯教育のめざすところに,実は教育の統合化の視点があることを考える必要がある。

2）社会教育との協働化の過程

　それではなぜ,学校教育と社会教育の協働（以下,学社協働）化が推進されようとしているのだろうか。まず考えるべきことは,急激な社会の変化によって,保護者や地域住民の学校に対する要望が多様化し,高度化してきたという事実である。その背景には経済・社会の構造改革の大きな流れがあることはいうまでもない。1960年代の高度成長時代以降,わが国のほとんどすべての地域が「都市化」され,学校を取り巻く状況が大きく変化した。

　学校教育と社会教育の協働化の過程をみると,4段階を経ているようにみえる。第1段階とは,いわゆる夜間や土曜日・日曜日の「校庭開放」であり,1960年代以降は「地域に開かれた学校づくり」というスローガンが掲げられた時期である。第2段階としては,1990年代から始まった「学社連携」の取り組みがある。この取り組みの「社」とは,元々は社会教育をさしていたが,今日では地域社会を示すようになった。第3段階として期待されているのが「学社融合」の取り組みであり,最終段階としては「学社統合」をめざしているように思われる。

　学社協働化に必要なことは,学校教育の機会や運営を住民自身も参加・参画して行うことである。こうした経験から学校を知った保護者（家庭）や地域住民に対して,学校は学校としての対応を変化させなければならなくなる。保護者や地域住民には,社会教育の機会を拡大し,教育という活動についての住民自身の「学び」を深めるような支援を拡大しなければならない。そうでないと,いつまで経っても地域住民と学校との相互理解が深まらないであろう。

教職員は自分たちの仕事について精査することも大切である。従前のように，何から何まで教職員だけでやっていくというような仕事のスタイルではなく，優先順位をつけて教職員がどうしてもやらなければならない仕事の段取りを決めていくという考え方をもつことが望まれる。学校だけでなく，保護者も地域住民も「みんなで子どもを教育する」という視点が必要なのである。

　このことは，前述したような，従前からの学校文化をさらに変えるものになるかもしれない。しかしながら，現状を維持することは，教職員の仕事量の増大を生むだけであり，教育実践のなかで教職員自身が埋没していくような事態となる危険性をはらんでいる。こうしたことは，どうしても避けなければならない事柄であり，教員自身の意識変革が不可避となっている。よく考えてみれば，学校と同じ公教育としての社会教育があり，社会教育主事のような教育に関わる専門的職員もいるのであるから，助言などの援助を求めることも可能である。

（2）社会教育と連携したコミュニティ形成

１）コミュニティ形成をめざすシステムづくり

　保護者や地域社会との連携を進めていくためにまず必要なことは，学校を核として，地域で教育を推進していくためのシステムづくりである。学校が有する自律性に照らして，教育主体の確立をめざした地域教育をどう構築していくのかが問われるのであり，地域教育の構造化が図られねばならない。地域教育を進めることは，新たな地域知（地域知財）を創り出す可能性があり，そのための総合システムの確立が期待される。

　具体的には，社会教育施設や社会教育関係団体との間の連絡調整の強化が必要であり，たとえば社会教育関係団体の中核組織であるPTAの活性化を図ることが求められる。また，地縁組織である自治会，青年団などの青少年団体，婦人会のような女性団体との連携をめざす必要がある。NPOやボランティア団体などの市民団体との連携も必要となる。こうしたシステムづくりに教職員がどのように関わり，支援するのかということが重要なポイントである。

2) コミュニティ形成をめざす実践活動

　システムをつくると，次に実際的な活動をどうするのかという経営的観点が必要となる。学社連携や学社融合はもとより，住民参加・参画による子育て支援の活動の範囲をどれだけ大きくできるかが試金石といえよう。

　地域住民の参加・参画といっても，いつも同じメンバーでは活動が広がったとはいえない。学校を支援しようとする地域住民は潜在的に大勢いるはずで，そうした人々の心をどう掴むのかが問われているのである。そのためには，多種多様な地域教育活動を実施することが望ましい。地域行事への参加の呼びかけであり，ボランティア活動を育てる機会をつくることである。まず教職員ができる仕事を分担することであり，たとえば地域住民に対する情報提供や学習相談活動から始めることになる。

　地域教育活動が定着すると，教育に関する話題はもちろんのこと，地域社会に共通する課題や問題が自然と話し合われるようになり，教育コミュニティが形成されていくことになる。保護者や地域社会との連携を進めるうえで，教職員に必要とする意識で何よりも大切なことは，地域との連携の意味を探ることにある。このようなことがなぜ必要なのかを問うことから出発する。たとえば，不安定な環境条件のもとで生きている子どもたちには心の荒廃があり，「生きる力」が失われているような状況もみられる。そのための支援方策にどう取り組むのかについて話し合うことから地域住民との連携が始まる。

3) 教職員の意識変革の必要性

　これまで保護者や地域社会と学校との連携について述べてきたが，実際の学校現場や教職員の意識はどうであろうか。日本の教職員は質的に優れているとされており，事実，有能な人材が学校教育に送り込まれてきた。現場での多くの教職員意識には高い自尊心に基づく仕事への意欲があり，何でも自分たちでやろうとする気風もある。

　しかし，今日のように，学校関係者の間で複雑で多様な価値観がぶつかり合うような状況下では，これまでのような意識や行動ではやっていけない現実が生まれている。そのことへの理解が必要であり，そうであるがゆえに，教職員

が保護者や地域社会を学校運営のパートナーとしてとらえるべき時代が来ている。教職員一人ひとりが，保護者や地域社会との「連携・協力」や社会教育関係者の援助の必要性を自覚すべきだと考える。

これまで取り組まれてきた「連携・協力」は，学校側の一方的な都合であったケースがあり，保護者や地域社会が何のために「連携・協力」するのかが十分に理解できていないままに，学校からの要請に応えてきたというような経緯が多々みられる。学社協働化は，学校，保護者や地域社会の各々が，主体的パートナーとして「連携・協力」を推進することが原則となる。

「みんなで子どもを教育する」コミュニティづくりを，パートナーシップの原則のもとに進めるとき，互いが確認すべき事柄がある。学校と保護者や地域社会の間での教育責任の範囲の確認である。学校と保護者や地域社会の間に教育責任の分担と共有についての「契約関係」の導入の必要性があり，関係者が協議し合う場の設定が求められる。それが地域教育協議会であってもよく，学校支援地域本部であっても構わない。このような多様な取り組みを進めるために，社会教育関係者はもちろんのこと，地域の関係者相互が協働し，ネットワークを構築することから，教育を柱としたコミュニティが創造されるのである。

(3) 学校支援地域本部事業

学校と保護者や地域社会との連携，あるいは教育を柱としたコミュニティづくりを具体化するための方策として，2008（平成20）年から文科省の補助金が執行され，実施化されているものに「学校支援地域本部事業」がある。

補助対象となる事業内容は，学校支援地域活性化推進委員会の設置や学校支援地域本部事業の実施である（図表8-1）。文科省内に学校支援地域活性化推進委員会を設置し，学校支援を通じた地域の連帯感の形成等に関する検討を行うとともに，全国の中学校区単位に地域全体で学校教育を支援する体制づくりを推進し，地域住民の積極的な学校支援活動を通じて教員の負担軽減を図るものである。

学校支援地域本部事業においては，学校長，教職員，PTA関係者，公民館長や自治会等関係者で構成される地域教育協議会が，学校からの協力依頼に応

図表8-1　学校支援地域本部のしくみ

学校支援地域本部の基本的な仕組みは、
「地域コーディネーター」「学校支援ボランティア」「地域教育協議会」で構成されますが、
学校や地域の状況に応じていろいろな仕組みが考えられます。

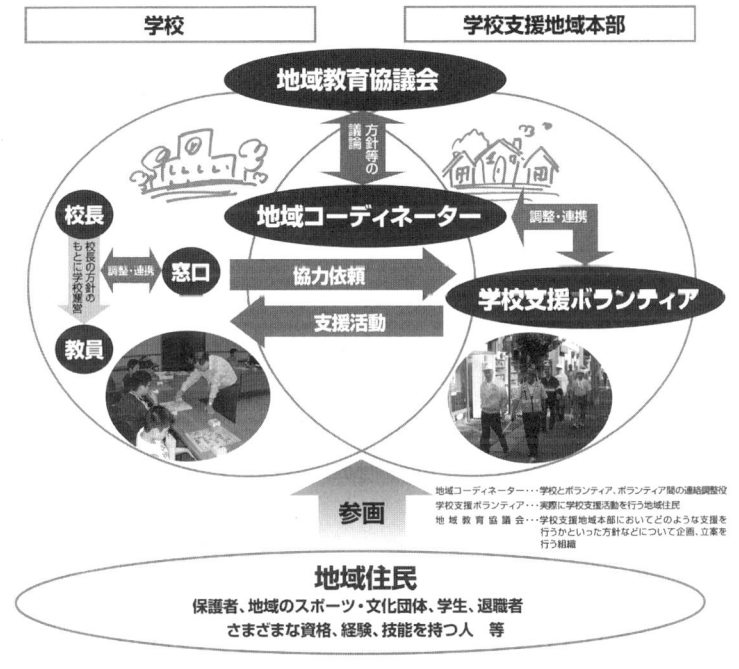

［学校］　　　［学校支援地域本部］

地域教育協議会

方針等の議論

校長 ― 校長の方針のもとに学校経営
調整・連携
窓口 ― 協力依頼 →
← 支援活動
教員

地域コーディネーター
調整・連携
学校支援ボランティア

地域コーディネーター…学校とボランティア、ボランティア間の連絡調整役
学校支援ボランティア…実際に学校支援活動を行う地域住民
地域教育協議会…学校支援地域本部においてどのような支援を行うかといった方針などについて企画、立案を行う組織

参画

地域住民
保護者、地域のスポーツ・文化団体、学生、退職者
さまざまな資格、経験、技能を持つ人　等

出所：文部科学省「学校支援地域本部事業のスタートにあたって」

じて学校支援を行うことになる。地域教育協議会が学校支援地域本部を設置し，学校支援事業の企画立案や事業評価，人材バンクの作成等を行い，これを受けて地域コーディネーターが実際的な業務を担当する。その際，学校支援活動に参加する意欲のある地域住民がボランティアとして参加することになる。登下校の安全指導，学習補助，学校図書館活動，植栽の整備，クラブ活動などの授業外の教育活動や清掃活動などがボランティアらの協力によって実施される。

　活動を進めていくためには，地域の人材活用が不可欠となる。社会教育の場で学んだ人たちが人材として期待されており，人材バンクの設置や研究会の開催などが行われる必要がある。公民館などの社会教育施設やPTAなどの社会

教育関係団体との連携によるメニューづくりが重要な支援となり，こうした事業には校種を越えた学校（たとえば，中学校にとっては小学校や特別支援学校）との連携・協力も必要となる。

学校支援地域本部事業を通して，地域全体で学校教育を支援し，学校と地域との連携体制の構築を図り，多様な形態の教員支援を可能とし，教員や大人が子どもと向き合う時間の拡充を図ることから，地域の教育力の回復がめざされるのである。

> 演習問題
> 1 教育を柱としたコミュニティづくりにおいて，教職員はどのような役割を果たすのでしょうか。
> 2 学校と保護者・地域社会との連携を進めるにおいて，あなたは社会教育主事などの社会教育関係者にどういったことを期待しますか。

3 その他近年の状況を踏まえた内容

(1) 学校評議員制度

学校評議員制度は，教育委員会から学校評議員として委嘱された有識者，保護者や地域住民などが，校長の求めに応じて学校運営に関する意見を述べる独任制の助言機関である。1998（平成10）年の中教審答申「今後の地方教育行政の在り方について」で設置が求められ，その後，2000（平成12）年の学校教育法施行規則の改正などによって具体化された。

制度の意義としては，「地域に開かれた学校」づくりの進展に寄与し，学校による社会への説明責任を果たし，学校教育への参加と支援を実現し，学校教育評価の可能性を導き出すものとして考えられている。

学校評議員の役割としては，校長から学校経営についての情報提供を受けることにより，校長の求めに応じて意見を具申することである。つまり，校長にとっての判断材料が提供されることになり，校長の学校経営のサポーターともいえよう。学校評議員の具体的な活動としては，教育課程全般，生徒指導，進路指導，学校独自の取組に対する意見や提言，あるいは生徒や保護者の意識についての意見交換などがある。

特に学校評価に関しては，学校の自己評価に対する意見や指摘，生徒や保護者の評価との差異の分析，第三者評価を学校評議員自身が行うことなど，期待されることが多い。学校評議員制度が活用されることにより，学校と保護者や地域社会の連携がより前進し，関係者が協働で行うことができる教育実践を生み出し，PTAや自治会などの諸団体や諸組織との連携が進み，住民参加の学校教育が推進することができると考えられている。
　こうした事柄以外にも，特色ある学校づくりが期待され，「総合的な学習の時間」などへの協力を視野に入れている学校もある。文科省の統計では，現在は全国の8割を超える公立学校で制度が活用されている。

（2）コミュニティ・スクール（学校運営協議会制度）

　「地域に開かれた学校づくり」を，よりいっそう推進させる方策として，2004（平成16）年6月に，地方教育行政の組織及び運営に関する法律（略称；地教行法）が改正され，創設されたのがコミュニティ・スクールである。コミュニティ・スクールとは，教育委員会から指定され，保護者や地域住民などを委員とした合議体として「学校運営協議会」を設置した学校のことをいう。協議会は，校長が作成する学校経営の基本的な方針や目標を承認したり，所管の教育委員会に対して，教職員の任免等に関しての意見具申ができる。保護者や地域住民からなる学校運営協議会の委員は，一定の権限と責任を有し，そのことを通して学校経営に参画できる。
　コミュニティ・スクールに期待されている効果は，「地域に開かれた学校づくり」や，授業改善に関わる教員の意識変革である。学校を中心とした地域の活性化や結束が強くなること，地域住民と学校との交流が盛んになり，学校に活気が生まれ，地域や学校にある課題解決に向けての動きが高まることもあげられる。さらには校長の学校経営の方針が保護者や地域社会に理解され，その実現に向けての支援体制が形成されることにつながると考えられている。
　教育基本法第13条の考え方を具現化する方策として，コミュニティ・スクールを活用することは，「みんなで子どもを教育する」コミュニティづくりに貢献することになり，地域の教育力の再生にもなる。2009（平成21）年4月現在，

コミュニティ・スクール指定校は全国で30都府県478校となっており，今後ますます拡大していくことが予想される。

(3) 学校評価

　学校経営論による学校づくりを論じるなかで，学校評価の果たす役割が強調されている。学校運営の改善と発展をめざすには，教育活動の検証や成果の確認とともに，点検と見直しが必要であることから教育評価が重視される。

　2007 (平成19) 年6月の学校教育法改正において，学校が評価を行い，結果に基づいて学校運営の改善を図り，教育水準の向上に努めたり，学校が情報提供を進めるなどの新たな規定が示された。法改正を受けて，同年10月には学校法施行規則が改正され，学校評価に関わる事項が設けられた。①自己評価の実施・公表，②自己評価結果を踏まえた学校関係者評価の実施・公表，③自己評価結果及び学校関係者評価結果の当該学校の設置者への報告についてである。2008 (平成20) 年1月には，「義務教育諸学校における学校評価ガイドライン」(2006年3月策定) が改訂され，高等学校や特別支援学校も対象とした「学校評価ガイドライン」が新たに提示された。

　ここでは，①各学校の全教職員が行う自己評価，②保護者や地域住民などが能動的・主体的に評価に参画する学校関係者評価，③学校と直接関係を有しない専門家などによる客観的・専門的な視点から行う第三者評価を学校評価とし，次の3点が重要であるとした。①学校評価を実効性あるものとし，学校の事務負担を軽減する点から，自己評価について，網羅的で細かなチェックを行うのではなく，重点化された目標を設定し精選して実施すること，②学校関係者評価については，自己評価の客観性・透明性を高めることとともに，学校の状況に関する共通理解を深め，学校・家庭・地域の連携協力を促すことを目的とすること，③学校評価の結果を設置者に報告することにより，設置者が学校に対して適切に人事・予算上の支援・改善策を講じることが重要であること。

　ガイドライン改定前年の2007 (平成19) 年には，関西在住の筆者も文科省の学校評価委員として第三者評価試行に携わり，関東圏の公立中学校などで調査活動を行った。調査項目は，大項目，中項目，小項目の3種類に区分され，小

項目は「指標」「指標（データ等）」の２種類に区分されている。こうした調査で，「各教科等の状況」「児童生徒の状況」「学校の管理運営の状況」「学校・家庭・地域の連携協力の状況」（以上，大項目のみ記載）が評価された。

　学校評価は，全国的には着実に浸透しつつあるが，多くは自己評価であったり，また結果の公表が遅々として進展しないという課題もある。

（4）学校選択制

　アメリカにおける教育改革で問われている課題の１つに，学校の個性化と学校選択の問題がある。後者の学校選択に関わる新たなシステムとして登場したのが「オープン・エンロールメント（open enrollment）」である。学校の個性化に対応して，通学区に拘束されずに学校選択を可能とする仕組みであり，保護者や子どもが希望する学校を選択し，出願できる。1988年に，ミネソタ州が州内のどの学校への通学も許可するという州法を制定して以降，このような性格の法律やガイドラインが制定されるようになった。この流れは，イギリス，ニュージーランド，スウェーデン，オーストラリアにおいても導入されている。

　わが国では，これまでは公立小学校・中学校への入学において，居住する市町村に複数の学校がある場合には，就学すべき学校を指定してきた。しかし，今日の社会ではその規制を緩和しようとする動きもあり，市町村によっては保護者の要望を聴取し，学校指定に向けての参考にする所も存在する。2003（平成15）年３月に学校教育法施行規則が改正され，市町村教育委員会が学校選択制を導入できるようになった。

　　演習問題
　　1　コミュニティ・スクールというのは，どのような考え方と意義をもった学校をいうのでしょうか。
　　2　あなたは教職員の一人として，学校評価の実施に何を求めようと思いますか。

4　対人関係・日常的コミュニケーションの重要性

(1) はじめに

コミュニケーション（communication）は、「共有する」あるいは「共通なものとする」というラテン語の語源を有する語である。コミュニケーションという言葉にはさまざまな定義があるが、たとえば「人間が、一定の環境条件で言語及び非言語メッセージの交換により、相互に影響し合い、思想や感情を共有する過程である」[橋本・石井 1993：9]、あるいは「他者を理解し、かつ他者からも理解されようとする過程で、状況全体の動きに応じて、ダイナミックで、常に変化する動的なものである」[植村ほか 2000：5]といった事例をみるとき、社会のさまざまなレベルで成立している人間同士の関係性のなかで、相互理解を深めるために情報・知識・感情等を交換するプロセスそのものをさすことがわかる。人間を相手にする職業である教師、その教師の仕事の中核にあるのがこのコミュニケーション活動であるということができる。

(2) 学校組織の従来型二重構造とその改革

学校組織は、従来より官僚型組織と専門職型組織の複合型組織であるとみなされている。教師は専門知識と技能を有し、教員免許という特殊な資格をもつ専門家集団である。個々の教師はそれぞれの授業あるいは学級の運営・指導を全面的にまかされており、個別のクラス、科目、授業における目標設定、カリキュラムの管理・運営および授業計画の策定、教授法の選択と評価基準の設定、その他諸活動にいたるまで、基本的には専門家集団としての教員の専権事項であると考えられてきた。

一方で、学校組織は校長をリーダーとする組織としての統合性を追求する階層構造をもっている。大勢のフラットな教員集団が個別の学級集団を管理運営する反面、「なべぶた型」と呼ばれる少数の管理職が組織の統合性を維持するために学校全体を管理運営する緩やかな階層構造を有する二重構造組織である。この二重構造が組織内の対人関係にも、また組織運営にも大きな影響を及

ぼすのである。

　近年，学校組織を改革して従来の「なべぶた型」二重構造を改め，企業経営的「ピラミッド型」組織に変化させる動きがある。校長のリーダーシップを強化し，副校長・主幹教諭・指導教諭等の中間管理職を導入することで，専門家集団である教員グループ内に行政管理的手法を取り入れ，成果をあげるべく組織改革がさまざまに図られている。

　これは，学校に対する規制緩和の動向とも呼応するものである。この規制緩和政策のもと，学校ごとの自由裁量権が拡大されたが，その反面学校経営に対する自己責任はこれまで以上に重いものとなっている。主体的かつ自律的な教育活動が展開できる一方で，経営責任を常に意識せねばならず，個々の学校は組織運営を強化するためにリーダーとしての校長の権限を強化し，組織構造を企業経営型へと変更することを検討せざるをえなくなっている。

　このように，学校組織は大きな改革が必要な時期にさしかかっている。企業経営型組織への変革が妥当かどうかということには多くの異論が出されている。校長は教学の責任者ではあっても，経営の責任者を兼ねることは無理であるという考え方が1つ。また，学校組織は「知識・技能・態度の育成」，「社会や文化に対する理解」，「心身の練磨」，「人格の形成」といった抽象的なものを目標とする組織であり，売上高や利益率といった数値目標を設定する一般企業などと比べ，目標達成の度合いを客観的に数値化しえないという考えもある。企業と同様の達成目標を設定するとなると，児童・生徒の成績の変化・改善を数値目標とする以外に方法がなく，そうした目標の設定が教育機関にふさわしいものかどうかということには当然議論の余地がある。

　しかしながら，学校現場は急激に変化し，従来型の学校組織体制では対応できない多くの課題が学校組織を取り巻いていることもまた事実である。不登校，ひきこもり，いじめ，学習障害，発達障害，学力低下，学級崩壊，ニート，虐待・暴力，経済不安といった数限りない教育問題とその関連諸問題に果敢に対応しなければならない現状において，学級担当者という専門職型組織に安住する教師像の有効性を批判的に問い直すことは避けて通れない課題といえるであろう。

こうした一連の動きのなかで，学級，学年，教科，さらには学校の枠さえも超えた連携への模索，つまり教室を開かれたものへと転換し，他の教職員あるいは学校外の人々とのコミュニケーションと相互理解に基づく連携協力が，今，求められている。授業には他の教師仲間はもとより，学外協力者としての保護者やステークホルダー，地域ボランティア，学生ボランティアが参加することも求められているのである。

この現状のもと，学校教職員には，学校内において他の教職員と円滑にコミュニケーションを図り，協働して問題解決に取り組む姿勢と能力が求められている。また，学外の協力者および関係者との連携を図るためのコミュニケーション能力や，両組織間の調整を図るためのマネジメント能力も教職員にとりわけ不可欠なものとなってきている。

つまり，今までの閉じられた社会から，より開かれた社会へと自ら動き出す組織改革が学校に求められているのである。自学の預かる児童・生徒の現状把握と将来像，学校が立地する地域性等を見極め，改めて自学の教育機関としてのミッションと長期，中期，短期の目標を設定し，その達成度を精査したうえで説明する責任を教職員は自覚する必要がある。この学校運営を実現するためのリーダーは校長であるが，具体的な活動を実践するのは教職員，ことに現場教員である。教員のコミュニケーション能力を高め，職務遂行能力を強化し，大きく変化する現実に対応できる学校組織の改革が求められているのだ。

(3) 学校組織とコミュニケーション

学校が社会における1つの組織として機能するとき，その組織の内外で展開するコミュニケーションにはどのようなものがあるのか。学内コミュニケーションとして，校長や教頭などの管理職者，同僚の教師グループと事務職員，そして児童・生徒とのコミュニケーションが存在する。学外には，児童・生徒の保護者，地域住民，あるいは教育委員会関係者などが存在し，一人ひとりの教師はこのような人々とコミュニケーションを通じて相互理解を深め，人間関係を築いていくことが求められている。

教師の人間関係を規定する要因としては，学校の規模と種類，教師の年齢や

性別，管理職のパーソナリティと管理方法，学校組織風土等があげられる。複数の要因が複合的に作用し合い，個々の人間関係に影響を及ぼすと考えられる。良好な人間関係を築くためには，さまざまなコミュニケーション活動を通じて情報の収集，知識の活用，適切な情報の伝達等が必要なのはいうまでもない。

1) フォーマルとインフォーマルなコミュニケーション

コミュニケーションにはフォーマルなものとインフォーマルなものとがある。学内における最もフォーマルなコミュニケーションの場は職員会議である。それ以外にたとえば学年会議や科目会議，学校行事等の場が考えられる。職員会議では校長，教頭からのトップダウン・コミュニケーションの割合が高く，管理職からの連絡事項が最終意思決定として通達されるか，もしくは決定直前に方針説明が行われ職員会議の了承を得るということがなされる。一方，ボトムアップ・コミュニケーションとしては各種報告が中心となるが，限られた会議時間のなかで，提案・討議型のコミュニケーションを十二分に図るのは困難なことといわざるをえない。

インフォーマルなコミュニケーションは，さまざまな個人レベルの関係内で行われる。出身校や組合，飲み会や趣味を通じて仲間となる例などが考えられるが，このような個人的なコミュニケーションを通じて集団がまとまり，個人的な悩みの解決や協力関係が成立することも大いにありうる。

2) 児童・生徒とのコミュニケーションにおける教師の自己分析

教師にとって日常的なコミュニケーションとは，管理職との（フォーマルな）コミュニケーション，同僚教師や事務職員との（フォーマルとインフォーマルな）コミュニケーションもあるが，最も直接的で，長時間を要するコミュニケーションは，学級やクラブ活動等における児童・生徒らとの関係のなかで展開するコミュニケーションである。

近年，教師が児童・生徒らと取り結ぶコミュニケーション能力に対する関心はますます高くなってきている。その理由の1つには，児童・生徒に対する教師の評価能力そのものについての疑念に起因するものがある。これまでは，教

師が行う評価が教師個人の能力や価値観によって変化しうる不確定なものであるという考え方は一般的なものではなかった。しかし、児童・生徒の多様な個性をより尊重する教育、相対評価ではなく絶対評価を尊重する動向のなかにあって、教師自身の評価能力そのものも問われるようになってきている。教師は自身のコミュニケーション能力に関する分析を通じて、自らの対人関係能力を高める努力が求められているのである。吉田の研究［渕上 2005：33-35］によれば、教師自身が自ら行う自己評価と、児童・生徒による他者評価にはズレがある。一般に自己評価は甘く他者評価は厳しくなる傾向があり、両者のズレが大きいほど教師と児童・生徒との人間関係は乖離したものになるという。

　この研究のポイントは自己評価と他者評価のズレを教師自らが認識し反省材料とすることにある。この「ズレ」のなかに両者のコミュニケーションギャップは生まれるのであり、この「ズレ」のなかで教師の思いは児童・生徒に伝わらず、児童・生徒に対する教師の理解は不完全なものとなる。

（4）日常のコミュニケーションと葛藤

　個々の教師のコミュニケーション活動が円滑に行われれば学校組織は有効に機能するわけだが、しかし日常生活においてすべてのコミュニケーション活動が円滑に運ぶわけではない。むしろさまざまな阻害要因が働き、心に葛藤が生じ、対人関係において消極的な態度をとることが多くなる。教師が学内外における対人関係において葛藤し、コミュニケーションを積極的にとろうとしなくなった場合、その教師自身の精神生活および社会生活上のマイナスとなるばかりではなく、学校の組織運営上の問題ともなり、組織活動を不活性化する要因ともなる。葛藤とは「個人間にみられる意見の不一致から生じる、敵意、反目、対立、抗争、闘争関係」［渕上 2005：51］と説明することができる。人に対する心の葛藤が生じる理由は利害の対立、価値観や考え方の対立、感情的・情緒的な対立などに分類できるが、利害の対立は利害関係が解消すれば消滅するのに対して、価値観や考え方の対立と感情的・情緒的な対立は、それが長い時間をかけて形成された根本的なものであったり、人間の感情という非合理的なものによって生じるものであることを考えると解消されにくいことがわかる。

先に述べたように，学校組織は客観的データや数値によって計りにくい抽象的なミッションと目的をもつ機関であること，さらに個々の教員の教育に対する価値観や理念の違いを尊重し許容する組織構造であるため，明確な利害対立は生じにくいものの，一方で解消困難な価値観あるいは情緒的な対立が生じやすいともいえる。そうした状況のなかで対人葛藤を避けるために，コミュニケーション活動に対して消極的になるという安易な選択をする教員も存在するであろうし，それが結果的に学校組織の有効性を低めてしまう可能性もある。

　コミュニケーションと職務意欲には関連性があることがわかっており，学校経営に関する課題について，同僚との日常的なコミュニケーションに積極的な教員は職務意欲が高く，消極的な教員は逆に職務意欲が低い。つまり，積極的にコミュニケーションをとろうとする教員は職務分掌などの学校経営に関わる仕事にも意欲的に取り組むが，孤立傾向にある教員は学校経営に関わる事象に対する取り組みには意欲を示さない。

　前項において，対人コミュニケーションにおける自己評価と他者評価の「ズレ」が相互理解の「ズレ」となり，対人関係のみならず学校の組織運営にも影響を及ぼすことを指摘した。対人葛藤も相互理解のギャップあるいは欠如の1つの表れとはいえないであろうか。そう考えると，たとえそれが解消困難だと感じられる葛藤であっても解消する方法を探し出すことは，個人の精神生活および社会生活にプラスになるばかりでなく，学校組織全体にとっても有効となるはずである。組織としての対応が必要なところである。

（5）教師の職務遂行能力の開発・改善とモチベーション

　日常的なコミュニケーションを積極的に図ろうとする教員は職務分掌などの学校経営に関わる仕事にも意欲的に取り組むが，孤立傾向にある教員は意欲を示さない場合が多いということはすでに述べた。しかし，組織としてそうした孤立傾向にある教員を放置しておくことは，組織運営上もマイナスであるばかりか，本人にとっても何らの益をもたらすものではない。

　教師が自分の担当する学級や授業には熱心に取り組むということはよくある。したがって，コミュニケーションに対して消極的傾向を示す教師に対して

は，児童・生徒との日常的コミュニケーションを円滑に運ぶことからコミュニケーション能力の開発を図ることで教師としての職務遂行能力を高め，教職に携わることに対するモチベーションを高め，ひいては学校全体としてのさまざまな活動へ参加する意欲をもたせることが有効といえるだろう。

教師はとにかく忙しい。毎日の授業や学級の世話のみならず，校務分掌等の雑務もこなさねばならず，時に膨大な仕事に追われ心身両面で多大なストレスを抱えることもある。対人関係に関しても，児童・生徒との関係，管理職や同僚教師，学校職員等の学内との人間関係，さらに保護者や地域の人々等の学外関係者との関係にいたる種々の人間関係をこなしていかねばならない。教師は職務の面でも対人関係においてもマルチ対応が要求される。このような職務上の特徴をストレスとして感じ取った場合，仕事に嫌気がさし，教職に対する疑問と疑念が生じ，意欲を喪失してしまう事態に陥ることもある。

教職に限ったことではないが，自分の仕事に対するモチベーション（動機づけ）の有無が仕事に対する意欲を大きく左右する。このモチベーションにも外発的と内発的の2種が考えられる。外発的動機とは義務や報酬によってもたらされるものであり，内発的動機とは好奇心や興味・関心によって支えられるものである。

内発的動機づけを高めるためには，本人が教職そのものに興味・関心を抱き，自主性を尊重して自発的に課題を設定し，自己責任において課題に取り組み，解決へと導き，解決することによって自己有能感を高めるような経験を積み重ねていくことが大切である。

日常的コミュニケーションを円滑に図ることができず孤立傾向にある教員に対しては，本人が興味・関心を抱いている教科指導や学級指導に関する課題を設定し，責任をもって自律的に課題解決に取り組むことで内発的動機づけを引き起こすことが可能であると考えられる。そして継続的に同様の課題解決を積み重ねることにより自己有能感が高まり，自信を得ることができ，その結果として種々の対人関係においても積極的にコミュニケーションをもつようになる。ひいては学校経営に関わる諸業務にも関わりをもつよう促すことが可能になるかもしれない。すなわち，教師が職務遂行能力を高め自信を得ることは，

学校に対するコミットメントを強め、学校組織の一員として行動するためのベースとなるのである。

（6）組織内コミュニケーションとミドル・アップダウン・マネジメント

　教員間を結び、情報や知識の共有を図るためにはどのような方法が適当なのであろうか。近年、学校組織研究において管理職も含む教職員全体の双方向的な相互作用がますます注目されている。教師の学校組織へのコミットメントを高めるためには、まず個々の教師の職務遂行能力を高めることが肝要であり、「プロフェッショナル」としての自覚と自信を養わずしては教師の組織への貢献や積極的な関わりを期待することはできないことはすでに述べた。

　さらに加えて、管理職と主任層の連携が学校組織の場で認知されるかどうかが、教師の学校組織へのコミットメントの実現を占う1つの鍵となることがわかってきている。教師が学校組織にコミットするためには、何よりもまず管理職の方針や組織運営を〈肯定的〉に受け入れることが重要であり、そのときに大きな役割を果たすのが主任などの中間管理職層である。中間管理職が、管理職のもつ教育理念や学校運営方針、さらには長期・短期のさまざまな計画の趣旨をよく理解し、一般の教師に説明し理解を得ることが重要である。そして次に、現場の意見や反応を管理職へと返すことにより、管理職と教師集団との相互理解を醸成する橋渡し的役割を果たすことができるのである。このような中間層によるコミュニケーションを柱とする組織運営のあり方を、組織マネジメント用語では「ミドルアップダウン・マネジメント」というが、特に学校組織の場では、ミドルアップダウン・マネジメントが有効であると考えられる。

（7）おわりに

　ある地方自治体の公立学校教員選考募集要項に、「求める教員像」として次のように書かれている（下線部―筆者）。

「1　豊かな人間性」
　何より子どもが好きで、子どもと共感でき、子どもに積極的に心を開いていくことが

できる人
「2　実践的な専門性」
幅広い識見や主体的・自律的に教育活動に当たる姿勢など，専門的知識・技能に裏打ちされた指導力を備えた人
「3　開かれた社会性」
<u>保護者や地域の人々と相互連携を深めながら</u>，信頼関係を築き，学校教育を通して家庭や地域に働きかけ，<u>その思いを受け入れていく人</u>

（「大阪府公立学校教員採用選考募集要項」より）

　求められる教師とは，第1に児童・生徒とのコミュニケーションができる人物であり，次に保護者や地域の人々とのコミュニケーションを円滑に行うことのできる人物であると明記されている。そして，学校組織内におけるコミュニケーションに関する言及はない。それは，専門家として仕事に取り組むうえで前提条件となっていると考えるべきである。教師に最も重要な日常的コミュニケーションは，児童・生徒および保護者や地域の人々とのコミュニケーションなのである。「共感」あるいは思いの「受け入れ」が何よりも求められているという事実は，教師が学校組織の一員として果たすべき役割は，児童・生徒およびその保護者，そして地域住民を積極的に理解することだということである。そして，彼らのニーズに応える諸活動を展開して初めて，教師としての存在意義が認められるということに常に思いをいたすことが大切である。まさしく教育はサービスなのである。

　　演習問題
　1　学校組織に必要なコミュニケーションにはどのようなものがあるか，まとめなさい。
　2　日常のコミュニケーション内で今までに経験したことのある葛藤をあげ，具体的な解決法を考えなさい。

【推薦図書】
木岡一明［2006］『学校の"組織マネジメント能力"の向上—目標達成を目指す組織マネジメントの展開』教育開発研究所
桑原広治［2007］『教育の場で，なぜ，コミュニケーションがうまくいかないのか—教育コミュニケーション入門』あいり出版
長尾彰夫ほか編［2004］『学校評価を共に創る—学校・教委・大学のコラボレーション』学事出版
渕上克義［2005］『学校組織の心理学』日本文化科学社

第9章
学校における危機管理

1 学校における危機管理の重要性の高まり

　世界で最も治安がよく安全といわれてきた日本の社会は、いつの間にか治安が悪化し、暴力行為が頻発するなど危険な社会へと急激に変化しつつある。このような社会状況の変化は、子どもたちの安全をも脅かし、本来、子どもたちが安全に安心して過ごせる場所であるはずの学校の安全神話も残念ながら崩れ去ってしまった。次代を担う子どもたちに、さまざまな危険がいつ襲ってきてもおかしくない状況があることを、大人たちが深刻に受け止め、反省しなければならない。子どもたちの安全を守るための具体的な行動に取り組まなければ、安全で安心できる豊かな未来社会の展望は開けてこない。

　学校における児童、生徒等の安全確保については、保護者や地域住民の協力を得ながら、各学校、各教育委員会において、過去の事件・事故等の教訓を生かして、通学路等の交通安全対策、自然災害に対する防災対策、犯罪被害に対する防犯対策などが取られてきた。

　しかし、阪神淡路大震災（1995年）という超大規模な自然災害の発生、また、大阪府堺市における学校給食でのO-157による集団食中毒（1996年）の発生というかつて経験したことのない災害、さらには、京都市立小学校の運動場での児童殺害事件（1999年）、大阪では大阪教育大学付属小学校に突然暴漢が押し入り多数の児童と教職員が死傷する事件（2001年）、寝屋川市立小学校で暴漢に襲われ教職員が死傷する事件（2005年）、熊取町の小学校で児童が下校途中に忽然といなくなり連れ去られたと考えられる事件（2003年）など、きわめて凶悪かつ残忍で社会を震撼させる事件など、これまで予想だにしていなかった出来事が相次いで起こった。

これらの災害や事件等の発生について，学校の危機管理が完全に抜け落ちていたといわざるをえず，このことは，学校教育に携わる教育委員会および学校関係者が率直に反省しなければならない。これらかつて経験したことのない大災害や予想だにしなかった凶悪かつ残忍な事件を教訓にして，各教育委員会および各学校では，万一類似の事件等が起きた場合にも速やかに対応し，被害を最小限に食い止めることができるようにするために，学校における安全管理体制の充実と危機管理システムの確立，さらには，今後二度とこのような事件等が学校現場等で起こらないようにするために，具体的方策を盛り込んだ「指針」や「危機対応マニュアル」がつくられた。

また，開かれた学校づくりと学校の安全確保との関係は，決して対立するものではない。むしろ，開かれた学校づくりをよりいっそう推進する観点から，学校が積極的に学校教育情報を提供し，学校と地域社会の協働により子どもを守ることが基本であり，保護者，地域住民，警察等関係機関の協力を得て子どもたちの安全確保を図っていく必要性がこれまで以上に高まっている。学校において具体的方策を実施していくにあたっては，地域社会や関係諸機関等の協力を得ながら，また，学校の実情に応じて教育委員会と十分協議，連携しながら，児童・生徒の安全確保に努めなければならない。

2 学校における安全管理体制の充実と危機管理システムの確立

（1）教職員による危機意識の共有と緊急時における実践的訓練

いつ，どこで危機的状況が発生するかは予想がつかないのが常である。危機は予想できないことが，ある日・ある時突然起こることである。しかし，危機管理は，その予想のできないことを一定想定したうえでの対応が求められるのである。それだけに危機管理はむずかしいが，より適切に危機に対応するためには，常に危機的状況を想定して，シュミレーションし，実践的訓練をしておくことが重要である。偶然や「まぐれ」に期待していては，危機管理はおぼつかないのである。実際に起こりうる状況を想定したうえで，何度も繰り返し模擬的かつ実践的に訓練しておかなければならない。

学校における危機管理についても同様であり，まずは教職員の安全管理意識のさらなる高揚を図ることである。つまり，リスク・マネジメントとして，「予想される危機を未然に回避すること」と「発生した危機の影響を最小限に抑えること」の両側面から，教職員一人ひとりが日常の学校教育活動のなかで安全管理意識をもち，さらに，学校全体として校長・教頭がリーダーシップを発揮し，リスク・マネジメントしていくことが重要である。教職員の意識高揚のためには，たとえば，警察との連携で，「外部からの侵入者への対処の仕方や児童・生徒の効果的な避難のさせ方」などをテーマとした実技研修等を教職員研修として実施することや，危機的状況を想定した組織内部および関係諸機関，保護者等との緊急連絡体制の確立と教職員の役割分担の構築に向けた校内議論を積み上げることで，より積極的に備え，関わっていこうとする意識や態度を身につけさせることが肝要である。

（2）児童・生徒に対する安全教育

安全教育は，児童・生徒が安全について必要な事柄を理解し，これを日常生活に適用し，常に安全な行動ができるようにすることをねらいとする。

学校における安全教育は，児童・生徒の安全についての知識や技能の習得をめざす安全学習と，子どもたち自身が，日常生活の中に存在するさまざまな危険を自分で認識し，また，それを予測して回避するなど安全に行動できるような力を育成する安全指導とから成り立つ。あわせて，自他の生命を尊重し，他の人々や集団の安全を確保するための適切な判断や対処する能力を培う必要がある。

当然のことながら，安全教育の重要性はこれまで以上に高まり，児童・生徒の各発達段階に応じて適切に指導していくことが現在の学校教育に求められている。これまでは，交通災害や自然災害に関わるものが中心であったが，これからは，不審者侵入時の対処方法や誘拐，連れ去り等にあわないための対処方法などの指導を充実するなど，危機的状況が発生した場合に，児童・生徒がすみやかに対応できる能力を身につけさせる必要がある。そのため，学校行事や学年行事，さらには学級活動や「総合的な学習の時間」等で，課題学習やディ

ベート，ロールプレイング，CAPプログラム（アメリカで開発された子どもへの暴力防止を参加体験型〈ワークショップ〉形式で学ぶプログラム）などの手法を用いて学習することも効果的である。

具体的には，小学生に対しては，文部科学省がずいぶん前に作成した資料ではあるが，「大きな声で助けを呼ぶ」，「一人だけでは遊ばない」，「何しに行くか伝えよう」，「暗い夜道は歩かない」，「こわい食べ物口にせず」の「五つの約束」等を用いて指導したり，万一のときの対処の仕方や，通学路等での緊急避難場所として「子ども110番の家」について指導するなど，さまざまな取り組みが考えられる。また中学生や高校生の場合には，パソコンや携帯電話等によるインターネットを利用した「出会い系サイト」の危険性などについても取り扱う必要がある。

また，警察との連携により児童・生徒に，外部からの侵入者があった場合の避難の仕方，校外で不審な者に遭遇または追跡等された場合の避難の仕方，保護者・学校・警察・消防等への連絡やその後の対処の方法などの訓練をしておくことも必要である。

（3）危機管理マニュアルの作成

児童・生徒の安全を確保するために各学校において，「危機管理マニュアル」を作成しておかなければならない。「危機管理のマニュアル」は，どの学校にもあてはまる一般的なものは存在しない。学校の実情に沿った学校手作りで独自のマニュアルをすべての教職員の参加のもとで作成し，実効性のあるものにすることが何よりも重要である。

「危機管理マニュアル」の作成にあたっては，最悪のケースを想定すること，必要な対応・手順・役割分担等を明示すること，警察，消防，学校医など専門的な立場からの助言を得て作成するなどに留意する必要がある。さらには，これまで予想だにしなかった新たな危機的状況である外部の不審者が計画的に学校に侵入し，危害を加えるという犯罪にも対処できる体制の整備が求められ，文部科学省は2002（平成14）年度に「学校への不審者侵入時の危機管理マニュアル」を作成し，全国の学校に配布した。これを参考にして各学校では，これ

まで無防備に近い状況にあった学校の防犯対策等を、ただちに抜本的に見直し、各学校独自に児童・生徒や地域の実態に合わせ新たなマニュアルを作成してきたところである。

　二度と同じ悲劇を繰り返さないために、学校関係者のすべてが事前の取り組みの大切さを十分に認識し、学校の安全管理に万全を期していく必要がある。

（4）校内体制の確立

　緊急事態の発生に備え、日頃から教職員等の危機意識を高め、校内体制、警察・消防等との連絡体制などを確立しておくことが重要である。そのためには、学校、家庭、地域、関係機関、教育委員会等の関係者が、それぞれの役割を十分に認識しながら、有機的・協力的に役割を果たし、子どもの安全が確保されるような関係を構築しておく必要がある。

　校長をトップとして、教頭、教職員、児童・生徒にただちに情報が伝達され、避難誘導、防御（不審者対応）、応急手当、通報、記録、保護者への連絡等が、迅速かつ的確に行われる組織（役割分担）を整備し、確立する。

　また、必要に応じて、保護者、隣接学校、地域等の協力を得られる体制を整えておく。具体的には、①警察、消防等の関係機関にただちに通報できる体制、②ただちに教育委員会に通報し、指導・助言を得るとともに、人的支援等が得られる体制、③保護者、教職員に連絡体制整備の重要性を認識させるとともに、必要に応じてただちに保護者に連絡が取れる体制、④学校の近隣の地域住民や店舗等とも連携を図りながら、ただちに負傷者等の全体の状況を把握し、速やかに応急手当、病院等への搬送ができる体制、⑤登下校時や校外学習時などにおいて、不審者による緊急事態が発生した場合に、「子ども110番の家」や地域住民等が、子どもの避難誘導、通報等を行う体制、⑥緊急対応後、情報の整理と提供、報道関係への対応、保護者への説明などの事後対応が的確にできる体制、⑦再発防止対策の検討、教育再開準備、心のケア体制の整備等を行うための事件・事故対策本部を速やかに発動できる体制など、多様な事態に十分対応できる体制を整備確立させ、機能させるようにしておくことである。

(5) 学校と警察・消防等の連携体制の強化

　従来から，学校と警察・消防等との連携については，日常的な情報交換，緊急時の連絡等積極的に推進してきたが，緊急時の連絡体制をさらにスムーズに行うために，常に学校と警察・消防等の連絡窓口を確認し，日頃からの情報連絡を密にしておくことが重要である。

　警察との連携においては，特に不審者に関する情報の提供，校区内を中心とする要注意個所等の点検・パトロール，防犯教室・防犯訓練，不審者の保護・逮捕などについて，また，消防との連携では，地震や火災等の災害発生時における速やかな対応はもとより，負傷者の救急措置，病院への救急搬送，防火・災害訓練などについて，それぞれに要請し，協力を得るようにしておくことが重要である。さらに，病院，保健所などの医療機関等には，負傷者の治療，カウンセリング，学校の衛生管理などについて要請し，積極的な協力を得るようにしておく必要がある。

3　児童・生徒を守る学校の安全管理システムの構築

　学校において，自然災害等の発生から児童・生徒の安全を確保することはもとより，学校内へ外部者が計画的に侵入し，児童・生徒に危害を加えるという犯罪を未然に防止するとともに，チェックできるシステムを確立し，抑止力を働かせるシステムを確立することはきわめて重要である。

(1) 安全管理面からの施設（建築物）・設備の整備

① 　建築物の耐震化の推進

　阪神・淡路大震災における建築物の被害を踏まえ，1981（昭和56）年以前の建築物については，耐震診断を実施し，現行の建築基準法と同等の耐震性能に満たないもの（地震の振動および衝撃に対して被害を受ける可能性が高いもの—構造耐震指標 is 値0.6未満）は，学校設置者たる教育委員会の責任において計画的かつ早急に耐震化を行わなければならない。特に is 値0.3未満の建築物はきわめて崩壊の危険度が高く，早急に耐震化を実現する必要がある。

② 施設（建築物）・設備の維持管理

　学校の施設（建築物）・設備については，施設管理者の責任において常日頃から安全確保の観点から危険な個所・状況等がないかどうかの点検を怠ることなく，危険な個所・状況等が見つかれば，速やかに危険回避の措置を講ずるとともに，早急に改修等の整備を行うなど，常に安全な状況を維持しておくよう努めなければならない。

③ セキュリティ機器の整備促進

　暴漢等の侵入を未然に防止するために，学校の実情を踏まえセキュリティ機器の整備を進めなければならない。

【整備すべきセキュリティ機器の例】

・テレビインターホン：門扉の閉鎖を前提とするが，門扉に設置した子機と職員室等に設置した親機と接続し，外部者との対話を通じチェックできる機器
・電子錠付きテレビインターホン：テレビインターホンの機能と，施錠された門扉を自動的に解除できる機能を合わせた機器
・防犯カメラ：正門等に設置したカメラの映像が，職員室等のモニターに映し出され来校者をチェックできる機器
・緊急通報装置：教職員が送信機を携帯し，危機的状況が発生した場合，職員室等に通報する機器
・緊急防犯コール：各教室に呼び出しボタン，マイクおよびスピーカーを取り付け，危機的状況が発生した場合，職員室等で教室が特定できる機器
・防犯ベル：各教室，廊下等に設置し，外部者の侵入を校内に知らせ，ベル音により外部者に対して一定の防御機能を果たせる機器

④ AED（自動体外式除細動器）の配備の促進

　突然，心停止状態に陥ったときに装着して用いる救命装置（心電図を自動計測して，必要な場合は電気ショックを与える）の配備を促進するとともに，教職員・生徒等にAEDの使用方法等について実習等を通じて習得させ，心肺蘇生法をはじめとする応急手当を取得できるよう取り組む必要がある。

（2）学校警備員等の配置による外来者の出入りのチェック等の安全管理

　学校には多くの人がさまざまな用事で訪問する。大半は，正当な理由があり，児童・生徒等に危害を加える恐れはない。しかし，なかには，正当な理由がなく校地や校舎に立ち入ったり，立ち入ろうとする者がある。

　このような不審者の校内への立ち入りを防ぐとともに犯罪を未然に防止するため，警備の専門家である警備員等を学校の出入り口（校門等）に配置し，外来者のチェックを行うことや適宜校内巡視等を実施するのはきわめて有効である。したがって，各教育委員会においては，学校警備員等のさらなる配置拡大等その充実に向け取り組む必要がある。

（3）教職員等による日常的な安全管理の取り組み

① 　各学校の実情にあわせて，全教職員が分担し，校内巡視を実施する。その際，施設（建物）・設備の点検はもとより，見知らぬ来校者等に対する声かけを励行する。なお，教職員等は警備の専門職ではないので，危険回避について熟知し，共通理解しておくとともに複数で巡視し，防犯ブザー等を携帯するなど，巡視する教職員等の安全確保にも留意する必要がある。

【点検すべき施設・設備】
・施設の危険個所（老朽化，破損等）
・校門，フェンス，校内灯，鍵等
・教室，職員室等の諸室
・死角の原因となる障害物
・テレビインターホン，防犯カメラ等の防犯設備
・緊急通報装置，緊急防犯コール等の非常通報装置

② 　侵入者（正当な理由なく校地・校舎に校内に立ち入ろうとする者）が自由に立ち入ることを防ぎ，児童・生徒等への危害を未然に防止するため，来校者の出入り口を限定し，登下校時以外は施錠するなど適切に管理する。あわせて，不審者の侵入を禁止する旨の立て札，看板等の設置，来校者に対する受付を設置し，名簿への記入および来校証の使用要請などを行う必要がある。

③ 　学校管理下でのスポーツ活動等における児童・生徒の突然死（その多くは

心臓系疾患・熱中症等）を防止するための取り組みと，起こったときには，命を救う迅速かつ的確な対応が重要である。学校管理下での児童・生徒の突然死の発生は，多い順にクラブ・部活動中，学校体育中，体育祭中となっており，教職員全体でその防止と的確な対応に取り組まなければならない。

【事故等を防ぐための「指導・予見・回避」の具体的取り組み】
・情報の収集と整理—・運動，競技の特性
　　　　　　　　　・児童・生徒（チームメンバー）の体調管理
　　　　　　　　　・当日の環境（天候，移動，グラウンド状況等）
・指導者，児童・生徒（チームメンバー）への具体的指導とその徹底
・起こったときの対応準備—・連絡先など個人の情報管理
　　　　　　　　　　　　　・救急体制などの確認

【事故が起こってしまったときの「迅速・的確な対処」の具体的取り組み】
・すぐに人を呼び，救急車を要請
・バイタルサイン（意識・脈拍・呼吸数・血圧・体温）のチェックと現場での応急処置（一時救命措置やAEDの使用による除細動）

4　保護者や地域住民と一体となった子どもを守る取り組み

　学校は保護者や地域住民に対して，子どもの教育活動や学校運営に関する情報を積極的に公開することにより，「開かれた学校づくり」を一層推進する。また，地域社会において，学校，家庭，地域が協働の関係を結ぶことにより，子どもたちが安全で安心して生活できる環境づくりに取り組む必要がある。

（1）開かれた学校づくり

　各学校は保護者等との連携を強化し，多くの人々が学校教育活動へ参加する機会を設けたり，保護者間のネットワークづくりを進めることにより，保護者同士や保護者と子どもが互いに顔と名前が一致する人間関係づくりの構築を図る。
① 「学校評議委員会」，「学校支援地域本部」などにおいて学校の安全確保に

ついて協議する。
② 学校における顔と名前が一致する人間関係づくり
　保護者や地域住民等がサポーターとなり，授業や学校行事等幅広く学校教育活動へ参加することにより保護者や地域住民同士が顔見知りとなり言葉を交わせる関係づくりを進めるとともに，また保護者や地域住民と子どもたちとの人間関係づくりを進める。
③ 授業参観の工夫による人間関係づくり
　保護者が子どもの授業を参観するだけに終わらせず，保護者と子どもが一緒に活動する機会を設け，保護者が自分の子どもの友だちを知ったり，子どもが友だちの保護者を知ることを通じて，人間関係づくりを進める。

（2）地域における教育コミュニティづくり

　地域社会における連帯意識の希薄化や子どもに対する教育機能の低下などの問題が指摘されるなかで，地域社会の共有財産である学校を地域の核とし，地域のさまざまな人々が「協働」の関係によって，子どもの教育に関わる教育コミュニティを形成していく必要がある。

　教育コミュニティづくりの推進組織である「学校支援地域本部」や「地域連絡協議会」などを設置し，その活動を充実することにより，地域社会の教育機能の向上を図るとともに子どもの安全を確保する取り組みにもつなげていかなければならない。

① 「学校支援地域本部」の設置と活動の一環としての子どもの安全確保の取り組み
・子どもの安全に係る実行委員会などの設置
・子どもの安全対策に関する情報提供や協力依頼等について，校区内のすべての家庭や公共施設，企業等への広報活動
・「子ども110番の家」など，子どもが助けを求めることができる施設等を示した「安全マップ」の作成・配布
・「子ども110番の家」運動の活性化と拡充
・警察等と連携・協力し，防犯教室など安全対策に係る学習会の実施

・職場体験学習，登下校の指導など，学校外の教育活動における安全管理への協力
② 通学路等における安全対策の充実

　学校の巡回指導や通学路等における安全の見守り活動等を行うボランティアとして，保護者や地域住民の協力を得るとともに，警察官のOB等を地域学校安全指導員（スクールガード・リーダー）として委嘱し，ボランティアに対する指導・助言等を行う。

（3）学校保健委員会の設置促進と活性化

　学校保健委員会は，校長，教頭，教職員の代表のほかに，保護者や地域の代表者を加え，さらに指導助言者として学校医，学校歯科医，学校薬剤師等に参加してもらうことにより，健康問題をはじめ学校安全に関する問題などに適切に対処できる組織であり，すべての学校に設置されるよう取り組まなければならない。

　学校保健委員会を，学校や地域の実情に応じて幅広い協議が可能な場とし，必要に応じて警察や消防，保健所など地域の関係機関の参加も得て，「登下校及び校内での安全確保方策」などについても検討を深めることが重要であるので，積極的かつ効果的な活用を図っていく必要がある。

5　危機的状況の発生後における対応

（1）報道等に対する適切な対応

　学校において危機的状況（大きな災害や事件）が発生した場合に，最も大切でまず取り組まなければならないのは，児童・生徒の生命や安全を守ることである。これが，どんな場合でも最優先事項であることは，誰もが認識しているところである。一方，報道対象となる事件等が発生した場合には，その直後におけるマスコミ対応の適・不適によって，混乱状態に陥ってしまうことがある。

　危機的状況が発生すれば，必ずといってもいいほど混乱状態が予測される。しかし，そのような状況のもとでも，望むと望まざるにかかわらずマスコミ等

との対応を迫られることになり，最初の対応を誤れば，混乱状態がさらに増幅されることになりかねない。したがって，その場合には，管理職に窓口を一元化し，報道機関等に対し，まずは記者会見等の場を設定するなど何らかの手を打つことが，マスコミ等への初期対応を誤らないことにつながる。

　事案の内容によっては，学校内だけに情報を留めておくことができないこともあり，また，そのことを隠ぺいすることによって，後々大きな問題に発展してしまうことも十分ありうることである。逆に，人権的・教育的な配慮等により，あえて公表する必要がないと判断されるものもある。どこまで公表し，何を報道機関等に伝えるかはまさに管理職の最も大きな裁量であり，かつきわめて重要な判断である。ただ，今日の現状は公開が原則になっており，その判断にあたっては，教育委員会等との意思疎通は絶対に欠いてはならない。

　また，マスコミ報道等で，学校の対応が非難されるのは，報道機関等への初期対応の不手際と，学校内や教職員の価値判断や論理を優先した情報の公表である場合が多い。学校内だけの視点で考えると，どうしても狭い了見で判断しがちになるのは否めないところであり，学校，教職員以外からの視点で見るとどのように思うのかといった視点（社会通念上公表されることが当然とされており，一般的に開示されるべきと思われる情報）からの適切な判断が肝要である。いずれにしても，学校で発生した事件等はそのほとんどが報道対象となり，その対応と処理を的確に行わなければ，その後，混乱が増幅されることになりかねないことを十分認識しておくことである。

（2）心のケアのための支援体制の確立

　今後あってはならないことではあるが，大きな災害や事件に遭遇し，深い悲しみや生死に関わる恐怖の体験などから，大きな精神的衝撃を受け，心が不安定になることがある。このような体験をした人（児童・生徒や教職員）は，被害の事実を受け止めることができず，悲嘆したり，怒ったりと混乱状態に陥ってしまい，心に大きな傷を残す可能性があり，心のケアが十分に行われないと，PTSD（心的外傷後ストレス障害）を生ずる場合がある。したがって，心のケアのための支援体制の確立が必要である。

心のケアが効果的に行われるためには、日頃から教育相談活動や健康相談活動が学校の教育活動に明確に位置づけられ、円滑に運営されていることが大切である。また、スクールカウンセラーの配置等を通じた学校と専門家（精神科医や臨床心理士等）や専門機関との連携も重要である。

学校、家庭、専門家等が連携を密にし、恐怖体験をした人の心の健康状態を把握し、あたたかい気持ちで接し、心のケアを十分に行っていくことで、回復を図っていくことが重要である。

（3）これからの学校経営における危機管理

すべての教職員が危機管理の意識を共有することが最も重要である。危機的状況のもとで、教職員全員が機動的に行動できるかどうかは、危機的状況を危機として全教職員がしっかりと認識し、その社会的重要性を共有することにかかっているといっても過言ではない。それは絶対に避けて通ることができないことであり、さまざまな問題への対応において基本となる。

つまり危機管理は、全教職員による危機意識の共有のもと、日常の学校経営において、機動性や組織的一体性が確保されておれば、適切な対応が図れるものであると考える。

演習問題
1　緊急事態の発生に備え、校内体制の確立ならびに関係機関（警察・消防等）との連携体制の強化において、必要とされる具体的な事項について記述しなさい。
2　交通災害や自然災害のみならず、不審者の学校への侵入や登下校時の誘拐・連れ去り等、子どもたちにさまざまな危険がいつ襲ってきてもおかしくない社会状況のもとで、学校における安全教育の重要性がよりいっそう高まっている。あなたは、児童・生徒に対する安全教育にどのように取り組むのか具体的に述べなさい。

【推薦図書】
大阪府教育委員会編［2004］『子どもの安全管理に関する取組み事例集『があど』』
文部科学省編［2003］『学校への不審者侵入時の危機管理マニュアル』
文部科学省監修、独立行政法人日本スポーツ振興センター編［2003］『学校における突然死予防必携』

引用・参考文献

【第1章】
岩崎久美子［2009］「教育学分野でのエビデンスの産出」『薬理と治療』Vol. 37, No. 5. ライフサイエンス出版
OECD（国立教育政策研究所監訳）［2007］『PISA2006年調査評価の枠組み』ぎょうせい
OECD（立田慶裕監訳）［2009］『教育のトレンド』明石書店
立田慶裕［2006］「ナレッジ・マネージメント」赤尾勝己編『生涯学習社会の諸相』『現代のエスプリ』466号至文堂
ライチェンほか編著（立田慶裕監訳）［2006］『キー・コンピテンシー──国際標準の学力をめざして』明石書店
CERI [2000] Knowledge Management in the Learning Society-Education and Skills-, OECD

【第2章】
井上豊久ほか編［2002］『教育っていったい何だろう』ぎょうせい
小川哲哉ほか編［2008］『現代社会と教育』青簡舎
金谷治訳注［2009］『論語』岩波書店（文庫）
河原和枝［2007］『子ども観の近代──『赤い鳥』と「童心」の思想』中央公論新社
小谷敏編［2005］『子ども論を読む』世界思想社
田原恭蔵・林勲編［2008］『教育概論〔4訂版〕』法律文化社
野上暁［2008］『子ども学その源流へ──日本人の子ども観はどうかわったか』大月書店
細谷俊夫ほか編［1990］『新教育学事典 第一巻』第一法規
牧昌美編［1993］『新学校用語辞典』ぎょうせい
文部科学省『教育委員会月報』21年12月号

【第3章】
OECD（国立教育政策研究所国際研究・協力部監訳）［2005］『教員の重要性──優れた教員の確保・育成・定着』国立教育政策研究所
OECD（御園生純ほか訳）［2006］『世界の教育改革2 OECD教育政策分析』明石書店
OECD（有本昌弘監訳）［2008］『形成的アセスメントと学力──人格形成のための対話型学習をめざして』明石書店
OECD（徳永優子ほか訳）［2009］『図表でみる教育 OECDインディケータ（2009年版）』明石書店
葛上秀文［2009］「相互に高めあう協働的な教師文化の構築」志水宏吉編『力のある学

校の探究』大阪大学出版会
志水宏吉編［2009］『力のある学校の探究』大阪大学出版会
立田慶裕［2009］「教師のチームワーク」『学校マネジメント』10月号，明治図書
タム，J. W.／リュエット，R. J.（斉藤彰悟監訳）［2005］『コラボレーションの極意』春秋社
Hattie, J, [2005] "What is the nature of evidence that makes a difference to learning", paper presented at the ACER Annual Conference:Using Data to support learning, Melbourne, Australia
Hattie, J, [2009] "Visible Learning: A synthesis of over 800 meta-analyses relating to achievement", Routledge

【第4章】
安立多恵子［2007］「鑑別診断　類似する発達障害との鑑別診断」宮島祐ほか編『小児科医のための注意欠陥／多動性障害 AD/HD 診断・治療ガイドライン』中央法規出版
大堀彰子［2005］「抱える環境としての学校の機能」『兵庫教育』第57巻第5号
大堀彰子［2006］「連携の実際」『帝塚山学院大学大学院心理教育相談センター紀要』第3号
岡本夏木［1985］『ことばと発達』岩波書店
岡本夏木［1995］『小学生になる前後〔新版〕』岩波書店
神尾陽子［2009］「診断をめぐる概念的変化と現在，そして未来に向けて」第50回日本児童青年精神医学会総会　抄録集
鯨岡峻［2007］「発達障碍ブームは『発達障碍』の理解を促したか」『そだちの科学』8号，日本評論社
子安増生［2000］『心の理論―心を読む心の科学』岩波書店
三宮真智子［2008］「学習におけるメタ認知と機能」三宮真智子編『メタ認知―学習力を支える高次認知機能』北大路書房
杉山登志郎［2006］「子ども虐待と発達障害」『小児の精神と神経』46巻1号，小児精神神経学研究会
杉山登志郎［2007］『こども虐待という第四の発達障害』学習研究社
田中康雄［2009］「コミュニケーション障害と学習障害の理解と対応」『児童青年精神医学セミナー』金剛出版
田中康雄［2009］「紡いでゆく連携」『こころの科学』145号，日本評論社
長島瑞穂・寺田ひろ子［1977］「子どもの発達段階」秋葉英則ほか著『小・中学生の発達と教育』創元社
丸野俊一［2002］「知のコントロール」『教育と医学』50巻10号，慶應義塾大学出版会
Barron-Cohen, S., Leslie, A.M. & Frith, U. [1985] Does the Autisti child have 'a theory of mind'?, *Cognition*, 21

Rizzolatti, G., Fogssi, L. & Gallese, V. [2001] Neurophysiologocal mechanisms underlying the understanding and imitation of action, *Nature Reviews Neuroscience* 2

Stone, V. E., Baron-Cohen, S. & Knight R. T. [1998] Frontal lobes contribution to thepoy of mind, *Journal of Cognitive Neuroscience*, 10

Wimmer, H. & Perner, J. [1983] Beliefs about beliefs:representation and constraining function of wrong beliefs in young children's understanding of deception, Cognition, 13

【第5章】

石隈利紀［1999］『学校心理学―教師・スクールカウンセラー・保護者のチームによる心理教育的援助サービス』誠信書房

岩崎久美子［2006］「女性の中年期における再就職を規定する要因」国立教育政策研究所『生涯にわたるキャリア発達の形成過程に関する総合的研究報告書（Ⅲ）―成人のキャリア発達に関する質問紙調査・インタビュー調査』

岩崎久美子［2008a］「能力評価」日本産業カウンセリング学会監修『産業カウンセリング辞典』金子書房

岩崎久美子［2008b］「エンプロイアビリティと社会教育」伊藤俊夫編『新しい時代を創る社会教育』全日本社会教育連合会

氏原寛［2006］『カウンセリング・マインド再考―スーパー・ビジョンの体験から』金剛出版

OECD（御園生純監訳，稲川秀嗣ほか訳）［2006］『世界の教育改革2　OECD教育政策分析』明石書店

OECD（稲川秀嗣・御園生純監訳，一木玲子ほか訳）［2009］『世界の教育改革3　OECD教育政策分析』明石書店

皆藤章［1998］『生きる心理療法と教育―臨床教育学の視座から』誠信書房

河合隼雄［1998］『河合隼雄のカウンセリング入門―実技指導をとおして』創元社

河村茂雄［2006］『学級づくりのためのQ―U入門』図書文化

桑原知子［1999］『教室で生かすカウンセリング・マインド』日本評論社

厚生労働省［2004］『若年者の就職能力に関する実態調査結果』

國分康孝［1994］『学校教育相談・カウンセリング辞典』教育出版

国立オリンピック記念青少年総合センター［2006］『青少年の自然体験活動等に関する実態調査報告書　平成17年度調査』

国立オリンピック記念青少年総合センター［2009］『子どもの体験活動の実態に関する調査研究』

国立教育政策研究所［2008］『生徒指導資料第3集　規範意識を育む生徒指導体制』東洋館出版社

国立教育政策研究所［2009］『生徒指導資料第1集（改訂版）　生徒指導上の諸問題の推

移とこれからの生徒指導』ぎょうせい
小島宏ほか［2009］『学級崩壊・授業崩壊の予防と対策』教育調査研究所
子どもの体験活動研究会［2000］『子どもの体験活動等に関する国際比較調査』
小林正幸［2005］『先生のためのやさしいソーシャルスキル教育』ほんの森出版
ジマーマン，J. B. ほか（塚野州一・牧野美知子訳）［2008］『自己調整学習の指導』北大路書房
青少年野外教育財団［2008］『平成19年度文部科学省委嘱研究事業　総合的な放課後対策推進のための調査研究（報告）』, pp. 1-13
青少年野外教育財団［2009］『放課後子ども教室のボランティア指導員等に関する調査』
辰野千壽［2006］『学び方の科学―学力向上に活かすAAI』図書文化
内閣府［2007］『低年齢少年の生活と意識に関する調査』
ハルゼー，A. H. ほか（住田正樹ほか編訳）［2005］『教育社会学―第三のソリューション』九州大学出版会
一ツ橋文芸教育振興会ほか［2004］『教育アンケート調査年刊2004上』創育社
福島脩美［1996］『カウンセリング演習』金子書房
藤田博康［2006］「転職経験を肯定的に捕らえている男性に共通する要因」国立教育政策研究所『生涯にわたるキャリア発達の形成過程に関する総合的研究報告書（Ⅲ）―成人のキャリア発達に関する質問紙調査・インタビュー調査』
藤田博康［2008］「夫婦間葛藤と家族ストレス」『家族心理学年報』27，金子書房，pp. 94-104
藤田博康［2009］「我慢できない子ども，我慢させられない親」『児童心理』10月号，金子書房，pp. 31-35
文部科学省［1996］『「21世紀を展望したわが国の教育の在り方について」中央教育審議会第1次答申』
文部科学省［2002］『平成14年学習意欲に関する調査研究』
文部科学省［2008］『子どもの学校外での学習活動に関する実態調査報告』
文部科学省［2009a］『平成20年度児童生徒の問題行動等生徒指導上の諸問題に関する調査』
文部科学省［2009b］『平成21年度全国学力・学習状況調査の調査結果』
山本修司ほか［2007］『実践に基づく毅然とした指導―荒れた学校を再生するマニュアル―』教育開発研究所
和歌山県教育委員会［2008］『和歌山の子どもたちの状況〔中学校版〕平成20年度全国学力・学習状況調査等の結果から』http://www.wakayama-edc.big-u.jp/zenkoku/h20z_jhs.pdf
和歌山県教育委員会［2009］『平成20年度和歌山県学力診断テスト実施報告書』pp146,http://www.wakayama-edc.big-u.jp/gakuryoku/H20.pdf
Rogers, C. [1957] The necessary and sufficient contditions of therapeutic personality

change, *Journal of Couseling Psychology*

【第 6 章】
村川雅弘編［2002］『子どもたちのプロジェクト S』NHK 出版
村川雅弘編［2004］『「確かな学力」としての学びのスキル』日本文教出版
村川雅弘編著［2005］『ワークショップ型研修のすすめ』ぎょうせい
村川雅弘編著［2006］『ワークショップ型研修の手引き』ジャストシステム社
村川雅弘・酒井達哉編著［2006］『総合的な学習 充実化戦略のすべて』日本文教出版
村川雅弘［2008］「総合的な学習と教科等との関連を図るためのワークショップ研修」村川雅弘・野口徹編著『教科と総合の関連で真の学力を育む』ぎょうせい
村川雅弘・黒上晴夫編著［2009a］『総合的な学習 ビジュアル解説24［小学校］』日本文教出版
村川雅弘・黒上晴夫ほか編著［2009b］『総合的な学習 ビジュアル解説27［中学校］』日本文教出版
文部科学省［2008a］『幼稚園教育要領』文部科学省
文部科学省［2008b］『小学校学習指導要領解説』東洋館出版社
文部科学省［2008c］『中学校学習指導要領解説』東洋館出版社
文部科学省［2008d］『文部科学時報』1588～1600号ぎょうせい
文部科学省［2008e］『中央教育審議会答申「幼稚園，小学校，中学校，高等学校及び特別支援学校の学習指導要領等の改善について」（教師用パンフレット）』
文部科学省［2008f］『小学校学習指導要領解説 総合的な学習の時間編』東洋館出版社
文部科学省［2008g］『中学校学習指導要領解説 総合的な学習の時間編』東洋館出版社
文部科学省［2009a］『高等学校学習指導要領』文部科学省
文部科学省［2009b］『特別支援学校学習指導要領解説』教育出版
山際隆・千々布敏弥編［2009］『教員免許更新ガイドブック』明治図書
ライチェンほか編著（立田慶裕監訳）［2006］『キー・コンピテンシー——国際標準の学力をめざして』明石書店

【第 8 章】
今西幸蔵［2006］「学者協働化の実証的研究」『天理大学 生涯教育研究』第10号，天理大学生涯教育専攻研究室，pp10-26
植村勝彦ほか［2000］『コミュニケーション学入門—心理・言語・ビジネス』ナカニシヤ出版
木岡一明［2006］『学校の組織マネジメント能力の向上—目標達成を目指す組織マネジメントの展開』教育開発研究所
下村哲夫［1991］『教育の制度と経営』文教書院
長尾彰夫ほか編［2003］『学校評価を共に創る』学事出版

橋本満弘・石井敏［1993］『コミュニケーション論入門』桐原書店
林勲編［2004］『Q＆A教育学　教育の原理』法律文化社
渕上克義［2005］『学校組織の心理学』日本文化科学社
三宅基之編［2007］『学校に求められる経済力―子ども発達支援マネジメント―』パレード
文部科学省［2009］『文部科学白書』
ラングラン，P.（波多野完治訳）［1970］『生涯教育入門　第1部』全日本社会教育連合会

【第9章】
大阪府教育委員会編［2001］『学校における児童・生徒等の安全を確保するために』
大阪府教育委員会編［2004］『子どもの安全管理に関する取組事例集『があど』』
警察庁［2007］『警察白書』
文部科学省編［2003］『学校への不審者侵入時の危機管理マニュアル』
文部科学省監修，独立行政法人日本スポーツ振興センター編［2003］『学校における突然死予防必携』

資　料

教育基本法
学校教育法（抄）

教育基本法（平成18年12月22日，法律第120号）

　我々日本国民は，たゆまぬ努力によって築いてきた民主的で文化的な国家を更に発展させるとともに，世界の平和と人類の福祉の向上に貢献することを願うものである。

　我々は，この理想を実現するため，個人の尊厳を重んじ，真理と正義を希求し，公共の精神を尊び，豊かな人間性と創造性を備えた人間の育成を期するとともに，伝統を継承し，新しい文化の創造を目指す教育を推進する。

　ここに，我々は，日本国憲法の精神にのっとり，我が国の未来を切り拓く教育の基本を確立し，その振興を図るため，この法律を制定する。

第1章　教育の目的及び理念
（教育の目的）
第1条　教育は，人格の完成を目指し，平和で民主的な国家及び社会の形成者として必要な資質を備えた心身ともに健康な国民の育成を期して行われなければならない。
（教育の目標）
第2条　教育は，その目的を実現するため，学問の自由を尊重しつつ，次に掲げる目標を達成するよう行われるものとする。

一　幅広い知識と教養を身に付け，真理を求める態度を養い，豊かな情操と道徳心を培うとともに，健やかな身体を養うこと。

二　個人の価値を尊重して，その能力を伸ばし，創造性を培い，自主及び自律の精神を養うとともに，職業及び生活との関連を重視し，勤労を重んずる態度を養うこと。

三　正義と責任，男女の平等，自他の敬愛と協力を重んずるとともに，公共の精神に基づき，主体的に社会の形成に参画し，その発展に寄与する態度を養うこと。

四　生命を尊び，自然を大切にし，環境の保全に寄与する態度を養うこと。

五　伝統と文化を尊重し，それらをはぐくんできた我が国と郷土を愛するとともに，他国を尊重し，国際社会の平和と発展に寄与する態度を養うこと。

（生涯学習の理念）
第3条　国民一人一人が，自己の人格を磨き，豊かな人生を送ることができるよう，その生涯にわたって，あらゆる機会に，あらゆ

る場所において学習することができ，その成果を適切に生かすことのできる社会の実現が図られなければならない。
（教育の機会均等）
第4条　すべて国民は，ひとしく，その能力に応じた教育を受ける機会を与えられなければならず，人種，信条，性別，社会的身分，経済的地位又は門地によって，教育上差別されない。
② 国及び地方公共団体は，障害のある者が，その障害の状態に応じ，十分な教育を受けられるよう，教育上必要な支援を講じなければならない。
③ 国及び地方公共団体は，能力があるにもかかわらず，経済的理由によって修学が困難な者に対して，奨学の措置を講じなければならない。

第2章　教育の実施に関する基本

（義務教育）
第5条　国民は，その保護する子に，別に法律で定めるところにより，普通教育を受けさせる義務を負う。
② 義務教育として行われる普通教育は，各個人の有する能力を伸ばしつつ社会において自立的に生きる基礎を培い，また，国家及び社会の形成者として必要とされる基本的な資質を養うことを目的として行われるものとする。
③ 国及び地方公共団体は，義務教育の機会を保障し，その水準を確保するため，適切な役割分担及び相互の協力の下，その実施に責任を負う。
④ 国又は地方公共団体の設置する学校における義務教育については，授業料を徴収しない。
（学校教育）
第6条　法律に定める学校は，公の性質を有するものであって，国，地方公共団体及び法律に定める法人のみが，これを設置することができる。
② 前項の学校においては，教育の目標が達成されるよう，教育を受ける者の心身の発達に応じて，体系的な教育が組織的に行われなければならない。この場合において，教育を受ける者が，学校生活を営む上で必要な規律を重んずるとともに，自ら進んで学習に取り組む意欲を高めることを重視して行われなければならない。
（大学）
第7条　大学は，学術の中心として，高い教養と専門的能力を培うとともに，深く真理を探究して新たな知見を創造し，これらの成果を広く社会に提供することにより，社会の発展に寄与するものとする。
② 大学については，自主性，自律性その他の大学における教育及び研究の特性が尊重されなければならない。
（私立学校）
第8条　私立学校の有する公の性質及び学校教育において果たす重要な役割にかんがみ，国及び地方公共団体は，その自主性を尊重しつつ，助成その他の適当な方法によって私立学校教育の振興に努めなければならない。
（教員）
第9条　法律に定める学校の教員は，自己の崇高な使命を深く自覚し，絶えず研究と修養に励み，その職責の遂行に努めなければならない。
② 前項の教員については，その使命と職責の重要性にかんがみ，その身分は尊重され，待遇の適正が期せられるとともに，養成と研修の充実が図られなければならない。
（家庭教育）
第10条　父母その他の保護者は，子の教育について第一義的責任を有するものであっ

て，生活のために必要な習慣を身に付けさせるとともに，自立心を育成し，心身の調和のとれた発達を図るよう努めるものとする。
② 国及び地方公共団体は，家庭教育の自主性を尊重しつつ，保護者に対する学習の機会及び情報の提供その他の家庭教育を支援するために必要な施策を講ずるよう努めなければならない。
　（幼児期の教育）
第11条　幼児期の教育は，生涯にわたる人格形成の基礎を培う重要なものであることにかんがみ，国及び地方公共団体は，幼児の健やかな成長に資する良好な環境の整備その他適当な方法によって，その振興に努めなければならない。
　（社会教育）
第12条　個人の要望や社会の要請にこたえ，社会において行われる教育は，国及び地方公共団体によって奨励されなければならない。
② 国及び地方公共団体は，図書館，博物館，公民館その他の社会教育施設の設置，学校の施設の利用，学習の機会及び情報の提供その他の適当な方法によって社会教育の振興に努めなければならない。
　（学校，家庭及び地域住民等の相互の連携協力）
第13条　学校，家庭及び地域住民その他の関係者は，教育におけるそれぞれの役割と責任を自覚するとともに，相互の連携及び協力に努めるものとする。
　（政治教育）
第14条　良識ある公民として必要な政治的教養は，教育上尊重されなければならない。
② 法律に定める学校は，特定の政党を支持し，又はこれに反対するための政治教育その他政治的活動をしてはならない。

　（宗教教育）
第15条　宗教に関する寛容の態度，宗教に関する一般的な教養及び宗教の社会生活における地位は，教育上尊重されなければならない。
② 国及び地方公共団体が設置する学校は，特定の宗教のための宗教教育その他宗教的活動をしてはならない。

第3章　教育行政

　（教育行政）
第16条　教育は，不当な支配に服することなく，この法律及び他の法律の定めるところにより行われるべきものであり，教育行政は，国と地方公共団体との適切な役割分担及び相互の協力の下，公正かつ適正に行われなければならない。
② 国は，全国的な教育の機会均等と教育水準の維持向上を図るため，教育に関する施策を総合的に策定し，実施しなければならない。
③ 地方公共団体は，その地域における教育の振興を図るため，その実情に応じた教育に関する施策を策定し，実施しなければならない。
④ 国及び地方公共団体は，教育が円滑かつ継続的に実施されるよう，必要な財政上の措置を講じなければならない。
　（教育振興基本計画）
第17条　政府は，教育の振興に関する施策の総合的かつ計画的な推進を図るため，教育の振興に関する施策についての基本的な方針及び講ずべき施策その他必要な事項について，基本的な計画を定め，これを国会に報告するとともに，公表しなければならない。
② 地方公共団体は，前項の計画を参酌し，その地域の実情に応じ，当該地方公共団体における教育の振興のための施策に関する

基本的な計画を定めるよう努めなければならない。

第4章　法令の制定

第18条　この法律に規定する諸条項を実施するため，必要な法令が制定されなければならない。

学校教育法（抄）（昭和22年3月31日，法律第26号）

第1章　総則

第1条　この法律で，学校とは，幼稚園，小学校，中学校，高等学校，中等教育学校，特別支援学校，大学及び高等専門学校とする。

第2条　学校は，国（国立大学法人法（平成15年法律第112号）第2条第1項に規定する国立大学法人及び独立行政法人国立高等専門学校機構を含む。以下同じ。），地方公共団体（地方独立行政法人法（平成15年法律第118号）第68条第1項に規定する公立大学法人を含む。次項において同じ。）及び私立学校法第3条に規定する学校法人（以下学校法人と称する。）のみが，これを設置することができる。

② この法律で，国立学校とは，国の設置する学校を，公立学校とは，地方公共団体の設置する学校を，私立学校とは，学校法人の設置する学校をいう。

第5条　学校の設置者は，その設置する学校を管理し，法令に特別の定のある場合を除いては，その学校の経費を負担する。

第6条　学校においては，授業料を徴収することができる。ただし，国立又は公立の小学校及び中学校，中等教育学校の前期課程又は特別支援学校の小学部及び中学部における義務教育については，これを徴収することができない。

第7条　学校には，校長及び相当数の教員を置かなければならない。

第11条　校長及び教員は，教育上必要があると認めるときは，文部科学大臣の定めるところにより，児童，生徒及び学生に懲戒を加えることができる。ただし，体罰を加えることはできない。

第12条　学校においては，別に法律で定めるところにより，幼児，児童，生徒及び学生並びに職員の健康の保持増進を図るため，健康診断を行い，その他その保健に必要な措置を講じなければならない。

第2章　義務教育

第16条　保護者（子に対して親権を行う者（親権を行う者のないときは，未成年後見人）をいう。以下同じ。）は，次条に定めるところにより，子に9年の普通教育を受けさせる義務を負う。

第17条　保護者は，子の満6歳に達した日の翌日以後における最初の学年の初めから，満12歳に達した日の属する学年の終わりまで，これを小学校又は特別支援学校の小学部に就学させる義務を負う。ただし，子が，満12歳に達した日の属する学年の終わりまでに小学校又は特別支援学校の小学部の課程を修了しないときは，満15歳に達した日の属する学年の終わり（それまでの間において当該課程を修了したときは，その修了した日の属する学年の終わり）までとする。

② 保護者は，子が小学校又は特別支援学校の小学部の課程を修了した日の翌日以後における最初の学年の初めから，満15歳に達した日の属する学年の終わりまで，これを中学校，中等教育学校の前期課程又は特別

支援学校の中学部に就学させる義務を負う。
③　前2項の義務の履行の督促その他これらの義務の履行に関し必要な事項は，政令で定める。
第18条　前条第1項又は第2項の規定によつて，保護者が就学させなければならない子（以下それぞれ「学齢児童」又は「学齢生徒」という。）で，病弱，発育不完全その他やむを得ない事由のため，就学困難と認められる者の保護者に対しては，市町村の教育委員会は，文部科学大臣の定めるところにより　同条第1項又は第2項の義務を猶予又は免除することができる。
第19条　経済的理由によつて，就学困難と認められる学齢児童又は学齢生徒の保護者に対しては，市町村は，必要な援助を与えなければならない。
第20条　学齢児童又は学齢生徒を使用する者は，その使用によつて，当該学齢児童又は学齢生徒が，義務教育を受けることを妨げてはならない。
第21条　義務教育として行われる普通教育は，教育基本法（平成18年法律第120号）第5条第2項に規定する目的を実現するため，次に掲げる目標を達成するよう行われるものとする。
　一　学校内外における社会的活動を促進し，自主，自律及び協同の精神，規範意識，公正な判断力並びに公共の精神に基づき主体的に社会の形成に参画し，その発展に寄与する態度を養うこと。
　二　学校内外における自然体験活動を促進し，生命及び自然を尊重する精神並びに環境の保全に寄与する態度を養うこと。
　三　我が国と郷土の現状と歴史について，正しい理解に導き，伝統と文化を尊重し，それらをはぐくんできた我が国と郷土を

愛する態度を養うとともに，進んで外国の文化の理解を通じて，他国を尊重し，国際社会の平和と発展に寄与する態度を養うこと。
　四　家族と家庭の役割，生活に必要な衣，食，住，情報，産業その他の事項について基礎的な理解と技能を養うこと。
　五　読書に親しませ，生活に必要な国語を正しく理解し，使用する基礎的な能力を養うこと。
　六　生活に必要な数量的な関係を正しく理解し，処理する基礎的な能力を養うこと。
　七　生活にかかわる自然現象について，観察及び実験を通じて，科学的に理解し，処理する基礎的な能力を養うこと。
　八　健康，安全で幸福な生活のために必要な習慣を養うとともに，運動を通じて体力を養い，心身の調和的発達を図ること。
　九　生活を明るく豊かにする音楽，美術，文芸その他の芸術について基礎的な理解と技能を養うこと。
　十　職業についての基礎的な知識と技能，勤労を重んずる態度及び個性に応じて将来の進路を選択する能力を養うこと。

第3章　幼稚園

第22条　幼稚園は，義務教育及びその後の教育の基礎を培うものとして，幼児を保育し，幼児の健やかな成長のために適当な環境を与えて，その心身の発達を助長することを目的とする。
第23条　幼稚園における教育は，前条に規定する目的を実現するため，次に掲げる目標を達成するよう行われるものとする。
　一　健康，安全で幸福な生活のために必要な基本的な習慣を養い，身体諸機能の調和的発達を図ること。
　二　集団生活を通じて，喜んでこれに参加する態度を養うとともに家族や身近な人

への信頼感を深め，自主，自律及び協同の精神並びに規範意識の芽生えを養うこと。
三　身近な社会生活，生命及び自然に対する興味を養い，それらに対する正しい理解と態度及び思考力の芽生えを養うこと。
四　日常の会話や，絵本，童話等に親しむことを通じて，言葉の使い方を正しく導くとともに，相手の話を理解しようとする態度を養うこと。
五　音楽，身体による表現，造形等に親しむことを通じて，豊かな感性と表現力の芽生えを養うこと。

第24条　幼稚園においては，第22条に規定する目的を実現するための教育を行うほか，幼児期の教育に関する各般の問題につき，保護者及び地域住民その他の関係者からの相談に応じ，必要な情報の提供及び助言を行うなど，家庭及び地域における幼児期の教育の支援に努めるものとする。

第25条　幼稚園の教育課程その他の保育内容に関する事項は，第22条及び第23条の規定に従い，文部科学大臣が定める。

第26条　幼稚園に入園することのできる者は，満3歳から，小学校就学の始期に達するまでの幼児とする。

第27条　幼稚園には，園長，教頭及び教諭を置かなければならない。
② 幼稚園には，前項に規定するもののほか，副園長，主幹教諭，指導教諭，養護教諭，栄養教諭，事務職員，養護助教諭その他必要な職員を置くことができる。
③ 第1項の規定にかかわらず，副園長を置くときその他特別の事情のあるときは，教頭を置かないことができる。
④ 園長は，園務をつかさどり，所属職員を監督する。
⑤ 副園長は，園長を助け，命を受けて園務をつかさどる。
⑥ 教頭は，園長（副園長を置く幼稚園にあつては，園長及び副園長）を助け，園務を整理し，及び必要に応じ幼児の保育をつかさどる。
⑦ 主幹教諭は，園長（副園長を置く幼稚園にあつては，園長及び副園長）及び教頭を助け，命を受けて園務の一部を整理し，並びに幼児の保育をつかさどる。
⑧ 指導教諭は，幼児の保育をつかさどり，並びに教諭その他の職員に対して，保育の改善及び充実のために必要な指導及び助言を行う。
⑨ 教諭は，幼児の保育をつかさどる。
⑩ 特別の事情のあるときは，第1項の規定にかかわらず，教諭に代えて助教諭又は講師を置くことができる。
⑪ 学校の実情に照らし必要があると認めるときは，第7項の規定にかかわらず，園長（副園長を置く幼稚園にあつては，園長及び副園長）及び教頭を助け，命を受けて園務の一部を整理し，並びに幼児の養護又は栄養の指導及び管理をつかさどる主幹教諭を置くことができる。

第28条　第37条第6項，第8項及び第12項から第17項まで並びに第42条から第44条までの規定は，幼稚園に準用する。

第4章　小学校

第29条　小学校は，心身の発達に応じて，義務教育として行われる普通教育のうち基礎的なものを施すことを目的とする。

第30条　小学校における教育は，前条に規定する目的を実現するために必要な程度において第21条各号に掲げる目標を達成するよう行われるものとする。
② 前項の場合においては，生涯にわたり学習する基盤が培われるよう，基礎的な知識

及び技能を習得させるとともに、これらを活用して課題を解決するために必要な思考力、判断力、表現力その他の能力をはぐくみ、主体的に学習に取り組む態度を養うことに、特に意を用いなければならない。

第31条 小学校においては、前条第1項の規定による目標の達成に資するよう、教育指導を行うに当たり、児童の体験的な学習活動、特にボランティア活動など社会奉仕体験活動、自然体験活動その他の体験活動の充実に努めるものとする。この場合において、社会教育関係団体その他の関係団体及び関係機関との連携に十分配慮しなければならない。

第32条 小学校の修業年限は、6年とする。

第33条 小学校の教育課程に関する事項は、第29条及び第30条の規定に従い、文部科学大臣が定める。

第34条 小学校においては、文部科学大臣の検定を経た教科用図書又は文部科学省が著作の名義を有する教科用図書を使用しなければならない。

② 前項の教科用図書以外の図書その他の教材で、有益適切なものは、これを使用することができる。

③ (省略)

第35条 市町村の教育委員会は、次に掲げる行為の一又は二以上を繰り返し行う等性行不良であつて他の児童の教育に妨げがあると認める児童があるときは、その保護者に対して、児童の出席停止を命ずることができる。

　一 他の児童に傷害、心身の苦痛又は財産上の損失を与える行為
　二 職員に傷害又は心身の苦痛を与える行為
　三 施設又は設備を損壊する行為
　四 授業その他の教育活動の実施を妨げる行為

② 市町村の教育委員会は、前項の規定により出席停止を命ずる場合には、あらかじめ保護者の意見を聴取するとともに、理由及び期間を記載した文書を交付しなければならない。

③ 前項に規定するもののほか、出席停止の命令の手続に関し必要な事項は、教育委員会規則で定めるものとする。

④ 市町村の教育委員会は、出席停止の命令に係る児童の出席停止の期間における学習に対する支援その他の教育上必要な措置を講ずるものとする。

第36条 学齢に達しない子は、小学校に入学させることができない。

第37条 小学校には、校長、教頭、教諭、養護教諭及び事務職員を置かなければならない。

② 小学校には、前項に規定するもののほか、副校長、主幹教諭、指導教諭、栄養教諭その他必要な職員を置くことができる。

③ 第1項の規定にかかわらず、副校長を置くときその他特別の事情のあるときは教頭を、養護をつかさどる主幹教諭を置くときは養護教諭を、特別の事情のあるときは事務職員を、それぞれ置かないことができる。

④ 校長は、校務をつかさどり、所属職員を監督する。

⑤ 副校長は、校長を助け、命を受けて校務をつかさどる。

⑥ 副校長は、校長に事故があるときはその職務を代理し、校長が欠けたときはその職務を行う。この場合において、副校長が2人以上あるときは、あらかじめ校長が定めた順序で、その職務を代理し、又は行う。

⑦ 教頭は、校長(副校長を置く小学校にあつては、校長及び副校長)を助け、校務を整理し、及び必要に応じ児童の教育をつか

さどる。

⑧ 教頭は，校長（副校長を置く小学校にあつては，校長及び副校長）に事故があるときは校長の職務を代理し，校長（副校長を置く小学校にあつては，校長及び副校長）が欠けたときは校長の職務を行う。この場合において，教頭が2人以上あるときは，あらかじめ校長が定めた順序で，校長の職務を代理し，又は行う。

⑨ 主幹教諭は，校長（副校長を置く小学校にあつては，校長及び副校長）及び教頭を助け，命を受けて校務の一部を整理し，並びに児童の教育をつかさどる。

⑩ 指導教諭は，児童の教育をつかさどり，並びに教諭その他の職員に対して，教育指導の改善及び充実のために必要な指導及び助言を行う。

⑪ 教諭は，児童の教育をつかさどる。

⑫ 養護教諭は，児童の養護をつかさどる。

⑬ 栄養教諭は，児童の栄養の指導及び管理をつかさどる。

⑭ 事務職員は，事務に従事する。

⑮ 助教諭は，教諭の職務を助ける。

⑯ 講師は，教諭又は助教諭に準ずる職務に従事する。

⑰ 養護助教諭は，養護教諭の職務を助ける。

⑱ 特別の事情のあるときは，第1項の規定にかかわらず，教諭に代えて助教諭又は講師を，養護教諭に代えて養護助教諭を置くことができる。

⑲ 学校の実情に照らし必要があると認めるときは，第9項の規定にかかわらず，校長（副校長を置く小学校にあつては，校長及び副校長）及び教頭を助け，命を受けて校務の一部を整理し，並びに児童の養護又は栄養の指導及び管理をつかさどる主幹教諭を置くことができる。

第38条　市町村は，その区域内にある学齢児童を就学させるに必要な小学校を設置しなければならない。

第42条　小学校は，文部科学大臣の定めるところにより当該小学校の教育活動その他の学校運営の状況について評価を行い，その結果に基づき学校運営の改善を図るため必要な措置を講ずることにより，その教育水準の向上に努めなければならない。

第43条　小学校は，当該小学校に関する保護者及び地域住民その他の関係者の理解を深めるとともに，これらの者との連携及び協力の推進に資するため，当該小学校の教育活動その他の学校運営の状況に関する情報を積極的に提供するものとする。

第44条　私立の小学校は，都道府県知事の所管に属する。

第5章　中学校

第45条　中学校は，小学校における教育の基礎の上に，心身の発達に応じて，義務教育として行われる普通教育を施すことを目的とする。

第46条　中学校における教育は，前条に規定する目的を実現するため，第21条各号に掲げる目標を達成するよう行われるものとする。

第47条　中学校の修業年限は，3年とする。

第48条　中学校の教科課程に関する事項は，第45条及び第46条の規定並びに次条において読み替えて準用する第30条第2項の規定に従い，文部科学大臣が定める。

第49条　第30条第2項，第31条，第34条，第35条及び第37条から第44条までの規定は，中学校に準用する。この場合において，第30条第2項中「前項」とあるのは「第46条」と，第31条中「前条第1項」とあるのは「第46条」と読み替えるものとする。

第6章　高等学校

第50条　高等学校は，中学校における教育の

基礎の上に，心身の発達及び進路に応じて，高度な普通教育及び専門教育を施すことを目的とする。

第51条　高等学校における教育は，前条に規定する目的を実現するため，次に掲げる目標を達成するよう行われるものとする。

一　義務教育として行われる普通教育の成果を更に発展拡充させて，豊かな人間性，創造性及び健やかな身体を養い，国家及び社会の形成者として必要な資質を養うこと。

二　社会において果たさなければならない使命の自覚に基づき，個性に応じて将来の進路を決定させ，一般的な教養を高め，専門的な知識，技術及び技能を習得させること。

三　個性の確立に努めるとともに，社会について，広く深い理解と健全な批判力を養い，社会の発展に寄与する態度を養うこと。

第52条　高等学校の学科及び教育課程に関する事項は，前2条の規定及び第62条において読み替えて準用する第30条第2項の規定に従い，文部科学大臣が定める。

第53条　高等学校には，全日制の課程のほか，定時制の課程を置くことができる。

② 高等学校には，定時制の課程のみを置くことができる。

第54条　高等学校には，全日制の課程又は定時制の課程のほか，通信制の課程を置くことができる

②〜④　（省略）

第56条　高等学校の修業年限は，全日制の課程については，3年とし，定時制の課程及び通信制の課程については，3年以上とする。

第57条　高等学校に入学することのできる者は，中学校若しくはこれに準ずる学校を卒業した者若しくは中等教育学校の前期課程を修了した者又は文部科学大臣の定めるところにより，これと同等以上の学力があると認められた者とする。

第60条　高等学校には，校長，教頭，教諭及び事務職員を置かなければならない。

② 高等学校には，前項に規定するもののほか，副校長，主幹教諭，指導教諭，養護教諭，栄養教諭，養護助教諭，実習助手，技術職員その他必要な職員を置くことができる。

③ 第1項の規定にかかわらず，副校長を置くときは，教頭を置かないことができる。

④ 実習助手は，実験又は実習について，教諭の職務を助ける。

⑤ 特別の事情のあるときは，第1項の規定にかかわらず，教諭に代えて助教諭又は講師を置くことができる。

⑥ 技術職員は，技術に従事する。

第62条　第30条第2項，第31条，第34条，第37条第4項から第17項まで及び第19号並びに第42条から第44条までの規定は，高等学校に準用する。この場合において，第30条第2項中「前項」とあるのは「第51条」と，第31条中「前条第1項」とあるのは「第51条」と読み替えるものとする。

第8章　特別支援教育

第72条　特別支援学校は，視覚障害者，聴覚障害者，知的障害者，肢体不自由者又は病弱者（身体虚弱者を含む。以下同じ。）に対して，幼稚園，小学校，中学校又は高等学校に準ずる教育を施すとともに，障害による学習上又は生活上の困難を克服し自立を図るために必要な知識技能を授けることを目的とする。

第73条　特別支援学校においては，文部科学大臣の定めるところにより，前条に規定する者に対する教育のうち当該学校が行うも

のを明らかにするものとする。

第74条　特別支援学校においては，第72条に規定する目的を実現するための教育を行うほか，幼稚園，小学校，中学校，高等学校又は中等教育学校の要請に応じて，第81条第1項に規定する幼児，児童又は生徒の教育に関し必要な助言又は援助を行うよう努めるものとする。

第75条　第72条に規定する視覚障害者，聴覚障害者，知的障害者，肢体不自由者又は病弱者の障害の程度は，政令で定める。

第76条　特別支援学校には，小学部及び中学部を置かなければならない。ただし，特別の必要のある場合においては，そのいずれかのみを置くことができる。

② 特別支援学校には，小学部及び中学部のほか，幼稚部又は高等部を置くことができ，また，特別の必要のある場合においては，前項の規定にかかわらず，小学部及び中学部を置かないで幼稚部又は高等部のみを置くことができる。

第77条　特別支援学校の幼稚部の教育課程その他の保育内容，小学部及び中学部の教育課程又は高等部の学科及び教育課程に関する事項は，幼稚園，小学校，中学校又は高等学校に準じて，文部科学大臣が定める。

第78条　特別支援学校には，寄宿舎を設けなければならない。ただし，特別の事情のあるときは，これを設けないことができる。

第79条　寄宿舎を設ける特別支援学校には，寄宿舎指導員を置かなければならない。

② 寄宿舎指導員は，寄宿舎における幼児，児童又は生徒の日常生活上の世話及び生活指導に従事する。

第80条　都道府県は，その区域内にある学齢児童及び学齢生徒のうち，視覚障害者，聴覚障害者，知的障害者，肢体不自由者又は病弱者で，その障害が第75条の政令で定める程度のものを就学させるに必要な特別支援学校を設置しなければならない。

第81条　幼稚園，小学校，中学校，高等学校及び中等教育学校においては，次項各号のいずれかに該当する幼児，児童及び生徒その他教育上特別の支援を必要とする幼児，児童及び生徒に対し，文部科学大臣の定めるところにより，障害による学習上又は生活上の困難を克服するための教育を行うものとする。

② 小学校，中学校，高等学校及び中等教育学校には，次の各号のいずれかに該当する児童及び生徒のために，特別支援学級を置くことができる。

一　知的障害者
二　肢体不自由者
三　身体虚弱者
四　弱視者
五　難聴者
六　その他障害のある者で，特別支援学級において教育を行うことが適当なもの

③ 前項に規定する学校においては，疾病により療養中の児童及び生徒に対して，特別支援学級を設け，又は教員を派遣して，教育を行うことができる。

第82条　第26条，第27条，第31条（第49条及び第62条において読み替えて準用する場合を含む。），第32条，第34条（第49条及び第62条において準用する場合を含む。），第36条，第37条（第28条，第49条及び第62条において準用する場合を含む。），第42条から第44条まで，第47条及び第56条から第60条までの規定は特別支援学校に，第84条の規定は特別支援学校の高等部に，それぞれ準用する。

事項索引

あ行

- AHELO（高等教育の学習成果の評価）……6
- ICT（情報通信技術）……………5, 6, 10
- 預かり保育………………………………132
- アスペルガー症候群………………………67
- 遊　び……………………………19, 77, 132
- アリエス，フィリップ……………………21
- 安全教育……………………………………187
- 生きる力……7, 8, 10, 19, 24, 105, 128, 131, 133, 135, 137, 140-142, 147, 150, 152, 159, 169
- いじめ…………………29, 72, 98, 99, 101, 177
- 一斉指導……………………………………36
- AED（自動体外式除細動器）………191, 193
- OECD（経済協力開発機構）……2-4, 8, 11-13, 40, 43, 45, 88, 130, 148
- ――教育革新研究センター………………2
- オープン・エンロールメント（自由入学制度）………………………………………175

か行

- 外国語活動……………134, 135, 143-145, 147
- カウンセリング・マインド……37, 109, 110, 112-114, 116, 117
- 学社協働化…………………………………170
- 学社統合……………………………………167
- 学社融合……………………………166, 167, 169
- 学社連携……………………………166, 167, 169
- 学習活動管理能力…………………………90
- 学習指導法
    - 構成主義的な――…………………43, 44
    - 直接伝達的な――…………………43, 44
- 学習指導要領
    - 高等学校――………………………130, 140
    - 小学校――……………128, 130, 133, 137, 138
    - 中学校――………………128, 130, 137, 138
- 学習障害（LD）………………67, 142, 177
- 学習適止検査（AAI）……………………104
- 課題解決能力………………………………89
- 学級経営…………………52, 101, 102, 104
- 学級集団……………………………………101
- 学級崩壊……………………52, 101, 103, 177
- 学校運営協議会……………………………173
- 学校完全週5日制…………………………130
- 学校経営……162, 165, 172, 174, 177, 181, 197
- 学校支援地域本部……………170, 193, 194
- ――事業………………………………80, 172
- 学校選択……………………………………175
- 学校の安全確保……………………………186
- 学校の危機管理……………………………186
- 学校の自律性………………………………164
- 学校評価……………123, 125, 165, 173-175
- ――ガイドライン…………………………174
- 学校評議委員会……………………………193
- 学校評議員…………………………………172
- ――制度……………………………172, 173
- 学校文化……………………………33, 162, 163
- 活用型学力の教育…………………………11
- カリスマ教師………………………………51
- 考える力（リフレクティブネス）………9
- キー・コンピテンシー（国際標準学力）……2, 8, 9, 10, 47, 130, 147, 148, 150, 151
- 危機管理マニュアル………………………188
- 帰国子女……………………………………31
- 気付き…………………………………51, 52
- CAPプログラム……………………………188
- キャリア・ガイダンス……………………90
- キャリア教育………………85, 89, 92, 129
- 9歳の壁……………………………………60
- 教育改革国民会議…………………………120
- 教育再生会議………………………………122
- 教育職員免許法………………………120,, 122
- 教育振興基本計画……………120, 121, 128, 129
- 教育相談………………………………110, 197
- 教育の統合化………………………………167
- 教育立国……………………………………128

教員免許更新制度 …………… 29, 127
　――の抜本的な見直し …………… 127
境界知能 …………………………… 67
共　感 …………………………… 184
　――的理解 ……………………… 109
教職員集団 ……………… 47, 48, 162
キレやすい子ども ……………… 102
緊急3カ年計画 …………………… 80
形成的アセスメント ……………… 44
軽率課題 …………………………… 64
携帯電話（ケータイ） … 24, 25, 29, 35, 98, 99
健康相談活動 …………………… 197
高機能自閉症 ……………………… 67
構造化された学習 ………………… 44
構造改革特別区域研究開発学校設置事業
　……………………………………… 138
校庭解放 ………………………… 169
心のケア …………………… 196, 197
心の理論 …………………………… 63
誤信念課題 …………………… 63, 64
子ども110番の家 ……… 188, 189, 194
子どもオンブッド ………………… 23
子どもの居場所 ……… 76, 80, 81, 83, 84
子どもの権利条約（児童の権利に関する条
　約） ………………………… 18, 22-24
子どもの発見 ……………………… 21
子どもの貧困 ……………………… 19
コミュニケーション … 15, 28, 29, 135, 176,
　178-184
　――技能 ………………………… 34
　――教育 ………………………… 34
　――能力 …………… 33, 34, 86, 89
　言語および非言語―― ………… 109
コミュニティ・スクール ……… 173
雇用の流動化 ……………………… 87
コンピテンシー（能力） … 8, 9, 12, 15, 42

さ　行

自己ケア …………………………… 38
自己効力感 ……………… 46, 47, 104
自己指導能力 ………………… 93, 99
自己制御 …………………………… 58

自己調整学習 …………………… 106
自己内対話 ………………………… 59
自己有用感 ……………………… 104
指示まち人間 ……………………… 24
自然体験 …………………………… 77, 78
持続可能な社会 ………………… 5, 7
自尊感情 ………………… 19, 50, 78
実証的な根拠（エビデンス） …… 14
実践的就業能力（エンプロイアビリティ）
　………………………………… 88-90
シティズンシップ（市民性） …… 5, 23
指導教諭 ……………… 124, 125, 177
児童権利宣言 ……………………… 22
指導力不足教員 …………………… 51
自閉症児 ……………………… 64, 66
ジマーマン，バリー．J ………… 106
社会教育 ……………… 166, 168, 171
　――主事 ……………………… 168
社会経験 …………………………… 77
社会的適切性課題 ………………… 64
集団指導 …………………………… 31
主幹教諭 ……………… 124, 125, 177
ジュネーブ宣言 …………………… 22
純粋性 …………………………… 109
生涯学習 … 5, 7, 28, 100, 120, 121, 133, 166
　――時代 …………………… 2, 22
少子高齢化 ………………………… 3
食　育 ………………… 136, 138, 140, 141
職員会議 ………………………… 179
職業教育 ………………………… 129
職務満足感 …………………… 46, 47
初任者研修 ………………………… 29
自立活動 …………………… 143-145
人権感覚 …………………………… 50
スクールカウンセラー …… 75, 113, 197
鈴木ビネー検査 …………………… 60
生活経験（体験） …………… 76, 77
世界人権宣言 ……………………… 22
セキュリティ機器 ……………… 191
絶対評価 ………………………… 180
説明責任（アカウンタビリティ） … 15, 165
全国学力・学習状況調査 …… 97, 105

全国学力テスト ················· 26
総合学習 ······················ 44
総合的な学習 ······ 148-151, 153, 157, 158
──の時間・25, 134-139, 146, 147, 151, 153, 154, 156, 173, 187
総合的な知 ······················ 7
相互教授法 ····················· 61
草食動物化 ····················· 20
相対評価 ····················· 180
ソーシャルスキル（社会性）······ 102, 103
──トレーニング ············· 102

た 行

第四次産業 ····················· 86
確かな学力 ········ 105, 107, 128, 131, 134
脱文脈化のプロセス ··············· 62
TALIS ····················· 43, 45
多動性障害（AD/HD：Attention-Deficit/ Hyperactivity Disorder）······ 67, 73, 142
地域学校安全指導員（スクールガード・リーダー）··················· 195
地域教育協議会 ················ 170
地域コーディネーター ············ 171
地域子ども教室推進事業 ··········· 80
地域知（地域知財）·············· 168
地域に開かれた学校 ········· 167, 172, 173
地域連絡協議会 ················ 194
知識基盤社会 ········ 2, 6, 8, 11, 40, 128
知識経営 ······················· 6
知識集約型産業 ·················· 86
知識のマネジメント（ナレッジ・マネジメント）···················· 6, 15
TIMSS（国際数学・理科教育動向調査）···· 6
適応指導教室 ·············· 70, 72, 73
デセコ（DeSeCo, コンピテンシーの定義と選択）······················ 8, 9
寺子屋 ························ 36
特色ある学校づくり ·············· 173
特別支援学校教育要領・学習指導要領 ·· 130
特別支援教育 ······ 66, 67, 72, 73, 75, 142, 144, 145
読解力 ···················· 148, 149

な 行

ニューメラシー ··················· 6
人間関係形成能力 ··········· 9, 78, 89
人間力 ···················· 147, 148
ネクスト・ジェネレーション（デジタル革命，www）······················· 5
脳科学 ························· 8
ノーマライゼーション ············ 142

は 行

バイタルサイン ················ 193
発達検査 ····················· 71
発達障害 ············· 70, 72, 177
　軽度── ················ 73, 116
　高機能広汎性── ··········· 67, 71
　広汎性── ················ 70, 73
ハッチャー（Hattie）············· 41
バロン＝コーエン ················ 64
PIFS プロジェクト ··············· 61
PIAAC（国際成人学力調査）········· 6
PDS ························ 164
PTSD（心的外傷後ストレス障害）····· 197
PDCA ···················· 105, 164
ひきこもり ·················· 177
PISA（生徒の到達度調査，国際的な生徒の学力調査）··· 6, 10, 12, 15, 26, 36, 130, 148, 149
比喩皮肉検査 ··················· 71
開かれた学校づくり ·········· 186, 193
副校長 ················· 123, 124, 177
不適応 ························ 72
不登校 ············· 72, 98, 101, 177
振り返り（省察）············ 51, 52, 61
文脈化のプロセス ················ 62
保育 ························· 132
ホイジンガ，ヨハン ·············· 19
放課後子ども教室 ············· 82, 84
──推進事業 ·················· 80
放課後児童クラブ（学童保育）事業 ···· 82
ポストマン，ニール ·············· 22
ホリスティックな（総合的な）概念 ···· 9

ま　行

マスタリー学習（完全習得学習）……… 42
慢性ストレス障害………………………… 73
ミドルアップダウン・マネンジメント… 183
ミラーニューロン……………………65, 66
無条件の肯定……………………………… 109
メタ認知……………… 58, 60-63, 66, 104
物語に基づく教育（Narative based
　　education）……………………………… 17
物語り学習（Narative learning）……… 17
モンスター・ペアレント………………… 163
問題解決学習……………………………… 36
問題解決力…………………………… 6, 15
問答法……………………………………… 36

　　　　や　行

薬物乱用…………………………………… 98

ゆとり教育………………………………… 25
「幼児期」の教育………………………… 131
幼稚園教育要領………………… 128, 130-132

　　　　ら　行

ラングラン・レポート…………………… 166
リーガル・マインド……………………… 37
リテラシー…………………………… 6, 12-15
　科学的（な）——…………… 12, 14, 15, 148, 149
　数学的——…………………………… 148, 149
臨床心理士………………………………… 70
ルソー, ジャン=ジャック…………… 21, 28
ロジャーズ, C…………………………… 109

　　　　わ　行

ワークショップ型研修…………… 159, 160

執筆者紹介 (執筆順)

立田慶裕（たつた　よしひろ）
編著者，第1章，第3章1
国立教育政策研究所生涯学習政策研究部　総括研究官

井上豊久（いのうえ　とよひさ）
第2章1
福岡教育大学　教授

田原恭蔵（たはら　きょうぞう）
第2章2
前帝塚山大学　教授

福山哲郎（ふくやま　てつろう）
第3章2
神戸市立有瀬小学校　校長

西川隆蔵（にしかわ　りゅうぞう）
第4章1
帝塚山学院大学人間科学部　教授

大堀彰子（おおほり　あきこ）
第4章2
帝塚山学院大学大学院人間科学研究科　実務家教授
こども心身医療研究所　臨床心理士

金藤ふゆ子（かねふじ　ふゆこ）
第5章1
常磐大学人間科学部　教授
文部科学省生涯学習政策局　生涯学習調査官

岩崎久美子（いわさき　くみこ）
第5章2
国立教育政策研究所生涯学習政策研究部　総括研究官

口井　浩（くちい　ゆたか）
第5章3・4
和歌山県田辺市立田辺第三小学校　校長

藤田博康（ふじた　ひろやす）
第5章5
帝塚山学院大学大学院人間科学研究科　教授

工藤文三（くどう　ぶんぞう）
第6章
国立教育政策研究所初等中等教育研究部　部長

今西幸蔵（いまにし　こうぞう）
編著者，第7章1，第8章1・2・3
神戸学院大学人文学部　教授

村川雅弘（むらかわ　まさひろ）
第7章2
鳴門教育大学教職大学院　教授

溝手真理（みぞて　まり）
第8章4
帝塚山学院大学リベラルアーツ学部　教授

竹内啓三（たけうち　けいぞう）
第9章
関西大学教育推進部（教職支援センター）特別任用教授

Horitsu Bunka Sha

2010年6月10日　初版第1刷発行
2011年10月10日　初版第2刷発行

学校教員の現代的課題
―教師力・学校力・実践力―

編著者　立田　慶裕
　　　　今西　幸蔵

発行者　田靡　純子

発行所　株式会社　法律文化社
〒603-8053　京都市北区上賀茂岩ヶ垣内町71
電話 075 (791) 7131　FAX 075 (721) 8400
URL:http://www.hou-bun.com/

©2010 Yoshihiro Tatsuta, Kouzou Imanishi Printed in Japan
印刷：㈱冨山房インターナショナル／製本：㈱藤沢製本
装幀　石井きよ子
ISBN 978-4-589-03270-6

田原恭蔵・林　勲編
キーワードで読む教育学〔第2版〕
B5判・158頁・2415円

「教育の基本を学ぶ」「子どもの成長に学ぶ」「教育のしくみを学ぶ」の3部9章にわたり，教育学上の不変的・基礎的事項と今日的・変革的項目を解説。キーワードやコラム，図表を多用したビジュアルな教科書。

林　勲編［Q&A教育学］
教 育 の 原 理〔第2版〕
A5判・252頁・2415円

8章79項目構成で，基礎的・基本的事項，重要問題・課題について，質問に答えるかたちで具体的にわかりやすく解説。教員採用試験で出題頻度の高い教育者，思想，法令，条文を取り上げ，資料を付す。

田原恭蔵・林　勲編
教 育 概 論〔4訂版〕
A5判・250頁・2415円

学生だけでなく現場の教師にも有益な実践的入門書。教育基本法，教育関連3法などの法改正や学習指導要領の改訂，いじめの定義の変更など近年の動向に対応して改訂。巻末資料は最新版を収録する。

早﨑元彦著
体罰はいかに処分されたか
―行政文書における体罰と処分の研究―
A5判・194頁・3675円

従来，教育行政と教職員組合の対立に焦点がおかれ，実態の把握が不十分であった体罰。行政文書にみる事案の検討をふまえ，ルーマンのシステム論の分析枠組から教員と生徒の二つのレベルの手続保障のあり方を提言する。

三羽光彦著［岐阜経済大学研究叢書9］
六・三・三制の成立
A5判・430頁・6090円

戦後日本の六・三・三制の成立経緯を実証的に明らかにすることを通して，その理念と本質に迫る。中高一貫制度の導入がいわれる今日，六・三・三制の意義を再認識し，現代教育の課題も提示。『高等小学校制度史研究』の続編。

竹川郁雄著
いじめ現象の再検討
―日常社会規範と集団の視点―
A5判・214頁・2415円

いじめはどのようなものなのか。調査データや社会学的思考からその構造をとらえ，いじめの背景的要因となる社会規範と集団の特徴を明らかにする。さらにいじめなど問題を抱えた生徒への支援のあり方も検討する。

―法律文化社―

表示価格は定価(税込価格)です